VOCABULÁRIO DA GRÉCIA ANTIGA

CLAUDE VIAL

■

VOCABULÁRIO DA GRÉCIA ANTIGA

Tradução
Karina Jannini

SÃO PAULO 2013

Esta obra foi publicada originalmente em francês com o título
LEXIQUE DE LA GRÈCE ANCIENNE
por Armand Colin,
Copyright © Armand Colin, édition 2008
Copyright © 2013, Editora WMF Martins Fontes Ltda.,
São Paulo, para a presente edição.

1ª edição 2013

Tradução
KARINA JANNINI

Transliteração do grego
Beatriz de Paoli
Acompanhamento editorial
Luzia Aparecida dos Santos
Revisões gráficas
Ana Maria de O. M. Barbosa
Maria Regina Ribeiro Machado
Edição de arte
Katia Harumi Terasaka
Produção gráfica
Geraldo Alves
Paginação
Studio 3 Desenvolvimento Editorial

Dados Internacionais de Catalogação na Publicação (CIP)
(Câmara Brasileira do Livro, SP, Brasil)

Vial, Claude
　　Vocabulário da Grécia Antiga / Claude Vial ; tradução Karina Jannini. – São Paulo : Editora WMF Martins Fontes, 2013.

Título original: Lexique de la Grèce Ancienne
ISBN 978-85-7827-735-2

1. Grécia Antiga – História 2. Grécia – Civilização I. Título.

13-09000　　　　　　　　　　　　　　　　　　　　　　CDD-938

Índices para catálogo sistemático:
1. Grécia Antiga : História   938

Todos os direitos desta edição reservados à
Editora WMF Martins Fontes Ltda.
Rua Prof. Laerte Ramos de Carvalho, 133 01325.030 São Paulo SP Brasil
Tel. (11) 3293.8150 Fax (11) 3101.1042
e-mail: info@wmfmartinsfontes.com.br http://www.wmfmartinsfontes.com.br

Prefácio

∎

Este vocabulário destina-se a facilitar a leitura de textos antigos e de trabalhos modernos sobre o mundo grego. Não visa a expor tudo o que se sabe sobre a Antiguidade grega, e sim a definir brevemente cada instituição e cada realidade, a especificar suas características particulares e a indicar sua função. Não se limita aos fatos atenienses: nele encontraremos referências a mais de uma centena de cidades-Estado diferentes. No final do volume, um repertório geográfico indica a localização das cidades-Estado. Remissões com asterisco (*) permitirão ao leitor passar com facilidade de um verbete a outro.

Todas as datas referem-se a antes de nossa era, salvo especificação contrária.

A
a

ABASTECIMENTO

As cidades-Estado se preocupam com seu abastecimento de bens de primeira necessidade, de lenha (e de carvão), azeite* e grãos. Cuidam dos preços e, para limitar a carestia, utilizam leis*, como aquela sobre a lenha e o carvão, em Delos, e magistrados, como os sitofílaces*, em Atenas. Ocupam-se de abastecer o mercado local, proibindo a exportação dos gêneros alimentícios indispensáveis, produzidos no território, sua reexportação após o desembarque no *empórion**, bem como as empresas comerciais dos residentes (marinheiros e pessoas responsáveis pelas finanças públicas) que não tenham a cidade-Estado como destino final: é o que faz Atenas em relação aos cereais*. Ela completa essas medidas com uma diplomacia na direção das potências produtoras e com a proteção dos comboios de embarcações mercantis por seus navios de guerra; concede privilégios aos *émporoi* estrangeiros que aceitam baixar os preços. De fato, as maiores preocupações se dão com os cereais (*sîtos*). Atenas, que tem uma cidade muito grande, bem como um solo e um clima pouco favoráveis ao trigo, sofre problemas constantes. Outras cidades-Estado, mais bem providas, só são ameaçadas pela escassez quando as colheitas são ruins ou quando há guerra. No século IV, algumas cidades-Estado começam a comprar grãos, nomeando *sitónai*, "compradores de grãos". Estes são comissários encarregados da compra dos grãos em um *empórion* estrangeiro com dinheiro público. Posteriormente, a cidade-Estado vende o trigo aos cidadãos por um preço reduzido. Demóstenes foi *sitónes*, em 338/337. No início, as cidades-Estado só compram grãos nos anos em que o abastecimento é difícil. Na época helenística, em algumas cidades-Estado, a *sitonía* (a compra dos grãos) torna-se uma instituição permanente, o que implica a criação de um fundo destinado a essas compras, o *sitonikón*, e magistrados anuais. O *sitonikón* pode ser provido por uma retirada regular do orçamento público e pelas receitas anuais das vendas; porém, muitas vezes fez-se um investimento inicial em consequência de uma fundação*, de uma subscrição* pública ou de uma doação régia. Um exemplo célebre é a subscrição pública de Samos, por volta de 260, que deve ter chegado a quase 50.000 dracmas. Esse capital, investido em empréstimos, fornece rendimentos anuais com os quais "os encarregados dos grãos" devem comprar cereais: o grão deve ser distribuído gratuitamente; contudo, por esse viés, os cidadãos recebem apenas as porções de alguns dias por ano. Em Téspias, há dois fundos, um criado por uma fundação régia e outro criado graças a fundos sagrados: a compra do trigo, financiada por cada fundo, é realizada por dois *sitónai* anuais; três *sitopólai* ("vendedores de grãos") vendem os grãos para a população por um preço razoável.

ÁBATON

Lugar sagrado em que era proibido entrar, muitas vezes sob pena de morte: a regra era válida para o *ábaton* de Zeus Licaio, situado no topo do monte Liceu, na Arcádia. Vários túmulos formavam *ábata*, como o de Asclépio, sob a *Thólos* de Epidauro, ou o de Ópis e de Argê, em Delos. Em certos *ábata*, algumas categorias definidas de pessoas podiam entrar: era o caso do pórtico* da incubação, em Epidauro. Muitas vezes, um *ábaton* situado em um local fechado era um ádito*.

ABLUÇÕES

A religião grega exigia do fiel a pureza ritual. Antes de entrar em um santuário*, de se dirigir aos deuses por meio da oração* e de cumprir um ato de culto, os fiéis lavavam ao menos as mãos: bacias cheias d'água (*perirrhantéria*) eram dispostas para esse fim nos propileus* dos santuários. Em muitos casos, esse gesto não era suficiente. Às vezes, um banho* sagrado era necessário, como aquele que os futuros iniciados de Elêusis tomaram no mar, em Falera. ➤ Santuário.

ABSTRAÇÕES PERSONIFICADAS

Os gregos sempre personificaram e divinizaram as abstrações. Em sua *Teogonia*, Hesíodo menciona *Nýx* (Noite), *Thánatos* (Morte), *Éris* (Discórdia), *Némesis* (Ciúme divino). Entre os Trágicos, surge a ação de divindades como *Áte* (Erro) e *Lýssa* (Loucura). Antigamente, algumas dessas abstrações personificadas recebiam um culto: *Némesis*, por exemplo, tem um santuário* em Ramnonte, na Ática. A partir do século IV, passou-se a divinizar as abstrações políticas: *Dêmos* (Povo), *Pólis* (Cidade-Estado), *Homónoia* (Concórdia), *Eirêne* (Paz), *Eleuthería* (Liberdade). Os cultos dedicados a esse tipo de abstração desenvolveram-se na época helenística: em 229, após sua liberação, Atenas criou um culto, com um sacerdorte*, a *Dêmos*, o Povo, e às Cárites (as deusas do reconhecimento). Esse desenvolvimento deveu-se à gravidade das crises encontradas pelas cidades-Estado, bem como ao apego dos cidadãos à sua pátria e aos ideais cívicos. Os cultos mais frequentes desse tipo eram os de *Pólis* e *Dêmos*. Na mesma época, dedicava-se um culto ao epônimo* da cidade-Estado (Rodes, Cós, Massalia etc.). A criação desses cultos, sua duração e sua vitalidade são a prova da permanência da cidade-Estado e do espírito cívico na época helenística e imperial.

AÇÃO NA JUSTIÇA

Em Atenas, distinguia-se a ação privada (*díke*) da ação pública (*graphé**), em que o interesse comum estava em jogo: uma ação comercial era uma *díke*, enquanto uma ação por ilegalidade era uma *graphé*. Às vezes, o raciocínio dos antigos surpreende: existia *díke* em caso de homicídio, mas *graphé* em caso de ultraje (a *hýbris**, excesso, exagero, era um crime contra a moderação, que era um valor particularmente caro aos gregos). O acusador era sempre um particular; a *graphé* era intentada pelo primeiro cidadão que aparecesse; a *díke*, pela parte lesada ou por seu representante legal. As condenações pecuniárias davam-se em benefício da cidade-Estado em caso de *graphé*, e em benefício do requerente em caso de *díke*. O acusador que não obtivesse um quinto dos votos era condenado a pagar a *epobelía* em caso de *díke*; em caso de *graphé*, uma multa de mil dracmas; a essa pena se acrescentava a proibição de intentar outra *graphé* do mesmo tipo. ➤ PROCESSO JUDICIÁRIO.

ACRÓPOLE

O termo *akrópolis* significa "cidade alta". As cidades* gregas desprovidas de acrópoles são raras: geralmente, são fundações recentes, como Mantineia e Olinto. Como Tera, as cidades que se

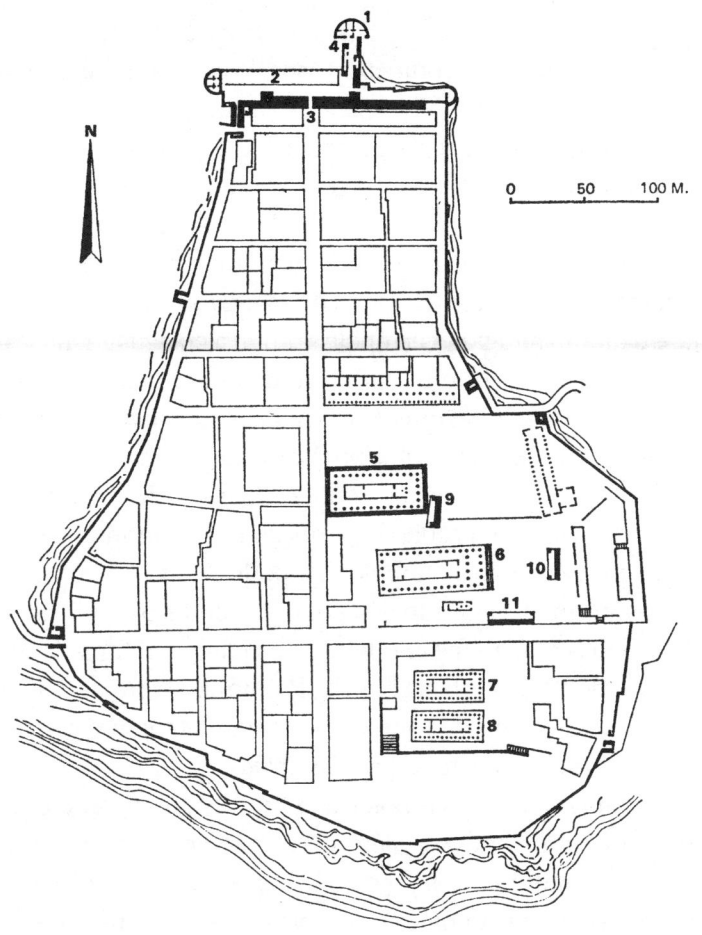

Fig. 1. – A acrópole de Selinunte

1. Torre semicircular. – 2. Galeria coberta. – 3. Grande porta norte. – 4. Porta. – 5. Templo D. – 6. Templo C. – 7. Templo A. – 8. Templo O. – 9. Altar do templo D. – 10. Templo A. – Altar do templo C. – 11. Altar arcaico.

reduzem a uma acrópole também são pouco numerosas. Em geral, a cidade grega se compõe de uma acrópole e de uma cidade baixa. É pouco frequente que a acrópole seja no centro da cidade, como em Atenas. Em geral, ela é um dos pontos de apoio aos quais se prendem as muralhas*, como em Tasos, Priena ou Pérgamo. Com efeito, a defesa era a função essencial das acrópoles. Era também sua função primitiva: no segundo milênio, o rei* de Atenas, bem como o de Micenas, residia em uma colina escarpada, que ele mandou reforçar com sólidos muros. A Acrópole de Atenas deixou de ser um bastião a partir de 510, mas a de Selinunte, bem como a de várias cidades da Arcádia, da Lócrida e da Acarnânia, continuou a ser sempre o último refúgio. A acrópole primitiva era igualmente a sede do poder político: nela, o rei micênico tinha seu palácio*. Os tiranos* do século VI ainda tomavam o poder ao tomarem a acrópole: em uma época em que a vida política estava emigrando para as *agoraí** nas cidades baixas, a acrópole era, ao mesmo tempo, uma praça de defesa, que recebia a guarnição que mantinha a cidade-Estado obediente e o símbolo do poder. Tardiamente, várias acrópoles permaneceram locais políticos: entre 378 e 338, Cadmeia de Tebas era, ao mesmo tempo, a cidadela retomada de Esparta e a sede da assembleia beócia. Por fim, embora muitas acrópoles nunca tenham tido santuários*, frequentemente a acrópole grega era uma colina para os templos*. De fato, às vezes, como em Atenas e em Tebas, as acrópoles eram um lugar sagrado onde se celebravam cultos antigos; além disso, ofereciam aos templos a posição dominante que os gregos desejavam para si próprios. Em Selinunte como em Atenas, a acrópole era, ao mesmo tempo, um lugar alto de culto e uma magnífica joia para a cidade-Estado: na época de Péricles, a preocupação com o prestígio se misturava à devoção e talvez até prevalecesse em relação a ela. Na época helenística, a acrópole de Pérgamo foi construída com engenhosidade, a serviço da ideologia do reino atálida. Fig. 1.

ÁDITO

Lugar oculto e, por conseguinte, lugar em que a maioria dos seres humanos não tinha permissão para entrar: tratava-se de uma área sagrada, geralmente situada em um local fechado, ao qual tinham acesso apenas os servidores do deus e, se o rito assim exigisse, os fiéis que participavam da cerimônia. Chamava-se de ádito o lugar ocupado pela Pítia, em Delfos, e pelo profeta*, em Didima, durante as consultas aos oráculos. O aspecto do ádito é muito variável. Tanto o de Delfos quanto o de Didima situam-se dentro do templo* e em um nível inferior àquele do restante do edifício; porém, em Delfos, trata-se de um subterrâneo e, em Didima, de um grande pátio a céu aberto, com o ponto de água necessário para o oráculo* e a capela que abriga a estátua* divina.

ADIVINHO

Podem-se reconhecer quatro tipos principais de adivinhos (*mántis*). 1º Vidente que, como Cassandra inspirada por Apolo Lóxias, faz profecias repentinas quando o deus se manifesta a ele. 2º Aquele que, tendo a *tekhné*, sabe reconhecer e interpretar os presságios: os adivinhos gregos praticavam a ornitomancia (adivinhação a partir do voo das aves), o extispício (adivinhação a partir do exame das entranhas dos animais sacrificados), a piromancia (adivinhação a partir das chamas) etc. Os adivinhos eram consultados pelos generais antes de toda batalha*. 3º Adivinho ligado a um santuário* oracular, como a Pítia, em Delfos, ou o profeta*, em Didima (➤ ORÁCULO). 4º Colecionador de oráculos* diversos que ele vende como ambulante; seu nome preciso é cresmólogo.

ADJUDICAÇÃO

Era utilizada com frequência. A cobrança de impostos*, a locação de terrenos sagrados ou públicos e a maior parte dos trabalhos públicos eram postos em adjudicação por meio de leilões públicos. Esse era, por exemplo, o expediente empregado para os trabalhos no santuário* de Delos. As adjudicações eram feitas em virtude de um decreto* do povo, proposto pelos hieropeus* e pelo arquiteto; estes estavam presentes, bem como a comissão* de vigilância *epimeletaí** designada pelo povo, quando o arauto* procedia à adjudicação na *agorá**; o adjudicatário devia fornecer um ou mais fiadores*; o contrato descrevia em detalhes os trabalhos a serem efetuados; o adjudicatário recebia a metade da soma a partir da constituição da caução, e o restante menos um décimo após a recepção dos trabalhos. Em Atenas, os magistrados encarregados das adjudicações eram os *poletaí**, que atribuíam, em particular, as cobranças de impostos e a exploração das minas* do Láurion.

ADOÇÃO

Era habitualmente praticada na Grécia para perpetuar as linhagens e permitir uma melhor repartição dos bens por ocasião das heranças*. Em Atenas, foi Sólon quem a legalizou. Só se podia adotar alguém se já se tivesse um filho legítimo. Caso se tivesse uma filha, podia-se adotar o homem que seria tomado por genro, mas a adoção do genro, em Atenas e no restante do mundo grego, era muito rara, à diferença daquela do neto pela filha, usual em todos os lugares. Só se podia adotar uma pessoa que pertencesse ao mesmo estatuto: em uma cidade-Estado que exigisse a dupla filiação de cidadania para o estatuto de filho legítimo e cidadão, o que era o caso na maioria das cidades-Estado a partir do século IV, um cidadão só podia adotar o filho ou a filha legítima de um cidadão e de uma cidadã. A adoção se destinava a encontrar pais para uma criança abandonada. Ela dava à criança adotada o estatuto de filho legítimo do pai adotivo, com os mesmos direitos e deveres de que se fosse seu filho de sangue. Mas o adotado não se tornava o filho de um casal casado; não havia uma nova mãe legítima: sua única mãe era a de nascimento. Tal como para seu filho biológico, o pai adotivo devia inscrever o filho adotado nas subdivisões da cidade-Estado às quais ele próprio pertencia, demo*, fratria*, associação de *orgeónes**, *génos**. Geralmente, a criança adotada pertencia à família pelo sangue ou pela aliança do pai adotivo. A adoção se fazia seja entre vivos, seja por testamento do pai adotivo, seja postumamente por decisão do pai biológico da criança, caso o falecido não tivesse herdeiros diretos ou só tivesse filhas: podia-se renunciar a um de seus filhos para dele fazer filho do pai de sua mulher. Costumava-se tomar a precaução de dar a essa criança o nome daquele que seria feito futuro filho adotivo e único herdeiro. Neste último caso, havia uma preocupação com a opinião da linhagem do falecido, mas, com efeito, pensava-se na partilha do patrimônio: o filho dado em adoção herdava de seu novo pai, enquanto seu irmão teria a fortuna de seu pai biológico. A legislação apresentava variações de uma cidade-Estado a outra. Muitas vezes, a adoção era praticada na elite social e foi particularmente frequente na Rodes helenística.

ADUÇÃO DE ÁGUA

A água provinha não apenas das fontes, dos lençóis freáticos, que eram alcançados pelos poços, e da chuva conservada em cisternas*, mas também de condutos subterrâneos de água, que levavam para as cidades águas às vezes captadas em locais distantes. Esses aquedutos, geralmente em terracota e feitos de elementos cilíndricos, eram instalados em túneis. O exemplo mais célebre é o do aqueduto de Samos, projetado pelo famoso arquiteto Eupalinos, a partir do século VI; em Atenas, sob os Pisistrátidas, um sistema de canalizações permitia levar água do monte Himeto até a cidade*. Muitas cidades clássicas utilizaram esse sistema. Na época helenística, instalou-se a adução de água sob pressão. A água de Pérgamo vinha de mais de 25 km e chegava a uma caixa-d'água a 375 m de altitude; canalizações metálicas recebiam a água sob pressão para alimentar amplas cisternas no topo da acrópole; de lá, outras canalizações abasteciam a cidade. Em Alexandria, a água chegava do Nilo por um canal de cerca de 30 km; desse canal partia outro subterrâneo, sob a via Canópica, com toda uma série de canais secundários; em seguida, a água era levada até as casas, onde era retirada através de um poço; as cisternas só foram aparecer em Alexandria na época imperial. ➤ FONTES.

AEDO

Na época arcaica, bardo épico que, acompanhado de cítara*, recitava poemas de sua composição ou herdados de outro aedo; de todo modo, esses poemas têm por origem uma longa tradição oral. O aedo por excelência é Homero. Distingue-se do rapsodo*, que recitava poemas alheios sem acompanhamento musical. Os aedos não desapareceram totalmente com a época arcaica, uma vez que ainda existiam competições* para eles no século II.

ÁGALMA ➤ ESTÁTUA.

AGOGÉ

O termo *agogé*, que entre os modernos designa a educação espartana, não era utilizado pelos antigos antes de 331, quando um éforo* recusou-se a entregar 50 crianças como reféns porque elas seriam excluídas dos encargos em Esparta por não terem conseguido passar pela *agogé* ancestral. A informação vem de Plutarco, autor da época imperial e o único a falar em detalhes do que ele chama de *agogé*; porém, na segunda metade do século IV, a instituição existia e era obrigatória, não para que o indivíduo fizesse parte dos cidadãos, mas para que tivesse acesso às magistraturas e às honras. Sabe-se por Xenofonte que havia três classes* etárias em Esparta: os *paîdes* (crianças), os *paídiskoi* (adolescentes) e os *hebôntes* que, aos 20 anos, atingiam a idade para servir o exército*, mas só se tornavam plenos cidadãos aos 30 anos. Todos se encontravam sob a autoridade de um magistrado importante, o pedônomo*, o que não os impedia de estar sob a autoridade paterna e de terem vínculos estreitos com seus pais, como em toda parte na Grécia. Dos 7 aos 15 ou 16 anos, o indivíduo era *país*; os *paîdes* eram agrupados em *îlai*, e cada uma destas obedecia a um jovem da categoria dos írenes. A formação tornava-se mais rígida a partir dos 12 anos, e as relações pederásticas passavam a ser possíveis com alguém mais velho, pertencente à classe dos *hebôntes*. Dos 15 ou 16 aos 20 anos, o indivíduo era *paídiskos*. Sua formação passava a comportar muito mais atividades coletivas e exercícios penosos (*pónoi*) no campo e na montanha, mas, na maior parte do tempo, os adolescentes viviam na cidade, uma vez que tinham acesso a uma refeição em comum, o que os iniciava na vida do cidadão adulto. Os jovens espartanos dessa idade eram mais recrutados do que nas outras cidades-Estado gregas, mas havia diferenças sociais, pois os mais ricos eram acompanhados por hilotas* da mesma idade, que eram seus serviçais. O ano mais importante era o do "irenado", para os jovens de 20 anos. A educação comportava não apenas o treinamento esportivo, que se concluía com competições gímnicas, sobretudo corridas a pé, por ocasião de inúmeras festas* cívicas, e uma preparação militar bastante desenvolvida, mas também uma instrução geral, muito importante especialmente no domínio musical, com canto coral e danças, com competições* por ocasião das festas, sobretudo as Gimnopédias. Sem dúvida, a educação espartana evoluiu muito entre a época clássica e a imperial, quando comportou elementos, como a fustigação sobre o altar* de Ártemis Ortia, que atraíam os turistas.

AGÓN

Um *agón* era uma luta em que se buscava vencer um adversário digno de si para provar o próprio valor e alcançar a glória. Essa luta obedecia a regras reconhecidas pelos dois antagonistas. O espírito agonístico era um espírito de competição, de emulação; era o desejo de ser o melhor, o primeiro. Era de natureza e origem aristocrática, mas difundiu-se em toda parte. A civilização grega inteira era uma civilização do *agón*. As inúmeras competições gímnicas, artísticas e hípicas eram sua manifestação mais célebre. Mas o *agón* não era apenas a competição ou o torneio ritual que, por ocasião de uma festa religiosa, opunha diversos elementos de um mesmo grupo. Era também o processo que punha em combate o acusador e o acusado, a luta verbal em que se enfrentavam diante da assembleia dois homens e duas políticas, as lutas de prestígio entre as cidades-Estado, suas disputas pela hegemonia, o combate em que o exército* de hoplitas* buscava não destruir o outro, e sim expulsá-lo do campo de batalha*.

AGONÓTETA

Magistrado eleito pela cidade-Estado ou pela Confederação* e encarregado da organização material de uma competição* (*agón**), às vezes mais de uma (como era o caso em Atenas para as competições dramáticas, a partir de cerca de 310, quando a coregia foi abolida). Em geral, o agonóteta era um magistrado único, mas às vezes existia um colégio de agonótetas, como em Priena, no século II. Todo agonóteta devia assegurar o bom desenvolvimento das provas; ele era responsável pela gestão financeira, fazia o balanço das somas recebidas e gastas e publicava suas contas*; era encarregado de publicar os nomes dos vencedores, o que explica o fato de que, nas listas agonísticas, ele frequentemente aparecia como epônimo*. Era ele quem preparava os prêmios, caso não houvesse nenhum atlóteta encarregado. Por ocasião das competições internacionalmente reconhecidas, ele arranjava o alojamento dos concorrentes e dos teoros*. Era uma das magistraturas que, na baixa época helenística, comportava aspectos litúrgicos: pode-se falar em inúmeros casos de magistratura-liturgia*. Muitas vezes, tratava-se de pagar voluntariamente todas as despesas ou parte das despesas de uma magistratura, cujos aspectos religiosos eram importantes. Assim, em Priena, por ocasião das Panateneias, Crates e seus colegas ofereceram um banquete* suntuoso a todos os teoros e *teoródokoi**. Mas alguns agonótetas, magistrados por ocasião de uma competição importante, agiram como evergetas*, pagando trabalhos de construção ou reparação de edifícios sagrados.

AGORÁ

Pode até haver cidades-Estado gregas sem acrópole, mas não sem *agorá*. A *agorá* é a praça pública. Sua função primordial é a política. Em Homero e na Tessália, o termo *agorá* designa tanto a assembleia* quanto o local onde ela se reúne; é tanto uma esplanada próxima ao palácio* do rei* quanto uma praça na cidade* baixa. Ao longo da época arcaica, a vida política emigra aos poucos da cidade alta para a cidade baixa, da acrópole para a *agorá*, que se torna o verdadeiro centro da comunidade cívica. Ela já abriga a

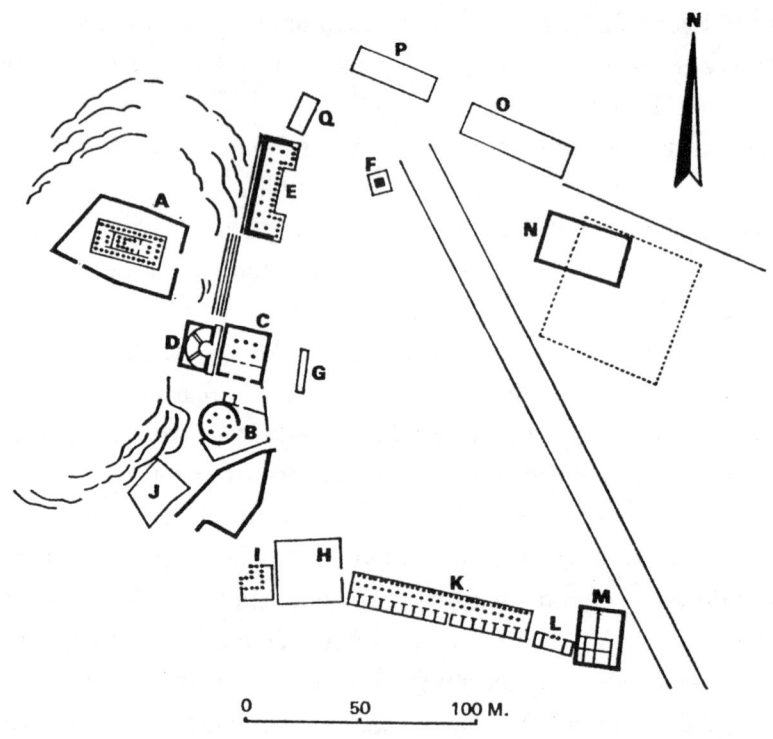

Fig. 2. – A *agorá* de Atenas na época clássica.
A. Templo de Hefesto e de Atena Heféstea, conhecido como *Theseîon*. – B. *Thólos*. – C. Antigo *bouleutérion*. – D. Novo *bouleutérion*. – E. Pórtico de Zeus. – F. Altar dos doze deuses. – G. Monumento dos heróis epônimos. – H. – I. Fonte. – J. *Strategeîon*. – K. Pórtico. – L. *Enneákrounos*. – M. Casa da moeda. – N. Tribunal. – O. *Poikilé*. – Pórtico de Hermes. – Q. Pórtico real.

assembleia e, a partir de então, passa a abrigar os magistrados e os tribunais* que se organizam; como em Atenas, recebe toda sorte de edifícios políticos e administrativos. Ao mesmo tempo, sua função religiosa ganha importância: as divindades que protegem a cidade-Estado e suas leis* são chamadas de *agoraîoi*, e a *agorá* é coberta de altares*, recintos, túmulos de heróis e santuários*; por

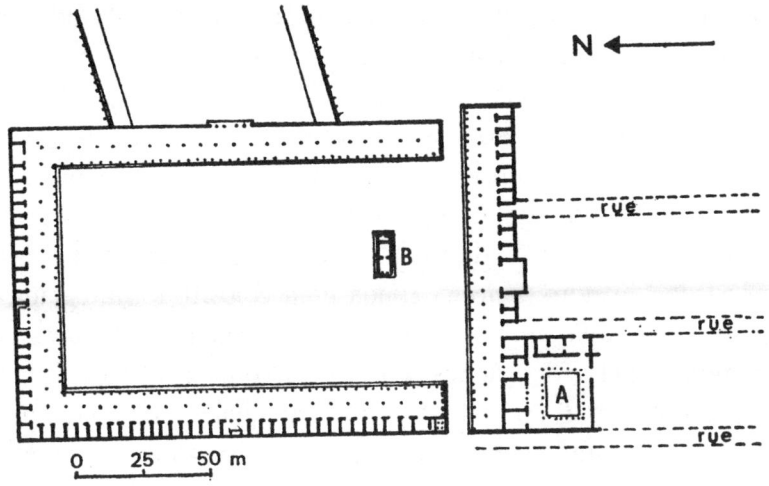

Fig. 3. – A *agorá* de Magnésia do Meandro.
A. Pritaneu. – B. Templo de Zeus Sosípolis.
Segundo C. Humann e J. Kohte. *Magnesia am Meander*. Berlim, Reimer, 1904, pl. II.

conseguinte, seu acesso é proibido a toda pessoa carregada de alguma mácula*. É na *agorá* que se desenvolvem certas competições* cívicas. Na época clássica, surge a função comercial; a partir de então, o termo *agorá* designa principalmente o mercado. Em muitas cidades-Estado, o desenvolvimento das atividades comerciais expulsa a assembleia do povo* da *agorá* e suscita os protestos dos pensadores de tendência aristocrática: Platão e Aristóteles queriam separar a *agorá* mercantil da *agorá* política e religiosa (essa separação é realizada nas cidades-Estado da Tessália). De fato, o problema só se coloca nas cidades antigas. Com efeito, as *agoraí* pertencem a dois tipos. De um lado, existem aquelas que, como em Atenas, não pararam de se transformar desde a época arcaica: lentamente, à medida que a *pólis* evoluía, a *agorá* ateniense mudava; novos edifícios surgiam para responder às novas necessidades, de modo que a praça, que refletia a história da cidade-Estado, era coberta de edifícios isolados, heterogêneos: apesar dos pórticos* acrescentados na época helenística, ela nunca teve unidade nem harmonia. Ao contrário, nas cidades de tipo jônico, construídas segundo um projeto urbanístico, a localização da *agorá* foi prevista, e realizou-se um conjunto monumental que, de maneira geral, respeita a característica da *agorá* grega. É o que se verifica em Magnésia do Meandro: a *agorá*, criada no século III, foi integrada à planta ortogonal, mas voluntariamente estabelecida perto do grande santuário de Ártemis Leucofriena, com o qual ela se comunica a leste por um propileu*. A praça na qual se erige o templo* de Zeus é circundada por três pórticos em forma de ferradura; ao sul, ela dá para uma avenida que a abre para a atividade do mundo externo; essa avenida é margeada por um pórtico, que torna a praça perfeitamente simétrica e que abre para edifícios de culto e administrativos, em particular, um pritaneu*. Figs. 2 e 3.

AGORÂNOMOS

Magistrados encarregados de administrar os mercados. Verificavam os preços e as transações, e deviam fazer respeitar a ordem. Quando não havia magistrados mais especializados como os sitofílaces*, eles deviam controlar o comércio de grãos, tanto em Éfeso quanto em Íos. No exercício do cargo, alguns deram prova de generosidade, distribuindo grãos gratuitamente ou a preços baixos. Em muitas cidades-Estado que não possuíam astínomos* nem *metronómoi**, os agorânomos também se ocuparam de controlar as ruas, bem como os pesos e medidas: era o caso de Tasos. Estavam presentes em inúmeras cidades-Estado. As menores e mais pobres possuíam um único agorânomo em vez de um colegiado. Em Atenas, eles eram designados por sorteio* pelo período de um ano e eram dez: cinco para a cidade, e cinco para o Pireu. ➤ Panegíria.

AGRICULTURA

A agricultura era a primeira atividade econômica no mundo grego. A maioria da população vivia do trabalho da terra, o que explica o fato de as crises sociais terem sido, antes de tudo, crises agrárias. Na época arcaica, a falta de terras foi uma das causas da colonização. Em geral, praticava-se uma policultura de subsistência, que se baseava naquilo que se costumava chamar de "trilogia mediterrânica", ou seja, cereais, videira e oliveira (embora esta árvore não possa ser cultivada em qualquer lugar, mesmo na Grécia continental e insular), à qual se acrescentava a criação de gado. Devido ao relevo muitas vezes acidentado, os gregos criaram terraços de cultura para dispor de superfícies cultiváveis tão extensas quanto possível; dependendo da declividade, os muros dos terraços deviam ou não receber uma manutenção permanente, o que exigia mão de obra. Tratava-se, essencialmente, de culturas secas, mas, quando possível, criavam-se *kêpoi*, terrenos fechados por muros de pedra, onde se praticava uma cultura irrigada, graças a poços e a reservatórios, produzindo-se, sobretudo, legumes e frutas. Algumas produções eram destinadas à venda na cidade grande da cidade-Estado, caso ela tivesse uma, ou do exterior: era o caso do vinho de qualidade. Embora lentos, os progressos não deixaram de ocorrer: drenagem de pântanos, aperfeiçoamento de raças de animais etc. As grandes diferenças, no entanto, dependiam de dois elementos: a riqueza ou a pobreza de certas regiões em razão da natureza do solo e do clima e a repartição da propriedade fundiária. ➢ Alimentação, Arrendamentos, Azeite, Camponeses, Cerâmicas, Cereais, Criação de gado, Escravidão, Eskhatiá, Hábitat, Hilotas, Impostos, Instrumentos agrícolas, Propriedade fundiária e imobiliária, Vinho.

AISYMNÉTES

Etimologicamente, o *aisymnétes* é aquele que comanda. 1º Chama-se *aisymnétes* uma personalidade escolhida como árbitro quando uma crise sociopolítica abala a cidade-Estado. Ele recebe poderes extraordinários para restabelecer a concórdia e promulgar um código de leis. Foi assim que Pítaco recebeu plenos poderes em Mitilene durante dez anos. 2º Os *aisymnétai* são magistrados regulares em Mégara e em suas colônias, bem como em outras cidades-Estado, como Naxos, onde dois *aisymnétai* são epônimos. Em Mileto, o *aisymnétes* é o chefe da confraria dos Molpes.

AKRÓASIS

Conferências, recitais. ➤ EDUCAÇÃO, SOFISTA.

ALFABETO

A escrita parece ter desaparecido nas épocas obscuras; os micênicos haviam utilizado uma escrita silábica, conhecida apenas por funcionários ou por escribas. No século VIII, a escrita reaparece como alfabética. Os gregos tomaram emprestado dos fenícios seu alfabeto. Eles o modificaram um pouco, pois o alfabeto fenício só registrava as consoantes, e a língua grega exigia o registro das vogais. Uma única letra que corresponda a um único som é uma escrita fonética, fácil e acessível a todos.

ALFORRIA

A alforria de alguns escravos* podia ser decidida pela cidade-Estado. Apenas a cidade-Estado de Esparta tinha direito de libertar hilotas*, devido aos serviços prestados no exército*. Diversas cidades-Estado libertaram escravos de particulares pela mesma razão, indenizando seus donos, assim como Atenas em relação aos escravos que participaram da batalha das Arginusas, em 406. O próprio escravo podia comprar sua liberdade, pagando seu preço, geralmente uma soma redonda, a seu dono ou sua dona; isso implicava que ele tivesse podido constituir um pecúlio. O escravo feito prisioneiro após uma guerra podia ser comprado de seu proprietário pelos membros de sua família. O dinheiro necessário para a libertação podia ser reunido por um *éranos**. Frequentemente, a alforria comportava uma cláusula de *paramoné*, que obrigava o alforriado a permanecer com seu antigo proprietário (ou, algumas vezes, outra pessoa designada pelo documento) e trabalhar para ele enquanto este vivesse ou por um período determinado; são conhecidos casos em que o alforriado se libertou ulteriormente da *paramoné* pagando uma soma suplementar. Por fim, um proprietário podia, ele próprio, libertar um escravo sem contrapartida. Vários métodos eram utilizados para alforriar os escravos. Podia-se libertar um escravo por declaração às autoridades públicas, que registravam a alforria mediante o pagamento de uma taxa, como na Tessália. Podia-se proceder por disposição testamentária, como Platão e Aristóteles. Podia-se alforriar o escravo por consagração a uma divindade, o que era frequente na Beócia. Podia-se, como era o caso na maioria das alforrias conhecidas graças a inscrições no santuário* de Delfos, libertar o escravo por meio de uma venda fictícia (Apolo, em Delfos); o antigo dono recebia a soma correspondente ao preço do escravo; o deus "comprava" o escravo para que ele se tornasse livre; a alforria era garantida pelo "vendedor", mas também por fiadores, que o substituíam, caso necessário. A situação do alforriado variava muito, havendo ou não uma cláusula de *paramoné*: se não houvesse, ele podia "fazer o que quisesse e ir aonde quisesse". Seu estatuto na cidade-Estado

era, no máximo, o de um meteco*, sendo que algumas cidades-
-Estado faziam distinção entre o estrangeiro livre que nelas residiam e o antigo escravo.

ALIANÇA

1º Geralmente, a aliança é uma *symmakhía*, ou seja, uma aliança militar. O elemento essencial de um tratado* de aliança é o compromisso por juramento* de cada parte de socorrer a outra em caso de agressão: trata-se da aliança defensiva. Com efeito, algumas alianças visam unicamente a estabelecer uma colaboração militar entre duas cidades-Estado: é o caso da aliança entre Atenas e Tebas, em 395. No entanto, a aliança também serve para unir legalmente uma cidade-Estado a outra ou a um grupo de outras cidades-Estado, sem que haja ameaça de guerra. Como não conheciam nenhum instrumento mais adequado, os gregos recorriam à aliança para instaurar um vínculo de dependência entre uma potência forte e outra fraca. Foi esse tipo de aliança que Esparta impôs, em 404, à Atenas derrotada: os atenienses "tinham os mesmos amigos e os mesmos inimigos que os lacedemônios", cláusula que implicava, para a parte fraca, a obrigação de participar das guerras* ofensivas da parte forte. Em certos casos, termina-se uma guerra por um tratado de paz e de aliança: é o caso de Esparta e Atenas, em 421, e do rei Filipe II e de Atenas, em 346. 2º A *symmakhía* hegemônica é uma instituição surgida em meados do século VI com a Liga do Peloponeso: tem por característica reunir um número bastante importante de potências, de ser perene e dirigida por uma cidade-Estado que tenha a hegemonia* de forma exclusiva e permanente. Os modernos a chamam de "Liga do Peloponeso", salvo em raríssimas exceções. Do mesmo modo, denomina-se "Liga Helênica" a *symmakhía* de 481, que era uma transformação da anterior. A hesitação leva à *symmakhía* criada por

Atenas em 478, com aliados muito mais numerosos do que as ligas anteriormente citadas. Seu nome grego é "*symmakhía* dos atenienses e dos aliados (*sýmmakhoi*) dos atenienses". Os modernos utilizaram diversas denominações. Por muito tempo empregou-se o termo "confederação" ao se falar da "Confederação de Delos" ou da "Confederação Ático-Delíaca", o que tem o inconveniente de traduzir da mesma forma *symmakhía* e *koinón*, duas instituições muito diferentes (a Confederação Beócia é um *koinón*). O termo mais usual há cerca de trinta anos é "liga", quer se fale de "Liga de Delos" (devido ao papel do santuário delíaco), quer de "Primeira Liga Ateniense", às vezes com a especificação de "marítima", tendo a "Segunda Liga Ateniense" sido criada em 378. Recentemente, O. Picard propôs o termo "Aliança Ateniense", que tem a vantagem de conservar a tradução normal de *symmakhía*, mas deve especificar que se trata de um instrumento da hegemonia ou da *Arkhé**. Sob a hegemonia permanente de uma cidade-Estado, as instituições de cada *symmakhía* são diferentes. A Liga do Peloponeso toma suas decisões em dois tempos: 1/ decisão tomada pela assembleia do povo espartano, após um debate em que podem intervir enviados de alguns dos aliados; 2/ ratificação pelo Conselho da Liga, em que cada aliado tem seu representante. Na Primeira Liga de Atenas, existe um Conselho dos Aliados, mas a importância de Atenas é tal que as instituições comuns raramente são conhecidas; em pouco tempo, as decisões dependem somente de Atenas. Na Segunda Liga, o *synédrion** é permanentemente sediado em Atenas, sendo que cada cidade-Estado, pequena ou grande, tem voz; o *synédrion* não presidido pelos atenienses toma decisões denominadas *dógmata* (plural de *dógma*); o *dógma* é transmitido à *Boulé* ateniense, que o transforma em projeto de decreto (*proboúleuma*); a assembleia ateniense ratifica ou não o *dógma*.

ALIMENTAÇÃO

Os gregos acreditam que os cereais, a carne cozida e o vinho formam a alimentação civilizada. Mais da metade dos produtos consumidos é de cereais*. O trigo é comido em forma de pão (*ártos*); quanto mais branco o miolo, mais ele é estimado; não se utiliza fermento de maneira constante, e o pão se apresenta em forma de bolo; geralmente é fabricado em casa, mas as padarias começam a surgir na época helenística. A farinha de cevada, feita de grãos torrados e moídos, que pode ser feita em casa ou comprada, é umidificada com água, vinho ou azeite*; às vezes, a ela se acrescenta mel; depois de seco, esse preparo forma a *mâza*; de acordo com os produtos acrescentados, a *mâza* é muito diferente. A *mâza* foi o alimento de base das classes pobres durante toda a Antiguidade e de todos durante a época clássica. O pão custa mais caro e assume uma importância crescente na época helenística, sem nunca suprimir a *mâza*. As leguminosas ou *óspria* têm lugar importante na alimentação: são as favas, as ervilhas, as lentilhas e as ervilhacas. Produzidas algumas vezes em uma área que geralmente seria deixada em pousio no segundo ano de rotação das culturas, com frequência são cultivadas nos jardins. Outras plantas podiam servir de alimentos complementares ou substitutos: as azeitonas, pretas e verdes, os grãos de linho moídos, os grãos de papoula embebidos no mel, as cebolas-albarrãs (cebolas grandes). Também se consumiam frutas frescas (maçãs, figos, uvas, romãs, marmelos etc.) e secas (uvas-passas e figos secos), bem como amêndoas. Há alimentos característicos dos períodos de escassez, como a malva. A carne, sempre cozida, é consumida sobretudo nos banquetes* que seguem os sacrifícios*, mas também se aprecia a caça. Na alimentação, o peixe tem papel mais importante do que a carne: o peixe fresco só é encontrado ao longo da costa e custa caro, mas os gregos consomem em quantidade o peixe seco, em particular a sardinha, a anchova e o atum. Comem-se ovos, so-

bretudo de pato. O queijo de ovelha e de cabra também é um alimento importante. E o vinho* misturado à água é uma necessidade.
➤ AGRICULTURA, CRIAÇÃO DE GADO.

ALMA ➤ PSYKHÉ.

ALTAR

O altar é necessário ao sacrifício* de sangue. Em geral, um altar (*bomós*) é uma construção de pedra, de forma cúbica ou cilíndrica; muitas vezes é ornado com guirlandas feitas de cabeças de bovinos (bucrânios) ou ovinos em suas faces laterais. Algumas vezes traz inscrito o nome da divindade à qual é consagrado. Sua parte superior é a *eskhára*. Durante muito tempo, esse termo, que também designa a lareira, *hestía*, da casa*, foi mal interpretado. Trata-se de uma cuba larga e baixa, feita em metal (geralmente bronze), fixada na parte superior do altar para impedir que ele seja danificado pelo fogo; a *eskhára* recebe o fogo que permite assar os *splánkhna* (os miúdos) e a parte da divindade. Essas cubas são bem visíveis nos altares representados nos vasos pintados; a *eskhára* não permanece sobre o altar após a festa; ela é guardada. Os altares mais antigos são montículos formados com as cinzas dos animais sacrificados: é o caso do altar de Zeus em Olímpia. No entanto, a maior parte dos altares é construída. Os particulares erigem altares modestos, de pedra ou tijolo cru, com revestimento de cal ou estuque; na época clássica, há altares consagrados às divindades domésticas, como Zeus *Ktésios* ou Zeus *Herkeîos*, no interior das residências e na corte; mais tarde, como em Priena, encontram-se diante das portas das casas, nas ruas, altares privados, consagrados sobretudo às grandes divindades da cidade-Estado. Em toda parte viam-se altares públicos nas cidades. Os altares mais importantes são os dos santuários. Há santuários* sem templo*, mas não há santuário* sem altar: este é indispensável ao culto. Normalmente é erguido ao ar livre, diante da fachada do templo*: na Acrópole de Atenas, o de Atena Polias encontra-se diante da fachada oriental do Erectêion. Encontra-se um altar no interior de um templo quando há um culto fechado, como alguns cultos cívicos; nesse caso, o templo é hipetro. Constroem-se altares monumentais. O mais célebre é o Grande Altar de Pérgamo, consagrado aos Doze Deuses e ao rei Êumenes.

AMIZADE RITUAL

Por muito tempo se traduziu por "hospitalidade" o termo grego *xenía*, e por "hóspede" o termo *xénos**. Trata-se, de fato, de uma instituição mais complexa. É uma amizade entre pessoas de cidades-Estado diferentes ou mesmo entre um grego e um não grego. Após o encontro que se produz por ocasião de uma viagem* particular ou pública, ou ainda, muitas vezes, de uma guerra* (encontro entre dois chefes aliados ou entre dois inimigos que acabam de pôr fim às hostilidades), duas pessoas criam entre si um vínculo de *xenía* por um ritual. Pronunciam fórmulas, como: "Faço de ti meu *xénos*", com a réplica: "Eu te aceito." Apertam a mão direita (*dexiá*) um do outro e, muitas vezes, trocam objetos sem grande valor material, mas dotados de uma significação simbólica, os *pistá*, que representam a fidelidade de sua amizade. Ambos os *xénoi* podem viver muito distantes um do outro. Mas a *xenía* é hereditária e une não apenas os dois homens que realizaram o ritual, mas também suas duas linhagens. Se o vínculo é esquecido, pode ser renovado por um ritual. A *xenía* cria entre ambos os amigos vínculos que são próximos daqueles mantidos pelos membros de uma mesma família. Frequentemente, dá-se ao próprio filho o nome de seu *xénos* (assim como, frequentemente, também se dá ao filho o nome de seu avô). Alcebíades traz o nome de um espartano, do qual seu pai era *xénos*. Os *xénoi* devem ajudar-se, e um *xénos* deve ajudar os filhos do outro. Paga-se o resgate de um *xénos* feito prisioneiro*; acolhe-se o *xénos* sob seu teto se ele se encontra em exílio; criam-se seus filhos órfãos; concede-se o dote a suas filhas. Como se vê, trata-se de uma instituição que ultrapassa em muito a simples obrigação de abrigar um hóspede quando ele passa pela cidade-Estado. Essa é uma instituição antiga, atestada desde os poetas homéricos (*xenía* de Diomedes e Glauco de Lícia) e que continua a existir na época helenística. Ela caracteriza as classes superiores.

AMPHITHALÉS

Menino ou menina que tem pai e mãe vivos e que traz a fecundidade de que ele ou ela é o símbolo vivo. Os *amphithaleîs* de ambos os sexos desempenham papel importante nos ritos do matrimônio* e em algumas festas* cívicas, como a celebrada em Magnésia do Meandro em homenagem à sua divindade políade*, Zeus Sosípolis.

ANDRÓN ou ANDRONÎTIS ➤ Casa, Gineceu.

ANFICTIONIA

Associação* de povos vizinhos ou de cidades-Estado vizinhas em torno de um santuário* que esses povos ou essas cidades-Estado administram em comum. Muito raras são as associações que os gregos denominaram anfictionias: a do santuário de Posêidon em Caláuria (cujas cidades-Estado membros estão todas situadas no golfo da Argólida ou no golfo Sarônico) e, sobretudo, a que foi criada em torno de dois santuários, o de Apolo, em Delfos, e o de Deméter, perto das Termópilas. Esta última anfictionia, muito bem conhecida, agrupa doze povos da Grécia setentrional e central, dos quais o mais importante é o dos tessálios. Seu órgão executivo é o Conselho (*synédrion**), ao qual cada povo (*éthnos**) envia dois representantes. Cada um dos 24 hieromnêmones que formam o Conselho pertence a uma cidade-Estado particular: um dos dois anfictiões do povo jônico é um ateniense. Especialistas conhecidos como *pylagórai* assistem os hieromnêmones, mas não têm direito de voto. O *synédrion* mantém duas sessões (*pylaíai*) ordinárias por ano, na primavera e no outono: o Conselho se reúne a cada sessão, inicialmente nas Termópilas, depois em Delfos. A anfictionia pileio-délfica tem essencialmente funções religiosas: vigiar a terra sagrada de Kirrha (que é proibido cultivar), manter os santuários (e, especialmente, reconstruir o templo* de Apolo em Delfos, destruído em 373), administrar os bens do deus e organizar, a cada quatro anos, os Jogos Píticos. A Anfictionia julga os casos religiosos relativos aos membros da anfictionia, o que ocasionou "guerras sagradas", provocadas por ações tratadas como sacrilégios: a terceira guerra sagrada contra os focenses (356-346) teve efeitos consideráveis em toda a Grécia balcânica. Embora certas vezes tenha desempenhado papel de árbitro entre seus membros, a anfictionia não era uma associação política; no entanto, Filipe II da Macedônia soube fazer dela um instrumento de sua política; o mesmo se pode dizer em relação aos etólios, no século III. Algumas associações de cidades-Estado próximas de um santuário comum nunca trouxeram o nome de anfictionia, mas dependeram da mesma realidade, bem como, na época helenística, o *koinón** dos ilíacos e das cidades-Estado que participavam do sacrifício*, da competição* e da panegíria* de Atena Ílias; essa associação, que celebra as Panateneias em Ílion, reúne cidades-Estado da Tróade e de Dardanelos.

ÂNFORA

1º Recipiente em cerâmica que serve para o transporte e a conservação de gêneros alimentícios, sobretudo líquidos (vinho* e azeite*), às vezes sólidos (peixes secos, frutas secas etc.). São jarros dotados de duas asas e de uma base em ponta. As duas asas permitem que dois homens transportem esse recipiente, que se torna pesado quando cheio. Sua forma genérica permite empilhar várias ânforas no porão de um navio mercantil, umas bloqueando as outras sem ocupar muito espaço, sem risco de se quebrarem e, sobretudo, de fazer a embarcação virar. Em seu interior, a ânfora é impermeabilizada por uma camada de resina. Ânforas já foram encontradas em sítios terrestres, mas também em meio aos destroços de navios. Foram fabricadas em massa nas regiões em que se produzia grande quantidade de azeite e vinho para exportação. Sua capacidade e sua forma variam de acordo com sua origem (com variantes segundo as épocas, sendo que as formas eram menos bojudas e mais alongadas na época helenística do que na época clássica): os arqueólogos não têm dificuldade para determinar a origem precisa de uma ânfora. Todavia, as ânforas são muito numerosas, grande parte delas se encontra quebrada, e despertam interesse sobretudo por seus timbres, chamados de selos anfóricos. Os primeiros timbres foram impressos pela cidade-Estado de Tasos nas asas de suas ânforas, na primeira metade do século V: trazem o nome da cidade-Estado ("dos tásios") e o nome de um magistrado, o que caracteriza a intervenção da cidade-Estado no comércio com o exterior; em seu centro, a vinheta possui um símbolo que varia. Ao somar os timbres de cada cidade-Estado, os pesquisadores buscaram definir a extensão do comércio de cada uma e classificá-las em função de seu êxito. Durante muito tempo, acreditou-se que Rodes eclipsava comercialmente suas rivais na época helenística. No entanto, J.-Y. Empereur e outros pesquisadores mostraram que somar os timbres não faz sentido. Com efeito, as ânforas de Rodes são timbradas nas duas asas (em uma, trazem o nome do epônimo; na outra, o do fabricante) e todas são seladas, enquanto, por exemplo, as ânforas de Cós são timbradas apenas em uma asa, e somente pouco mais de 1% delas traz timbre; na época helenística, as de Tasos recebem apenas um timbre, e uma a cada três é selada. Esses elementos obrigam a corrigir a tese tradicional. ➢ CERÂMICAS, EMPÓRION E MARINHA. 2º Grande vaso decorado, dotado de um pé e que comporta duas variantes: a ânfora de gargalo, em que este é distinto do corpo da ânfora, e a ânfora bojuda, em que há continuidade. As ânforas panatenaicas, enchidas com o azeite das oliveiras sagradas de Atena, são dadas como prêmios aos vencedores da competição* das Panateneias (700 a cada competição, das quais 140 para o vencedor da corrida de carros*); trazem figuras pretas, mesmo na época em que esse estilo já havia desaparecido, e a representação da deusa Atena, em uma face, e da prova, na outra. Muitas foram encontradas bem longe de Atenas.

APÉLLA

Até data recente, nome dado erroneamente pelos historiadores modernos à assembleia do povo* espartano. Segundo as fontes antigas, seu verdadeiro nome é *ekklesía*.

APODECTA

Cobrador das finanças*. Tasos teve um apodecta; Atenas, dez, designados por sorteio*. Recebiam a totalidade das receitas públicas e repartiam os fundos entre as diferentes caixas, em Atenas conforme as disposições da lei*, em Tasos conforme os decretos* do Conselho e do povo.

ARAUTO

Os arautos desempenharam papel importante de Homero até a época imperial: Taltíbio, arauto de Agamêmnon, ficou célebre. A cidade-Estado utiliza os arautos como mensageiros oficiais. Geralmente, é por intermédio deles que se solicita uma trégua. Mesmo em tempos de paz, ocorre de as cidades-Estado enviarem um arauto, e não uma embaixada*; o arauto (*kêryx*) é inviolável. Sua insígnia é o *kerýkeion*, o caduceu, ornado com duas serpentes entrelaçadas; é o atributo do deus Hermes, mensageiro dos deuses. A presença de um arauto é necessária ao Conselho e à assembleia do povo*: em Atenas, o "arauto do Conselho* e do povo" pergunta quem quer a palavra, lê os textos da lei*, anuncia os votos* e proclama seu resultado. Existe igualmente um "arauto do Areópago": no Império, é um personagem muito importante. É um arauto que procede às adjudicações* e às vendas públicas, em presença e sob o controle do Conselho e dos magistrados. O arauto proclama as honras decretadas pelo povo nas Dionísias, em Atenas, e nas Apolônia, em Delos. Nesta última cidade-Estado, o arauto recebe 60 dracmas por ano: não é o salário de um empregado, e sim uma compensação pela função; ele exerce seu cargo durante um período bastante longo: na primeira metade do século III, Aristóloco foi arauto da cidade-Estado por mais de dez anos. Também existem arautos ligados aos santuários*: esses personagens, que desempenham uma função nas cerimônias cultuais, têm o título tanto de *kêryx* (arauto) quanto de *hierokêryx* (arauto sagrado). O dos Mistérios de Elêusis é chamado de *hierokêryx*; como o daduco* (porta-archote), pertence ao *génos** dos *Kéryxes* (Arautos). Por fim, nas competições*, é um arauto quem proclama os vencedores: nesse caso, o próprio arauto é vencedor da prova que, no início da competição, opôs todos os arautos que aspiravam a essa função gloriosa; há provas para os arautos em todas as competições, mesmo naquelas que não são *mousikoí*.

ARBITRAGEM INTERNACIONAL

A partir do século IV, com frequência deu-se o fato de duas cidades-Estado pedirem a arbitragem de uma terceira. Em geral, tratava-se da metrópole ou de uma cidade-Estado amiga das duas adversárias. Os membros de uma anfictionia* podiam apelar ao conselho anfictiônico. Do mesmo modo, a partir de Alexandre, recorria-se aos reis* helenísticos e, a partir do século II, ao Senado romano. A cidade-Estado enviava um número variado de juízes. Na maioria dos casos, os conflitos que esses árbitros precisavam julgar eram territoriais. Assim, no início do século II, Samos e Priena disputavam uma terra que possuía um grande valor estratégico e pediram a arbitragem de Rodes, que enviou cinco juízes; o caso foi retomado várias vezes ao longo do século e suscitou diversas arbitragens, sucessivamente reconsideradas. Outras querelas podiam levar a uma arbitragem: disputas em relação a um santuário*, questões financeiras etc. Conhecemos esse procedimento pelos historiadores e, sobretudo, pelas inscrições*: as cidades-Estado adversárias mandavam gravar as decisões arbitrais e votavam decretos* honoríficos para a cidade-Estado que arbitrava e os juízes que ela havia designado. ➤ Decreto honorífico.

ÁRBITRO

Em Atenas, conheciam-se dois tipos de árbitros *diaitetaí*. Uns eram árbitros privados: para evitar um processo, dois atenienses podiam pedir a um concidadão que resolvesse o caso que os opunha. Os outros eram árbitros públicos: intervinham em todas as *díkai* (ações privadas). O magistrado que instruiu um caso o transmite a um árbitro público sorteado; este tenta conciliar ambas as partes e, se fracassar, profere uma sentença, da qual se pode apelar. Nesse caso, a questão é julgada por um tribunal* popular. Os árbitros públicos são cidadãos com 60 a 61 anos: todo ateniense dessa idade que não tenha outro cargo oficial deve servir a cidade--Estado por um ano como árbitro público. ➤ Ação na justiça, Processo judiciário.

ARCONTE

A palavra grega significa "aquele que está à frente", "aquele que comanda": nomeia-se "arconte" tanto o chefe de uma associação* quanto um magistrado colocado no comando da cidade--Estado. No plural, "arcontes" designam, em sentido lato, o conjunto de magistrados de uma cidade-Estado e, em sentido estrito, alguns magistrados dos quais é o título preciso. O sentido lato é frequente nas inscrições* e nos textos literários: quando um regulamento de procissão fala dos arcontes ao lado dos efebos e das crianças, trata-se de todos os magistrados da cidade-Estado. É fácil compreender como essa palavra vaga, que distingue os magistrados dos simples particulares, pôde tornar-se o título de alguns magistrados. Em Atenas, por exemplo, quando a autoridade do rei se enfraqueceu e os aristocratas quiseram colocar seus representantes no comando da cidade-Estado, esses primeiros magistrados foram, naturalmente, chamados de arcontes, ou seja, chefes. Na época aristocrática, o arconte, epônimo* da cidade-Estado, detinha o Poder Executivo e conhecia todas as questões de direito familiar, enquanto o polemarco* se ocupava da guerra e dos estrangeiros; o reinado vitalício chegou ao fim, e o próprio rei* se tornou um arconte designado por um ano; a esses três arcontes primitivos acrescentaram-se os seis tesmótetas*. A partir do século VII, Atenas passa a ter nove arcontes: o secretário dos tesmótetas, criado após a reforma de Clístenes, nunca recebeu esse título. Os arcontes atenienses foram designados por eleição até 487/486. Nessa data, a eleição foi substituída pelo sorteio* entre quinhentos candidatos escolhidos previamente pelos demos*. Essa mudança diminuiu seus poderes: muitas de suas competências passaram aos estrategos*. Na época de Péricles, têm apenas funções religiosas e judiciárias: instruem os casos que deles dependem e os introduzem perante o tribunal*. Desse modo, o primeiro arconte introduz as ações que dizem respeito às sucessões, aos órfãos e às *epíkleroi*; continua a dar seu nome ao ano e a organizar o calendário e algumas festas religiosas, como as Grandes Dionísias; já não tem responsabilidades políticas. A abertura do arcontado à classe dos zeugitas*, em 457/456, é um símbolo democrático, e não um evento político. O arconte existe em outros lugares além de Atenas; é sempre epônimo. A partir do século VI, tem presença comprovada em cidades-Estado como Delfos e Tebas. Em Tasos, os três arcontes são os magistrados supremos da cidade-Estado. O arconte existe em todas as cidades-Estado beócias: quando a Erétria entra na Confederação*, no final do século IV, ela imita as cidades-Estado beócias ao designar, por sua vez, um arconte. Sabe-se da existência de um arconte federal na Beócia, a partir do século IV, mas talvez ele tenha sido bem mais antigo: esse chefe da nação beócia era, antes de tudo, um magistrado religioso.

AREÓPAGO

Conselho aristocrático ateniense. É o descendente do Conselho homérico dos Anciãos. Seu recrutamento e seus poderes no período pré-soloniano são pouco conhecidos. Era-se areopagita a vida inteira. Por já não serem definidos, os poderes do Conselho não eram limitados. O elemento fundamental era religioso: o Conselho julgava os sacrilégios e todos os crimes que podiam acarretar uma mácula* para a cidade, em particular os homicídios, e sabia interpretar a lei não escrita. Além disso, era o guardião da ordem pública e tinha o direito de castigar todo delinquente. Era, por fim, o guardião das leis* e controlava os magistrados; talvez até designasse os arcontes*. Portanto, seus poderes judiciários e políticos eram muito extensos: desse modo, o poder dos aristocratas (os eupátridas nessa cidade-Estado) era exercido tanto no domínio político quanto naquele militar e econômico. Após Sólon, o recrutamento do Areópago é bem conhecido: os areopagitas são os antigos arcontes cooptados por seus colegas. De Sólon a Efialtes, a história do Areópago é a de uma lenta decadência: a evolução social do século VI e as criações institucionais de Sólon e de Clístenes só podiam enfraquecê-lo. Seu prestígio se mantém, mas seu papel político diminui. Após Salamina, começa-se a considerar um bastião antidemocrático esse Conselho de membros vitalícios e múltiplas atividades de governo e justiça. Em 462, Efialtes tirou-lhe a maior parte das atribuições, dizendo que os areopagitas estavam sobrecarregados. O Areópago só conservou a jurisdição do homicídio voluntário, do envenenamento e do incêndio, bem como a guarda das oliveiras sagradas. Permaneceu a mais venerável instituição ateniense. Readquiriu importância na época imperial, quando se tornou a instituição mais poderosa da cidade-Estado. ➤ CONSELHO DE CIDADE-ESTADO, GEROUSÍA.

ARETÉ

Valor pessoal, excelência. É o ideal que todo grego busca alcançar. Originariamente, é o valor guerreiro que distingue o aristocrata do plebeu, e é demonstrado pelo feito vitorioso. Rapidamente, a noção se enriquece: a partir de então, o homem dotado de *areté* deve ser um conselheiro prudente e, ao mesmo tempo, um guerreiro corajoso. Aos poucos, a *areté* torna-se a excelência em todos os domínios, físico, intelectual e moral; para Sócrates, ela era, antes de tudo, a perfeição moral. Na época helenística, celebrava-se a *areté* do rei*, a "Virtude" que lhe era própria.

ARISTOCRACIA

Etimologicamente, é o regime em que os melhores têm o poder. Na linguagem corrente, aristocracia é sinônimo de oligarquia*: a palavra fazia pensar no regime de Esparta ou das cidades--Estado cretenses. Porém, os teóricos políticos do século IV tenderam a distinguir a aristocracia, fundada na *areté**, dos regimes fundados na riqueza, opondo, como Xenofonte, aristocracia e plutocracia, ou, como Aristóteles, aristocracia e oligarquia*. Em *A república*, Platão vai mais longe: dá o nome de aristocracia ao regime ideal imaginado por Sócrates e o distingue não apenas da oligarquia, mas também da timocracia, regime fundado na honra, que reinaria, por exemplo, em Esparta.

ARKHÉ

O termo significa, ao mesmo tempo, "começo" (eis a origem de palavras como "arcaico" e "arqueológico") e "poder, autoridade". 1º No domínio institucional, os *arkhaí* são tanto as magistraturas quanto os magistrados (*arkhaí* e *árkhontes*), tanto os cargos políticos quanto os homens que os exercem. A *arkhé* entra na composição de muitos nomes que designam magistrados ou comandantes: polemarco*, taxiarco*, hiparca*, *démarkhos**, ginasiarca, trierarca*; as magistraturas e as funções correspondentes são chamadas, em português, de hiparquia, ginasiarquia e trierarquia*. 2º Termo que define o poder imperial que uma cidade-Estado dominadora, como Atenas no século V (que estava à frente de uma aliança* marítima) ou um rei helenístico conquistador, como Antíoco III, exerce sobre seus súditos. 3º Conjunto territorial formado por cidades-Estado subjugadas, administrado política, militar e financeiramente por e em benefício de Atenas no século V; o termo "império" que se pode aplicar ao território possuído pelo rei da Pérsia é impróprio neste caso, e o termo *Arkhé* não tem equivalente em português.

ARKHITHÉOROS

Presidente de uma delegação religiosa (formada de teoros*) no exterior. É uma função prestigiada quando se trata de representar a cidade-Estado em uma grande festa; na época helenística, muitas vezes se tornou uma liturgia*.

ARMAMENTO

As armas dos gregos são de bronze. 1º Na época arcaica, surge o armamento do hoplita, um soldado de infantaria que deve seu nome às *hópla*, as armas, principalmente aquelas ofensivas. Usa um escudo redondo e côncavo, o *aspís*; sua armadura é de madeira recoberta de bronze; o escudo é segurado com o braço esquerdo pelo *pórpax*, braçadeira situada no centro de seu lado interno, e pelo *antilabé*, empunhadura situada em sua borda; o raio do escudo tem o mesmo comprimento do antebraço de seu portador; em média, o escudo tem um diâmetro de 0,90 m; protege, ao mesmo tempo, a parte esquerda do corpo do combatente e a parte direita de seu vizinho da esquerda. O hoplita sempre usa um capacete de bronze, cujo modelo mais corrente é aquele chamado de "coríntio", que cobre toda a cabeça e o rosto, deixando livres apenas os olhos, a boca e o queixo; ele limita a visão e a audição (o capacete chamado de "calcídico" deixa as orelhas descobertas); em bronze, sob o sol, torna-se muito quente, e o combatente corre o risco de desidratação e insolação; ao longo da época clássica, o capacete evoluiu para cobrir menos o rosto, e o *pîlos* passou a cobrir apenas o crânio. De todo modo, o hoplita continuou a trazer na mão direita uma longa lança (*dóry*) de madeira (o corniso e o freixo são renomados por sua solidez), com uma ponta e um calço em bronze; o calço pode ser fincado no solo. Há também uma espada curta. Por custarem caro, nem todos os hoplitas são providos das proteções suplementares. Pode-se ter uma couraça de bronze, composta de um plastrão e de uma placa dorsal, que é vestida sobre a túnica curta, as cnêmides (perneiras) e até um protetor de ventre (*mítra*). Esses elementos são extremamente pesados para o combatente. Isso explica o fato de o hoplita precisar de um valete para transportar seu equipamento até o campo de batalha*. 2º Evidentemente, o cavaleiro é armado com menos peso. O escudo nem sempre é carregado, e, como armas ofensivas, utilizam-se lanças (*paltón*, plural: *paltá*) e uma espada recurvada (*mákhaira*). 3º As armas das tropas ligeiras (*psiloí*) dão seu nome a alguns soldados especializados. Os arqueiros, que muitas vezes vêm de Creta, e os fundeiros (que utilizam esferas de chumbo, algumas delas com inscrições como "pegue-a") não têm armas defensivas. Os peltastas devem seu nome à *pélta*, um escudo de vime e couro, redondo ou em forma de meia-lua; suas armas ofensivas são a lança e a *mákhaira*. 4º

A cavalaria macedônia sob Filipe II é armada da sarissa*, um pique mais curto e mais leve do que a sarissa do soldado de infantaria macedônio, atestado a partir de Alexandre. Pontas de sarissas de cavaleiro foram encontradas no campo de batalha de Queroneia (338). 5º A transformação da infantaria macedônia parece ter sido feita a partir dos anos 338-335. Os falangitas têm como arma ofensiva a sarissa, um pique de madeira de corniso, com 6,20 m de comprimento, mais grosso que a lança hoplítica, com uma ponta e um calço de bronze muito mais pesados do que os da lança; é segurada com as duas mãos. O escudo é muito mais leve (0,60 m de diâmetro) do que aquele do hoplita, e é mantido no ombro por uma correia. Na época helenística, os exércitos régios traziam a sarissa, mas muitos exércitos cívicos permaneceram de tipo hoplítico. ➢ CALCOTECA, FALANGE.

ARQUEGETA [ARKHEGÉTES]

1º Fundador e protetor de uma família, de uma raça, de uma cidade-Estado; alguns deuses, em particular Apolo, e muitos heróis*, como Battos, em Cirene, ou os heróis epônimos em Atenas, são chamados de *arkhegétai*. 2º Chefe, guia; os reis de Esparta são *arkhegétai*.

ARQUITRAVE

Parte inferior do entablamento que repousa sobre os capitéis da colunata. Na ordem dórica, é uma viga lisa, não decorada. Na ordem jônica, é formada de várias faixas sobrepostas. ➢ FACHADA. Figs. 11 e 12.

ARQUIVOS

Os modernos tendem a considerar as inscrições* os arquivos da Antiguidade. Os gregos faziam uma nítida distinção entre documentos gravados em pedra e documentos de arquivos: gravava-se apenas uma parte dos documentos oficiais, muitas vezes abreviados, e, portanto, a função dos arquivos públicos era importante. Por um lado, os magistrados conservavam em seu escritório, o *arkheîon*, suas contas* e os processos verbais de seus autos, escritos tanto em papiro quanto em tabuletas caiadas, com letras pintadas em vermelho: portanto, os arquivos de uma cidade-Estado não podiam ser centralizados. Por outro, algumas cidades-Estado criaram magistrados que tinham por função fazer cópias de todos os documentos cívicos, especialmente as leis* e os decretos* (ou, antes, mandar que um escriba, sob seu controle, os copiasse): em Atenas, a partir do século IV, tratava-se do secretário do Conselho*, que depositava esses arquivos no santuário da Mãe dos deuses, o Metrôion. Em Delos, o Conselho era o responsável pelos Arquivos públicos (*demósion*): tinha de conservar especialmente as cópias de todos os decretos e os registros dos magistrados, por exemplo, dos agorânomos. Por conseguinte, o *bouleutérion** comportava duas salas, a das reuniões e a dos Arquivos. É comum um templo* abrigar os arquivos da cidade-Estado: é o caso, em Paros, dos templos de Apolo e de Héstia. Na época helenística, tem-se a preocupação de conservar nos arquivos os documentos privados importantes. Assim, no Egito ptolemaico, a partir do século III, mandava-se registrar os contratos privados em um escritório de arquivos, situado na capital do nomo*; os responsáveis por esses escritórios tinham registros nos quais recopiavam, de forma abreviada ou não, os contratos que registravam. Na época helenística, não existe em nenhum lugar um escritório central das hipotecas*.

ARTESANATO

Os gregos tiveram não uma indústria, e sim um artesanato; não tiveram usinas, e sim ateliês (*ergastéria*). A falta de máquinas e a importância do trabalho doméstico explicam, em parte, a ausência de complexos industriais. Os únicos grandes ateliês fazem metalurgia. São, sobretudo, fábricas de armas. O maior ateliê conhecido é o de escudos, de propriedade do pai do orador Lísias, no final do século V: ocupa 120 escravos. Um ateliê com cerca de trinta escravos é considerado uma grande empresa. Parte dos ateliês encontra-se no campo. Com efeito, a agricultura* é a primeira atividade econômica, e atividades artesanais estão, necessariamente, ligadas a ela, tal como a produção de ânforas* de vinho* perto dos vinhedos, em Tasos. Além disso, nas cidades-Estado que possuem minas*, como Atenas, há sobre elas ateliês de transformação (tem-se conhecimento de um no Láurion, onde trabalhavam trinta escravos). Alguns ateliês, por criarem algum tipo de nocividade, ficam, necessariamente, afastados da cidade, como os dos pisoadores e dos curtidores de couro. Porém, parte dos ateliês encontra-se na cidade, pois o artesanato não pode ficar separado do comércio a varejo; é a mesma empresa que fabrica e vende ao consumidor, sem intermediários; os ateliês são, ao mesmo tempo, lojas*. Em primeiro lugar, um ateliê é um estabelecimento. Pode ter um ou mais cômodos situados no térreo de uma casa* urbana, utilizados pelo proprietário para sua atividade econômica ou alugados para terceiros. Pode ser uma construção mais importante. No início do século II, um delíaco aluga ao deus Apolo um ateliê destinado a trabalhadores masculinos, de especialidade desconhecida, por um aluguel anual de 190 dracmas. E, naturalmente, um ateliê de transformação de minerais tem valor por si só. Um ateliê é também um conjunto de trabalhadores. O dono, cidadão ou meteco*, pode

trabalhar sozinho ou com um número restrito de escravos: Sócrates, como muitos atenienses, gostava de demorar-se nos ateliês-lojas, no sapateiro, no barbeiro etc. Sem dúvida, essas pequenas unidades são as mais numerosas. Muitas vezes, a profissão é hereditária: aprende-se com o pai, do qual se herda o ateliê. O proprietário de um grande ateliê não passa todo o seu tempo nele: Cléon, que possui uma fábrica de curtume no início da guerra do Peloponeso, tem a possibilidade de fazer política e exercer magistraturas. Quando têm vários ateliês, os donos dirigem apenas um deles, deixando os outros a cargo de um terceiro, que pode ser um parente, um liberto ou até um escravo. Além disso, muitos gregos abastados conduzem, ao mesmo tempo, várias atividades lucrativas, o que os impede de se consagrarem ao ateliê que possuem ou que fazem funcionar como locatários. Se os locatários de estabelecimentos com aluguéis caros ou os proprietários de estabelecimentos de alto valor ou com cerca de vinte escravos artesãos são homens ricos, o mundo do artesanato nos ateliês é totalmente diferente. Hoje ele é bem conhecido devido aos trabalhos dos santuários. A oferta de trabalho é bastante irregular. Com exceção de Atenas, onde se convocam equipes de escravos nos ateliês para trabalhos longos e repetitivos, os santuários empregam, sobretudo, homens livres, cidadãos ou estrangeiros, mas que vivam no local; o trabalho é dado de maneira fragmentada, embora ninguém possa viver apenas das encomendas do santuário: para os pequenos e médios artesãos, trata-se apenas de um cliente entre outros. Em contrapartida, as grandes obras são dadas em leilões a empreendedores que ganham muito mais; no entanto, muitas vezes o trabalho é dividido entre vários operadores, o que cria uma instabilidade para o empreendedor e os escravos que ele emprega.
➤ Escravidão.

ASSEMBLEIA DO POVO

Existe em todas as cidades-Estado gregas. Na maioria delas, incluída Esparta, chama-se *ekklesía*. Algumas cidades-Estado lhe dão outro nome (que é a forma dórica do nome do tribunal popular de Atenas, a *Heliaía*): Argos o chama de *haliaía*, Córcira e várias cidades-Estado da Sicília (Acragas, Camarina e Gela), de *halía*. A assembleia do povo surgiu da assembleia homérica dos guerreiros (como na *Ilíada*) ou do povo (como em Ítaca); essa assembleia ouvia os reis e os chefes que tomavam a palavra; não votava e só exprimia seus sentimentos por seu silêncio, seus murmúrios ou seus gritos; o rei* a reunia para informá-la de suas decisões ou atrair a opinião pública. Mais tarde, a assembleia é a dos cidadãos. É um elemento fundamental da vida cívica. Ir à assembleia é agir como cidadão, como membro dessa unidade viva que é a comunidade cívica. A assembleia tem um papel e um recrutamento diferentes de acordo com os regimes políticos. Pessoas são excluídas dela por não responderem às qualificações censitárias na Beócia, ao final do século V ou no início do século IV; em Atenas, a partir de 321 e até 307, é necessário possuir 2.000 dracmas para ser cidadão pleno. Em certas cidades-Estado, os cidadãos que dispõem de todos os direitos são definidos por um número: mil em Oponte, na Lócrida, dez mil em Cirene, segundo a Constituição promulgada por Ptolomeu I, com a obrigação de ter bens que valham, no mínimo, 20 minas de Alexandre (ou seja, 2.000 dracmas). Trata-se de regimes aristocráticos, em que há cidadãos ativos e passivos. Nas cidades--Estado democráticas, como na Atenas clássica e na maioria das cidades helenísticas, todo cidadão adulto é membro por direito da assembleia. Sabe-se de um decreto de Cós, em que o número de votos favoráveis é superior a 4.000: grande parte do corpo cívico é presente na assembleia que o vota. O número dos presentes pode variar muito de uma sessão a outra: em Magnésia do Meandro, onde o *quorum* exigido para a validade da assembleia é de 600 (ao passo que o da assembleia ateniense é de 6.000), são conhecidos dois decretos honoríficos: um em que os votantes são 4.678, e o outro, emitido em homenagem ao filho do personagem homenageado pelo primeiro, em que os votantes são 2.114. Ignora-se a causa dessa variação (atividades agrícolas, por exemplo). Mas é certo que o absentismo varia em função do tema tratado: os cidadãos perdem menos facilmente um dia de trabalho por questões de rotina do que por casos graves. Atenas não foi a única cidade--Estado a pagar um *misthós** a parte dos presentes, o que é uma medida democrática, pois os cidadãos são compensados pelo tempo consagrado à coletividade: no final do século IV, Iasos tem um *ekklesiastikón* (salário pago pela presença na *ekklesía*). O caráter democrático ou aristocrático da assembleia depende da capacidade desta de decidir: segundo Aristóteles, nas cidades-Estado cretenses, a assembleia é aberta, mas tem como único direito aprovar as proposições dos *kósmoi** e do Conselho (formado de *kósmoi* saídos do cargo). Se a assembleia é livre para tomar decisões, seu caráter democrático depende do leque de questões que lhe cabem. Nos regimes totalmente democráticos, a assembleia popular é soberana: nenhum domínio escapa à sua competência. Uma assembleia que deve decidir sobre múltiplos temas se reúne com frequência. A de Atenas tem quarenta reuniões regulares por ano no século IV; a de Samos, duas reuniões mensais; a de Iasos se reúne todo dia 6; muitas cidades-Estado, mesmo pequenas, têm uma sessão mensal de sua assembleia. A assembleia governa votando decretos*. Para poder exercer plenamente seu poder, é necessário que seu trabalho seja preparado. Os gregos têm consciência disso, e todas as cidades-Estado democráticas têm um Conselho* que transforma o projeto de decreto em *proboúleuma* (proposição do Conselho); é com base no *proboúleuma* que a assembleia debate e vota. Todo cidadão tem o direito de participar da discussão: a democracia ateniense garante igual liberdade de palavra (*isegoría*). No entanto, a assembleia precisa de conselheiros que a ajudem a conduzir uma política coerente. O político é um orador* que persuade a multidão; a eloquência é o único meio que ele tem para fazer triunfar seus pontos de vista e ganhar o apoio do povo. É difícil conservar esse apoio: não existem partidos políticos organizados; a assembleia tem uma composição diferente a cada sessão; é preciso conseguir fazer com que os cidadãos votem os impostos* excepcionais ou as expedições militares que lhes concernem pessoalmente, e deve-se triunfar sobre adversários às vezes bastante versados. ➤ BOULÉ ATENIENSE, CONSELHO DE CIDADE-ESTADO, EKKLESÍA ATENIENSE.

ASSEMBLEIA FEDERAL

Nem todas as Confederações* possuem assembleia primária. É o caso da Beócia, que, entre 447 e 387, não tem nenhuma. No entanto, a maioria das Confederações possui uma assembleia primária. Nos regimes democráticos, como a terceira Confederação beócia e as Confederações etólia e aqueia, todos os cidadãos que atingiram a idade de servir no exército* têm acesso à assembleia. Entre os aqueus, todo cidadão pode falar perante a assembleia e fazer sugestões. Na Arcádia do século IV, que é uma democracia moderada, existe uma assembleia dos Dez Mil: provavelmente, a assembleia é limitada àqueles que têm os meios para servir como hoplitas*. Em geral, a assembleia ocorre em uma cidade-Estado da Confederação, uma cidade-Estado antiga e preponderante como Tebas, na Beócia de 378, uma cidade-Estado criada para ser o centro de uma nova Confederação, como Megalópolis, onde os Dez Mil presidem o Thersílion. As quatro assembleias regulares (*sýnodos*, plural: *sýnodoi*) da Confederação aqueia, duas na primavera e duas no outono, ocorrem em Aigion, uma das cidades-Estado da Acaia propriamente dita. Mas nem sempre o local de reunião é uma cidade-Estado. Após 338, a assembleia federal beócia ocorre em Onquesto, centro geográfico da região, perto do santuário de Posêidon. Por ocasião de sua reunião de outono, as *Thérmika*, nas quais se fazem as eleições, a assembleia federal etólia, que se reúne apenas duas vezes por ano, ocorre no santuário de Apolo, em Thermos, enquanto a assembleia da primavera, as *Panaitoliká*, ocorre em uma cidade-Estado que varia de acordo com os anos e os projetos militares. Nas assembleias federais, as decisões são tomadas pela maioria dos presentes, exceto na Confederação aqueia, em que os votos ocorrem por cidade-Estado (em função da capacidade militar e financeira de cada uma). Os decretos* votados pelos Dez Mil na Arcádia e pela assembleia aqueia (*sýnodos*) são preparados por um Conselho*, que tem uma função "probulêutica". Entre os etólios, o Conselho não prepara o trabalho da assembleia e tem uma função executiva. Em Acaia, existe uma assembleia extraordinária, chamada de *sýnkletos*: ela é convocada apenas para decidir a paz, a guerra* e, no século II, quando o Senado romano lhe envia uma mensagem escrita; nesses casos, sua convocação é obrigatória, pois esses assuntos não podem ser tratados pelos *sýnodoi*; nesse caso, o Conselho não tem função "probulêutica". ➤ CONSELHO FEDERAL.

ASSOCIAÇÃO

O termo grego *koinón* designa qualquer associação ou comunidade; empregam-se, igualmente as palavras *sýnodos* e *synagogé*. As associações são numerosas e diversas. Há associações de povos e de cidades-Estado: Confederações*, alianças* dirigidas por um *hegemón**, anfictionias*. A sociedade cívica repousa em uma série de subdivisões, que são grupos ativos: *géne**, associações de *orgeónes**, fratrias*, heterias* etc. Outras associações, como os *thíasoi* *, os *éranoi** e os grupos de *orgeónes* helenísticos não têm nenhum vínculo com as estruturas sociopolíticas: visam apenas a celebrar juntos um culto e a participar do banquete* comum. Há grupos de *hetaîroi* (companheiros) que se reúnem para tomar parte no banquete, conversar e se divertir, mas muitas das heterias atenienses são verdadeiros clubes políticos. O ginásio* é a sede de inúmeras associações: efebos, *néoi**, *neániskoi* etc. Existem, por fim, associações profissionais: as dos tekhnítes* dionisíacos, a dos atletas* (*xystós**), dos talhadores de pedras, dos comerciantes etc. Todos esses *koiná* são grupos organizados, com regulamentos e responsáveis, cujos nomes, de resto, variam muito: certo *éranos* tem um *arkheranistés* no comando, enquanto outro, um *epimeletés**. As associações religiosas possuem um santuário*, e o sacerdote* ou a sacerdotisa da associação celebra o culto. A maioria dos *koiná* tem um tesoureiro*, que administra os bens e os fundos da associação. Toda associação pode promulgar decretos*: possuímos múltiplos decretos emitidos pelos efebos, pelos *orgeónes*, pelas fratrias e pelos *syngéneiai**.

ASTÍNOMOS

Magistrados encarregados da administração geral na cidade* (*ásty*). Existem em inúmeras cidades-Estado, como Cízico, Pérgamo e Rodes. Geralmente formam um colégio: Atenas tem dez astínomos, cinco para a cidade e cinco para o Pireu, designados por sorteio*. Conhecemos muito bem as funções desses magistrados graças aos regulamentos de Pérgamo. Por um lado, são encarregados da administração da rua: são responsáveis pela conservação, ou seja, pela retirada do lixo e pela limpeza das vias públicas, e devem proteger o domínio público das usurpações por parte de particulares, quer se trate de construções, de terraços salientes ou do escoamento das águas. Por outro, são encarregados da manutenção dos costumes: devem fazer reinar a ordem nas festas e nos locais públicos; vigiam, por exemplo, as dançarinas e as tocadoras de flauta. Nas cidades-Estado que não têm astínomos, suas funções cabem aos agorânomos. ➢ AGORÂNOMOS, CISTERNAS, GINECÔNOMO.

ASTÓS ➢ CIDADANIA (DIREITO DE).

ASYLÍA

1º *Asylía* pessoal. Em uma cidade-Estado estrangeira, privilégio que permite escapar do direito de apreensão, igualmente conhecido como direito de represália (*sýlon*). Com efeito, normalmente esse direito é exercido contra todo concidadão de um devedor (ou de um autor de um roubo ou de um ato de violência), bem como contra seus bens: esse procedimento pseudojudiciário baseia-se na noção de solidariedade dos cidadãos. O direito de apreensão pode dificultar o comércio internacional. O credor ou a vítima pode ser a cidade-Estado ou um de seus membros. O privilégio de *asylía* é sempre concedido pela cidade-Estado. Os beneficiários são indivíduos ou cidades-Estado. No caso de particulares, muitas vezes a *asylía* é ligada à *aspháleia*, a própria segurança em caso de guerra*; o indivíduo que recebe esses privilégios nada mais tem a temer quanto a si mesmo e a seus bens; a cidade leva em consideração tanto o mérito pessoal do beneficiário quanto sua profissão, especialmente no que se refere aos atletas*. Na época helenística, as associações de *tekhnítes** dionisíacos gozam em toda parte da *asylía*. Para as cidades-Estado, trata-se sempre de um acordo recíproco, que diz respeito aos residentes das duas cidades-Estados contratantes; é rara na época clássica; na época helenística, em que os acordos são numerosos, a maioria concerne aos etólios, conhecidos por seus atos de pirataria*. A *asylía* pessoal não tem nenhuma relação com a religião. 2º *Asylía* natural dos santuários*. Todo santuário é asilo, por natureza. É inviolável. Nele não se pode combater, tampouco espoliar a divindade daquilo que lhe pertence, como estátuas, oferendas e tesouros. Todo ato de violência desse tipo é um sacrilégio. Normalmente, os suplicantes* refugiados em um santuário são protegidos, pois não se pode espoliar o deus de seu suplicante. Às vezes, essa regra não era respeitada: na época arcaica, a execução de suplicantes junto ao altar* do santuário de Atena Polias da Acrópole e daquele das *Semnaí*, em nível inferior, fez dos Alcmeônidas uma família maldita; porém, após 361, a cidade-Estado de Atenas executou o político Calístrato, refugiado junto ao altar dos Doze Deuses na *agorá*. 3º *Asylía* territorial. A partir do século III, cidades-Estado pediram um reconhecimento internacional tanto da *asylía* de seu santuário (*hierón*), se ele se localizasse na cidade, quanto do caráter sagrado (*hierós*) e da *asylía* da cidade e de seu território, se o santuário se localizasse fora da cidade (essa regra apresenta exceções, uma vez que Magnésia do Meandro pede *asylía* de sua cidade e de seu território, quando o santuário de Ártemis situa-se no centro da cidade). Salvo algumas exceções (especialmente Tenos e Teos), elas fazem esse pedido de *asylía* ao mesmo tempo que solicitam o reconhecimento internacional de sua grande competição* e de sua trégua sagrada (*ekekheiría*). Para obter as declarações de reconhecimento das outras cidades-Estado gregas (Cós obteve uma declaração de uma cidade- -Estado tão distante quanto Nápoles), da anfictionia* délfica e de diversos reis, a cidade-Estado envia-lhes teoros*. Se a transformação da competição implicar uma verdadeira mudança no que lhe diz respeito, não se recebe o que a honra da *asylía* traz para a cidade-

-Estado. Ela não a protege da guerra; as cidades-Estado que votam um decreto de reconhecimento da *asylía* não se comprometem a defendê-la em caso de ataque. Além disso, ela não muda nada quanto à questão dos suplicantes. Todavia, o fato de o pedido basear-se, ao mesmo tempo, na competição e na *asylía* fez Ph. Gauthier pensar que ele tem consequências para a festa*, na medida em que garante a segurança de todos aqueles que dela participam, como os concorrentes, os espectadores e os mercadores; porém, a existência de cidades-Estado que pedem a *asylía* sem solicitar a transformação de sua festa e de sua competição suscita dificuldades.

4º A partir de 145, cidades-Estado da Síria, da Fenícia e da Cilícia recebem o título de "sagradas e asilos", ao qual muitas vezes se acrescenta o de "autônomas". Certamente esses títulos foram conferidos às cidades-Estado pelo rei selêucida do qual elas dependiam.

ATELIA

Isenção de impostos* (*téle*). Esse privilégio raramente é concedido por uma cidade-Estado a seus residentes. Quando concedido a estrangeiros, particulares ou cidades-Estado, em geral se aplica às taxas especiais que os atingem; não obstante, o beneficiário não é isento dos direitos aos quais são submetidos os cidadãos. A atelia raramente se aplica à *eisphorá** e às taxas sobre o comércio com o exterior, salvo exceções locais. Ela pode referir-se às liturgias* e ao *metoíkion** – o que é interessante para os metecos*–, aos direitos de alfândega e às taxas sobre as vendas – o que beneficia os viajantes, sobretudo os negociantes. A atelia pode ser total ou parcial: algumas vezes, o decreto* especifica a taxa da qual o beneficiário é isento.

ATELIÊ ➢ Artesanato, Loja.

ATIMIA

Etimologicamente, um homem punido com atimia torna-se um fora da lei. Banido da comunidade cívica, ele pode ser morto sem que seu assassino seja maculado: esse é o castigo a que está exposto no século VI, em Atenas, quem tentar tornar-se tirano*. Mais tarde, a atimia é apenas uma degradação, uma privação de certos direitos: geralmente, é uma pena infligida em caso de delito político ou religioso. Pode ser total: nesse caso, perdem-se todos os direitos políticos, em particular o de ser magistrado, de participar das sessões da assembleia – e de intentar uma ação jucidiária –; o indivíduo passa a ser excluído dos santuários* e da *agorá**. A atimia também pode ser parcial: em Atenas, os prostituídos, por exemplo, não podem pedir a palavra na assembleia nem propor um decreto*; o acusador temerário, em caso de *graphé**, perde o direito de intentar uma nova ação de mesmo tipo. ➤ PENAS JUDICIÁRIAS.

ATLETA

Personalidade que participa de uma competição*, em particular de uma competição gímnica. O atleta grego treina na palestra* ou no ginásio* e faz todos os esforços possíveis no dia da prova para vencer e receber o prêmio, ouvir o arauto* proclamar seu nome, bem como o de seu pai e de sua pátria*. Mesmo na época helenística e romana, ele anseia ser *hieroníkes* (vencedor em uma competição sagrada), *Pythioníkes* em Delfos, *Nemeoníkes*, *Isthmioníkes* e, sobretudo, *Olympioníke*: a maior glória é receber a coroa* de folhas de oliveira selvagem em Olímpia. Os melhores atletas foram *periodoníkai*, vencedores nas quatro competições da *períodos**. O vencedor de uma grande competição sabe que será recebido de modo triunfal em sua pátria, que talvez entre por uma brecha da muralha*, que será recebido no pritaneu*, que farão poemas em sua homenagem, que lhe erigirão estátuas* com suas láureas inscritas na base: que glória ser o "primeiro" de sua cidade-Estado ou de sua região a ter ganhado uma prova, "o primeiro e o único" a ter uma série de êxitos! A partir da época helenística, as cidades-Estado concedem de bom grado o título de cidadão àqueles que nelas foram vencedores. O vencedor de corrida no estádio de Olímpia dá seu nome à Olimpíada. A história de Teógenes de Tasos mostra o que podia ser o prestígio de um atleta vencedor: após ter vencido duas vezes em Olímpia – no boxe, em 480, e no pancrácio*, em 476 – e ter obtido 1.300 vitórias em 22 anos, Teógenes desempenhou um papel político importante em sua pátria e foi homenageado na *agorá** com uma estátua que teve aventuras milagrosas no início do século IV, quando recebeu um culto e tornou-se um herói* que curava. Essa personalidade pertencia a uma família rica e honrada. Somente a partir do século IV surgem alguns atletas profissionais, que ganham a vida participando de competições *argyrítai*, nas quais os prêmios são em dinheiro. A partir de Platão, os filósofos tendem a descrever o atleta como um profissional, uma pessoa rude e sem cultura. No entanto, mesmo na época romana, encontram-se atletas que pertencem a famílias abastadas, cujos membros exerceram cargos políticos em sua cidade-Estado. O atleta vitorioso continua a receber estátuas e a ocupar cargos políticos: em 11/12 d.C., o boxeador Nicofonte, *Olympioníke*, foi estefanéforo* em Mileto, sua pátria; foi igualmente grão-sacerdote de Augusto.

ATLÓTETA

Magistrado encarregado de preparar os prêmios (*âthla*) de uma competição*. Pode ser único, mas geralmente se trata de um colégio. Pode ter funções muito mais amplas ou preencher as funções do agonóteta*. Por ocasião das Grandes Panateneias de Atenas, não apenas os dez agonótetas sorteados preparam os prêmios dos vencedores da competição, mas também se ocupam da procissão* e da confecção do *péplos*.

ATOR

Em sua origem, o poeta de teatro era o único intérprete perante o coro*: ele era o *hypokritês*, aquele que "responde" ao coro; eis por que, em grego, o termo *hypokritês* designa o ator. Com efeito, a profissão de ator surgiu na primeira metade do século V, em Atenas: inicialmente, um segundo intérprete apareceu, escolhido pelo poeta que tinha o papel principal, o do protagonista; em seguida, na época de Sófocles, o poeta deixou de atuar. A partir de então, todo ator passou a ser um artista profissional. Mais tarde, o poeta deixou de poder escolher os atores, e eram as autoridades da cidade-Estado que designavam os protagonistas: cada poeta em competição recebia um deles por sorteio*. O protagonista constituía uma trupe de teatro, da qual era diretor; o deuteragonista e o tritagonista eram seus empregados assalariados. No início, por ocasião das Grandes Dionísias, a mesma trupe atuava nas quatro peças compostas pelo poeta, a quem se atribuíra seu protagonista. Em seguida, já que a qualidade da interpretação interessava cada vez mais aos espectadores, cada um dos três protagonistas atuava em uma das três tragédias de cada um dos três poetas concorrentes. Um prêmio de interpretação foi criado em 449 para os atores de tragédias e, em uma data situada entre 329 e 312, para os de comédias. No século IV, os grandes atores eram mais célebres do que os autores das peças: era o caso do ator de tragédias Neoptólemo, sob o reinado de Filipe II, e de Tétalos, sob Alexandre. Cada ator desempenhava vários papéis, pois as peças de teatro contavam com mais de três personagens. Como os membros dos coros, os atores usavam máscaras; eles as trocavam, bem como suas roupas, quando mudavam de papel; a máscara fixava o personagem em uma expressão única; o ator só podia exprimir-se pela voz e pela atitude. Não havia atrizes: os papéis femininos eram desempenhados pelos homens. Tradicionalmente, os atores de tragédias usavam vestes longas, com muitos ornamentos e mangas também longas, embora o poeta cômico Aristófanes tivesse zombado dos trajes em farrapos vestidos por certos personagens de Eurípides, como Filocteto ou Télefo. Os atores de tragédias atuavam descalços ou calçados, às vezes com coturnos (que, contrariamente a uma visão corrente, não eram elevados por solas altas). Os atores de comédias vestiam túnicas curtas e sexos postiços; frequentemente usavam máscaras caricaturais (no século V, a máscara deformava o rosto do político do qual o poeta escarnecia; na época helenística, era estereotipada, dependendo do tipo de personagem, que podia ser um velho, uma cortesã etc.). As associações* de *tekhnítes** dionisíacos, surgidas no século III, contavam entre seus membros com atores, atores de tragédias, de comédias e sinagonistas (atores que desempenhavam os papéis secundários) de tragédia* e comédia*.

AULETA

Tocador de aulo*. Os grandes auletas, muitas vezes de origem beócia, participam de competições* de diversos tipos. Alguns são solistas que tomam parte em competições *thymelikoí*. As Pitíadas de Delfos têm uma prova importante para eles, o nomo pítico. Outros fazem o acompanhamento, às vezes de um auledo (cantor), muitas vezes de um coro*, coro de tragédia*, de comédia*, de ditirambo. Alguns grandes artistas são muito estimados, como Xenofanto de Tebas, cujas árias acompanharam o corpo de Demétrio Poliorcetes durante a viagem* da Ásia a Demétrias, na Tessália.

Também há músicos que desempenham um papel na vida da comunidade: um auleta confere cadência aos remadores de uma triere*; vários auletas fazem o ritmo da marcha dos hoplitas* que avançam em falange*, e, especialmente entre os lacedemônios, um auleta toca durante o sacrifício. A *auletrís*, tocadora de aulo, pode acompanhar um coro de mulheres em uma festa* religiosa, como em Delos. Algumas tocadoras de aulo são cortesãs*; muitas vezes são representadas nos vasos dos séculos VI e V.

ÁULICO

A corte do rei helenístico é formada por seus *Phíloi**, seus Amigos. Aos poucos, cria-se uma hierarquia áulica, ou seja, uma hierarquia da corte (*aulé*) com graduações. Entre os selêucidas, a ordem dos Amigos do rei é dividida em quatro graduações: "Amigos", "Amigos honrados", "Primeiros amigos" e "Primeiros e muito honrados Amigos". Também existe a ordem dos Parentes do rei: pode-se receber o título de "parente" (*syngenés*), "irmão" (por exemplo, Heliodoro para Seleuco IV), marido da ama de leite (*tropheús*), "pai" do rei. O cortesão tem vínculos pessoais com o rei que lhe conferiu o título de Amigo ou Parente. Quando muda o reinado, ele perde seus títulos.

AULO

Instrumento de sopro. Não é uma flauta. É um instrumento com palheta, que se assemelha a um oboé. É raro ter apenas um tubo. Em geral, tem dois, feitos de cana, quando se trata de um instrumento simples, de madeira ou de osso, quando é de boa qualidade. São cilíndricos, abertos na parte inferior e com furos redondos. Distingue-se o aulo grego, que tem dois tubos retos, com o mesmo comprimento, do aulo frígio, cujos tubos são desiguais, sendo que um deles é complementado por uma peça de chifre curvo. A embocadura tem dupla palheta. O número de furos varia de acordo com a época e conforme se trate ou não de um instrumento profissional. Esse número vai de quatro a cerca de vinte. Para os usos do aulo, ver Auleta.

AUTOCTONIA

Para um povo, ser autóctone significa ter sempre "morado e vivido em sua pátria,... alimentado pela terra materna que habita", segundo a definição de Platão no *Menexeno*, que também diz que a terra da Ática "gerou os ancestrais" dos atenienses de seu tempo. *Khthón* significa solo. É uma das particularidades gloriosas de que se vangloria Atenas.

AUTONOMIA

Uma cidade-Estado autônoma faz suas próprias leis (*nómoi*) e rege-se por si mesma. Na teoria, a autonomia é inferior à *eleuthería*, a liberdade, a independência. Com efeito, é raro que uma potência – quer ela seja cidade-Estado imperialista, quer rei* – prive uma cidade-Estado de sua capacidade de reger-se por si mesma, o que implicaria que ela já não existe como comunidade política; todavia, muito frequentemente essa potência recusa às cidades-Estado aliadas e subjugadas que conduzam uma política internacional independente. O problema vem do vocabulário. A documentação diplomática não opõe "autonomia" e "liberdade". Em inúmeros textos, como na carta da segunda liga marítima ateniense, encontra-se a fórmula "livre e autônoma", tendo os dois termos praticamente o mesmo valor semântico. Na época helenística, os reis conferem a algumas cidades-Estado o estatuto de "cidades-Estado autônomas". É uma abreviação da fórmula anterior: para o rei, não se trata de reconhecer a cidade-Estado como órgão político, e sim de lhe conceder formalmente sua liberdade em relação a ele próprio. Três palavras tornam-se intercambiáveis na fraseologia: *autonomía, eleuthería* e *demokratía* (a democracia). Contudo, de fato é necessário diferenciar cidades-Estado realmente independentes, como Rodes ou Esmirna, de cidades-Estado "autônomas" ou "livres", ou ainda "democráticas", que se encontram no interior do espaço dominado pelo rei. Embora sejam poupadas de guarnições* regulares e do pagamento de um tributo* e possam conduzir ações diplomáticas, bem como cunhar moedas*, incluídas as tetradracmas, com seu nome e com seu tipo, não podem, por decisão do rei, receber uma guarnição temporária em caso de guerra, e sobretudo sua autonomia é precária, na medida em que é uma doação do rei.

AZEITE

O azeite é um gênero alimentício de base para os gregos. Contém lipídios indispensáveis à vida. Alimenta as lamparinas*, serve para a unção dos usuários das palestras* e dos ginásios*. É extraído da azeitona, exceto no Egito, onde se cultivam o rícino e o sésamo. A oliveira é uma produção típica dos países mediterrâneos. As regiões da Grécia onde a oliveira não cresce em razão da altitude, como a Arcádia, ou do clima, têm graves problemas de subsistência. O azeite necessário para o treinamento e as competições* é pago, originariamente, pelos esportistas. Os *lampadárkhai**, que são encarregados das liturgias, fornecem o azeite para equipe de corredores, pela qual são responsáveis. Na época helenística, os ginasiarcas* fazem despesas mais importantes, uma vez que o número de beneficiários é maior; todavia, o fornecimento de azeite é sempre limitado no tempo.

B

BACANTES

Adoradores de Dioniso, cujo outro nome é Baco. Organizados em *thíasoi**, participam das *órgia* (ritos que implicam o êxtase e o entusiasmo*), geralmente por ocasião de uma festa* que ocorre no inverno, a cada dois anos. Verificou-se a existência desses ritos na Beócia (pátria do deus), em toda a região do Parnaso, na Macedônia em algumas cidades da Jônia. As mulheres são muito mais numerosas que os homens na celebração do deus. Por ocasião do rito, as adoradoras vão à montanha, onde correm, coroadas de hera e carregando o tirso (ramo enfeitado de hera e rematado com uma pinha). O deus as faz sair delas mesmas (êxtase) e as possui (entusiasmo). Conduzidas pela *manía*, a loucura das mulheres possuídas pela divindade, elas podem chegar a matar com as próprias mãos e a dilacerar vivo (*diasparagmós*) um animal selvagem. Às vezes as bacantes são chamadas de "mênades"; derivado de *manía*, esse nome encontra-se na origem daquele das mulheres que formavam o cortejo mítico do deus. Alguns bacantes trazem o título de *boúkoloi*, vaqueiros, uma vez que Dioniso também era venerado sob o aspecto de um touro; são mencionados, às vezes com seu chefe, o *arkhiboúkolos*, nos decretos* ou nas listas de *thíasoi* báquicos.

BANCO

No mundo grego, há bancos privados, bancos sagrados e bancos públicos. 1º O banco privado surgiu da atividade do cambista: a diferença dos padrões monetários e a multiplicidade das potências emissoras tornam indispensável a atividade de câmbio nas praças de comércio. Os cambistas, que recebem um ágio, são conhecidos em Atenas na segunda metade do século V. O banco deve seu nome *trápeza* à mesa de câmbio. Desenvolve-se no século IV, na época helenística. Além do câmbio, o banco recebe depósitos de particulares. Aceita depósitos de guarda (quer se trate de objetos preciosos, quer de dinheiro em espécie) e depósitos de pagamento, em que serve de intermediário quando de um pagamento a terceiros (assegurando que as moedas são autênticas e redigindo as escrituras contábeis); faz transferências de uma conta para outra. Também recebe depósitos de investimento que rendem lucros ao cliente, sendo que o próprio banco fica com a diferença entre o lucro que recebe e o que deposita. O banqueiro (*trapezítes*) concede empréstimos. Presta serviços especialmente para o estabelecimento de contratos, muitas vezes servindo de testemunha. O banqueiro tem seus cofres (*kibotoí*) em seu domicílio; sua mesa é instalada na *agorá*. Ele possui um registro no qual inscreve todas as entradas e saídas de fundos. Raramente os banqueiros são cidadãos. Muitos são escravos libertos, como Pásion, que sucedeu seu senhor, do qual era homem de confiança; no século IV, era um dos homens mais ricos de Atenas; recebeu o direito* de cidadania. Os bancos privados foram mais numerosos e mais prósperos ainda na época helenística. Nessa época, foram utilizados por diversas cidades-Estado por suas competências contábeis.

Em Delos, os jarros (*stámnoi*) da caixa sagrada e da caixa pública continham espécies que haviam sido controladas e contadas por um dos bancos que existiam na cidade-Estado: parte das ações financeiras realizadas pelos magistrados era feita por uma retirada ou um depósito em um dos bancos. Muitas cidades-Estado fizeram o mesmo. 2º Os santuários* são, antes de tudo, bancos de depósito de guarda: confiam-se objetos preciosos ou moedas* ao santuário de Delfos ou de Olímpia antes de partir para longe. Muitas vezes, a cidade-Estado coloca seu tesouro público sob a guarda de seu principal santuário. Frequentemente, um santuário concede empréstimos à cidade-Estado que o administra: é o que aconteceu em Atenas, no século V, quanto ao tesouro de Atena Polias e aquele dos outros deuses; em geral, trata-se simplesmente de adiantamentos. Raros são os santuários que concedem empréstimos que não à cidade-Estado. É o que fez, no século IV, o santuário de Apolo em Delos, sob administração ateniense: concedeu empréstimos muito elevados a cidades-Estado estrangeiras, em troca de um juro de 10%. Após 314, o santuário de Delos faz empréstimos apenas à cidade-Estado de Delos e a cidadãos que fornecem uma garantia hipotecária e fiadores. 3º A própria cidade-Estado, na medida em que se beneficia de fundações ou administra fundações* de particulares, é um agente da atividade de crédito: a cidade-Estado de Cime, na Eólida, conta com "encarregados da receita dos empréstimos públicos".

BANHO

As escavações dos palácios* micênicos permitiram reconhecer salas de banho: os poemas homéricos mostram os heróis tomando banho em uma banheira (*asáminthos*), em que uma mulher os asperge com água aquecida em uma bacia colocada sobre um tripé*. Na época arcaica, os banhos preparados são raros: após o exercício, as pessoas se banham no rio ou no mar ou tomam uma ducha em uma fonte* pública, cuja saída de água seja elevada. Posteriormente surgem os banhos dos ginásios; até o século IV, as instalações se reduzem a uma bacia redonda com um pé elevado, que permite apenas abluções sumárias; no século IV, a instalação torna-se mais prática, e um cômodo especial, o *loutrón*, é consagrado ao banho; a água cai sobre cubas retangulares, alinhadas contra uma parede. Raríssimos são os ginásios que possuem piscina. Um deles, encontrado em Delfos, tem uma piscina redonda, de mais de 10 m de diâmetro. Banhos quentes começam a aparecer nos ginásios no final do século V, e, na época helenística, às vezes se encontra uma estufa para a sudação. No século IV se desenvolvem, ao mesmo tempo, as salas de banho nas casas* particulares e nos estabelecimentos de banhos públicos. Até a época helenística, geralmente a casa particular possui apenas uma simples pia. A cidade de Olinto, em que todas as casas têm um cômodo com uma banheira e uma parede aquecida, é uma exceção. Nas ricas residências helenísticas, a sala de banho é confortável e cômoda. Os estabelecimentos públicos de banho (*balaneîon*), conhecidos a partir do século VI, desenvolvem-se nas cidades a partir do século IV; neles se encontram cubas planas para a limpeza, banheiras, piscinas e estufas; o sistema do hipocausto chega à perfeição no final do século II. Esses estabelecimentos são frequentados por todos: o preço, *epíloutron*, é bastante módico, e são encontrados até nas mais modestas aldeias egípcias. As próprias mulheres, que, até então, só podiam banhar-se em suas casas, passaram a ter acesso aos banhos públicos, onde um cômodo é reservado para elas ou, mais frequentemente, que dispõem de horários particulares no único banho existente. Entre os gregos, o banho corresponde, a princí-

pio, a uma preocupação de limpeza: entende-se o desenvolvimento do *loutrón* no ginásio* sobretudo quando se pensa na sujeira do atleta* grego após os exercícios (unções de azeite, poeira, suor). Também se vê no banho uma recreação, uma fonte de bem-estar. A importância do banho é natural em uma civilização que se preocupa tanto com o corpo quanto com a saúde e com a beleza. O banho também desempenha grande papel na vida religiosa: ritos de matrimônio*, funerais*, purificações diversas, ritos de banho das estátuas* divinas, práticas de alguns cultos de iniciação etc.
➢ ABLUÇÕES, MÁCULA, TOALETE. Figs. 5 e 13.

BANIDO

O exílio é uma pena pronunciada pelos tribunais* por diversos delitos. Mas também é um fenômeno político. O ostracismo* em Atenas e o petalismo* em Siracusa são manifestações locais que se referem apenas a alguns cidadãos distintos, enquanto o número de banidos espalhados pelo mundo grego é muito grande. O exílio em massa é sempre a consequência de uma *stásis*, de uma revolução. O partido vencido é expulso pelo partido vencedor ou deixa voluntariamente uma cidade-Estado, cujo regime e, às vezes, as alianças*, ele detesta. Algumas vezes, esses banidos se uniram para reconquistar sua pátria: no inverno de 379/378, o banido Pelópidas e seus amigos libertaram Tebas da ocupação dos espartanos. Às vezes, os banidos dão prioridade às suas ideias e a seu rancor em detrimento de sua região: Alcebíades dá a Esparta conselhos ponderados para derrubar Atenas. Alguns até, como Xenofonte em Coroneia, combatem no exército* inimigo. E nos séculos V e IV há grupos de "refugiados políticos" que tramam intrigas na cidade-Estado que os acolheu, inúmeros expatriados dispostos a ganhar a vida vendendo-se como mercenários* a quem lhes oferecer mais. Em 324, Alexandre ordena que todas as cidades-Estado chamem de volta seus banidos; elas obedecem a contragosto, pois sempre consideraram o retorno dos exilados uma ameaça a seu regime e à sua liberdade. O juramento* da *Heliaía*, em Atenas, é prova disso. ➤ PENAS JUDICIÁRIAS.

BANQUETE

1º Os sacrifícios* diferentes dos holocaustos são seguidos de um banquete: a carne é cozida em caldeirões, dividida entre os assistentes e comida no local. Os sacrifícios públicos são um presente inesperado: muitas vezes, é a única ocasião em que se come carne, e hoje temos decretos* honoríficos da época helenística para os evergetas* que garantiram sacrifícios, permitindo, assim, que seus concidadãos comessem bem. O banquete é um ato de comunhão para a comunidade que ele reúne, quer se trate dos cidadãos que dele tomam parte na *agorá* após os sacrifícios das Panateneias, quer se trate dos membros de um *thíasos**, que festejam após o culto à sua divindade particular. De resto, os banquetes são a razão de ser de certas associações* na época helenística. 2º O banquete nupcial reúne os dois cônjuges, as duas parentelas e alguns amigos. Marca o início da aliança entre as famílias, e os convidados podem testemunhar a efetivação do matrimônio* na ausência de um documento escrito. Geralmente a recepção é feita na casa do pai da noiva, mas às vezes se utiliza um santuário*. A partir do século IV, os banquetes tornam-se luxuosos nos meios ricos, e alguns chegam a convidar uma ampla parte da população para os festejos; em certas cidades-Estado, leis* suntuárias tentaram limitar o número de convivas. 3º O banquete entre amigos é um *sympósion*, uma reunião em torno da bebida. A refeição é menos importante do que as bebidas que a seguem: é o momento da conversa, das canções, dos jogos de sociedade, do número das musicistas e das dançarinas. Com as cortesãs*, elas são as únicas mulheres: o banquete é um entretenimento de homens. Ocorre à noite. Os convivas ficam meio deitados em camas e bebem quantas taças forem ordenadas pelo simposiarca, o chefe do banquete que eles elegeram. Uma imagem encantadora dessas reuniões nos é dada pela obra *O banquete*, de Platão, em que Sócrates, Aristófanes e alguns outros fazem, alternadamente, um panegírico do amor. ➢ GINECÔNOMO, REFEIÇÃO EM COMUM.

BÁRBARO

Esse termo, surgido de uma onomatopeia, designa, em sua origem, aquele que fala uma língua incompreensível. Os gregos têm consciência da especificidade e do valor de sua língua e de sua cultura: chamam de "bárbaros" aqueles que têm uma civilização e uma língua diferente das deles; a oposição racial é secundária. Aos olhos dos gregos, os bárbaros por excelência são não gregos que os invadiram: inicialmente, os persas, os invasores e os derrotados das guerras médicas, e, mais tarde, os gálatas, que invadiram a Grécia e a Ásia Menor. Nos textos oficiais, é a esses dois povos que remete o termo "bárbaro". No entanto, os gregos podem conceber os "bárbaros" como um conjunto de populações bastante amplo: é o que faz manifestamente, no século IV, Aristóteles, segundo o qual os bárbaros nasceram para obedecer e ser escravos. Porém, a partir do momento em que um povo se heleniza realmente, os gregos não o tratam como "bárbaro": portanto, na época helenística, consideram gregas as cidades-Estado da Cária e da Lícia; entretanto, as pidasianas que não são "cidadãs de uma cidade-Estado grega", e que provavelmente provêm de Cária, não são autorizadas a se tornar milésias por ocasião da *sympoliteía** de Pidasa e de Mileto, por volta de 180.

BASILEÚS ➤ Rei.

BATALHA

1º A batalha homérica é uma realidade difícil de compreender, pois o poeta mostra, ao mesmo tempo, os duelos entre heróis* e o combate entre duas massas, que o rei* deve dispor em boa ordem e treinar para a vitória: as infantarias que se combatem anunciam a falange* hoplítica, embora os feitos, os *aristeîai*, dos vencedores ganhem mais destaque na epopeia. Os chefes e seus homens combatem a pé. Na alta época arcaica, desenvolve-se uma cavalaria militar formada por aristocratas criadores de cavalos. Porém, muito cedo, pelo menos na Grécia meridional, a falange de hoplitas foi o elemento determinante. 2º Em terra, a batalha da época clássica por excelência é o combate entre duas falanges* de hoplitas que usam escudos redondos e avançam bem próximos uns dos outros, alinhados em fileiras. Vale notar que essas batalhas são pouco frequentes, uma vez que o estado de guerra entre duas potências não implica, necessariamente, um confronto entre suas infantarias em um campo de batalha. Entre o fim das guerras médicas e aquele da guerra* do Peloponeso, Atenas participou de um número muito pequeno de batalhas campais: duas em 458 (uma contra Esparta, em Tânagra, e outra contra os beócios, em Inófita); Délion, em 424, contra os beócios; Anfípolis, em 422, contra Brásidas e os calcidenses; Mantineia, em 418, contra Esparta e seus aliados, além das batalhas iniciadas pela expedição da Sicília: duas em 414 contra os siracusanos, e a batalha de Epípoles, em 413, que tem a particularidade de ter sido noturna. A vitória cabe ao exército que permanece senhor do campo de batalha, e o inimigo é posto em debandada. O vencedor eleva um troféu*. O vencido pede autorização para recolher seus mortos. Mas existem exércitos* de outro tipo: em 426, a luta dos hoplitas atenienses e aliados contra os etólios que praticavam técnicas de guerrilha nada tinha a ver com uma batalha considerada normal pelos gregos meridionais. Do mesmo modo, um exército dotado de uma forte cavalaria e tropas ligeiras pode pôr em debandada um exército hoplítico apoiado por alguns cavaleiros, como ocorreu em Espartolos, na Calcídica, em 429. 3º A batalha naval é bastante diferente da batalha terrestre. A disciplina já não é suficiente. É preciso ser profissional, ter conhecimento do ofício (*tékhne*): é a habilidade nas manobras que confere a vitória a uma frota. Pratica-se o *períplous*: as trieres* formam o círculo em volta do inimigo até desordenar suas fileiras. O *diékplous* é uma manobra mais delicada: em uma única fileira, as trieres atravessam as linhas inimigas; cada uma delas passa entre duas naus, depois formam um semicírculo e atacam as embarcações que se apresentam perpendicularmente ao seu eixo longitudinal; é uma das técnicas preferidas da Marinha* ateniense. Cada triere tem hoplitas a bordo para a abordagem. 4º Na época helenística, são conhecidas batalhas entre um exército régio, equipado de sarissas*, e um exército cívico que usa o armamento* hoplítico, conforme ocorreu em 294, entre um exército de Lisímaco e os cidadãos de Colofonte. Outras batalhas opõem tanto um exército cívico quanto um exército régio aos bárbaros*, ou seja, aos gálatas. Mas as batalhas que mudam a história são, de um lado, aquelas entre exércitos régios, como Ipsos, em 301, ou Curopédion, em 281, e, por outro, aquelas entre exércitos régios e legiões romanas, como Cinoscéfalas, em 197, Magnésia do Sípilo, em 189, e Pidna, em 168.

BEOTARCOS

Magistrados da Confederação* beócia: só há beotarcos nos períodos em que existe uma organização federal. Durante a primeira Confederação (447-387), há onze beotarcos representando os onze distritos beócios, eleitos por um ano. A partir de 378, é a assembleia federal que os elege. Na segunda Confederação (378-338), eles são sete e reelegíveis: Pelópidas foi beotarco treze vezes. Até 338, houve sempre quatro tebanos beotarcos. Durante a terceira Confederação (338-146), as cidades-Estado de Téspias, Tânagra, Orcômeno, Plateias e, a partir de 315, Tebas são sempre representadas no colégio. Em sua origem, os beotarcos são magistrados militares: até 387, o beotarco forma com seus colegas o conselho de guerra que decide a estratégia. Durante a segunda Confederação, a bravura de Epaminondas e de Pelópidas transformou um pouco essa função, e muitas vezes se confiou um exército* a um ou dois beotarcos apenas. Por outro lado, os beotarcos dirigem a política da Beócia perante o estrangeiro, com o Conselho federal* na primeira Confederação e a assembleia federal* em seguida. Além disso, controlam as emissões monetárias da Confederação: seu nome aparece nas moedas*. Após 338, sua importância diminui, na medida em que as cidades-Estado têm uma autonomia maior; no entanto, eles propõem à assembleia* os decretos mais importantes. Sob o Império, são sacerdotes* do culto imperial.

BIBLIOTECA

As bibliotecas particulares eram raras na época clássica. Aristóteles reuniu uma magnífica coleção de rolos que, com sua morte, legou a Teofrasto, novo escolarca* do Liceu. Amigo deste último e discípulo de Aristóteles, o ateniense Demétrio de Falera, que precisou fugir de sua cidade-Estado em 307, criou a Grande Biblioteca de Alexandria a pedido do rei Ptolomeu I. Situada no bairro do palácio*, essa biblioteca devia servir ao rei* e àqueles que trabalhavam a seu serviço para governar o reino, bem como aos sábios e eruditos que eram membros do Museu*. Portanto, era reservada a uma elite; outra biblioteca de Alexandria, a do Serápion, era aberta ao grande público. Os reis lágidas do século III queriam que a biblioteca real fosse a mais rica e a mais variada possível; foi constituída por aquisições e cópias de livros*. Chegou a contar com 700.000 rolos. Estabeleceu-se um sistema de classificação e indexação. Além disso, o poeta e erudito Calímaco escreveu os *Pínakes*, que classificavam os autores por domínio e, em cada domínio, por ordem alfabética, com uma bibliografia e uma apreciação crítica. A biblioteca teve como sucessivos diretores Zenódoto de Éfeso, o poeta Apolônio de Rodes, o grande erudito Eratóstenes, Aristófanes de Bizâncio e Aristarco da Samotrácia. Estes dois últimos foram excelentes editores; a edição de Homero por Aristarco é de excepcional rigor filológico. Deve-se à biblioteca de Alexandria e aos homens que nela trabalharam o fato de hoje possuirmos textos corretos das obras antigas. Os atálidas, por sua vez, criaram uma biblioteca régia com 200.000 rolos e pergaminhos. O edifício, situado no santuário* de Atena Polias, foi estudado. Nele, os livros certamente eram conservados em armários de madeira, com dois metros de altura, fixados às paredes. As bibliotecas que foram criadas nos ginásios* desempenharam importante papel no desenvolvimento da cultura: no século II, a do ginásio de Rodes era rica em obras de retórica, e a do *Ptolemaeîon* de Atenas aumentava a cada ano graças aos donativos dos efebos*.

BÓTHROS ➢ Sacrifício.

BOÚKOLOI ➢ Bacantes.

BOULÉ ➢ Boulé ateniense, Bouleutérion, Conselho.

BOULÉ ATENIENSE

Segundo a *Constituição* aristotélica *dos atenienses*, Sólon criou uma *Boulé* de 400 membros, que resistiu ao invasor Cleômenes, em 508/507. Clístenes a substituiu por um Conselho de 500 membros. Cada uma das dez novas tribos* criadas por Clístenes recebeu 50 representantes nesse Conselho; cada demo* que constituísse a tribo enviava um número de conselheiros proporcional aos seus *demótai**, o que faz do Conselho um bom reflexo do povo ateniense. O Conselho torna-se o Conselho dos 600, quando, em 307, o número das tribos passou a doze. Não se sabe se a designação por sorteio* remonta a Clístenes, mas a *Boulé* é designada "pela fava", ao menos a partir de meados do século V. A igualdade tribal, o fato de se levar a demografia dos demos em conta e o sorteio fazem da *Boulé* ateniense uma instituição eminentemente democrática. Os conselheiros devem ter, no mínimo, 30 anos, como os magistrados. Seu cargo dura um ano, e eles podem renová-lo, mas apenas uma vez. O Conselho se reúne todos os dias, exceto nos festivos e nos nefastos. Os prítanes* formam seu gabinete. A *Boulé* é presidida pelo *epistátes** dos prítanes até uma data situada após 402/401, depois pelo *epistátes* dos proedros*. A primeira função do Conselho é preparar o trabalho da *ekklesía**. A *Boulé* delibera sobre cada projeto de decreto* e, por sua aprovação, transforma-o em *proboúleuma* (proposição do Conselho); a assembleia do povo* pode aceitar o texto, emendá-lo ou rejeitá-lo e substituí-lo por outro. A assembleia só pode deliberar sobre os *probouleúmata*. O *proboúleuma* pode ser aberto: a *Boulé* indica a questão a ser tratada, mas deixa à *ekklesía* a tarefa de decidir o que convém fazer. A *ekklesía* pode pedir à *Boulé* que esta redija um *proboúleuma* sobre a questão que ela deseja tratar. O povo é o soberano, não a Boulé. Antes da *ekklesía*, o Conselho recebe os embaixadores estrangeiros e ouve o relato dos embaixadores atenienses quando retornam de sua missão: portanto, há um papel político que não pode ser negligenciado. Há também funções administrativas, em particular no âmbito financeiro, que se mostram presentes por ocasião das adjudicações* públicas, efetuadas pelos *poletaí**, e das vendas de bens confiscados. Os apodectas* apresentam ao Conselho os registros relativos aos pagamentos. A *Boulé* é o único organismo ateniense a ter uma ideia da situação financeira global. Ela fiscaliza os magistrados, sobretudo os financeiros, e recebe as queixas feitas contra eles. Procede à *dokimasía** dos conselheiros do exercício seguinte, bem como à dos cavaleiros e de seus cavalos. Originariamente, tinha importantes poderes judiciários; porém, a partir da metade do século V, já não tem o direito de infligir a pena de morte nem multas superiores a 500 dracmas. Seu papel é importante, mas não ameaça em nada a soberania da *ekklesía* e da *Heliaía**, graças às leis* que limitam seus poderes e, sobretudo, à sua composição.

BOULEUTÉRION

Edifício em que se reúne o Conselho (*Boulé**). Infelizmente, como durante muito tempo a arquitetura pública foi indiferenciada, é bastante difícil descrever um *bouleutérion*. Sabemos que aquele de Delos comportava, ao mesmo tempo, uma sala de reuniões, cuja capacidade ignoramos, e uma sala de arquivos*. O edifício que se costuma identificar como um *bouleutérion* em Priena talvez seja o edifício da assembleia do povo*. Com efeito, os únicos *bouleutéria* bem identificados e escavados são os de Atenas. No século V, os 500 membros da *Boulé** ateniense se reuniam em um edifício qua-

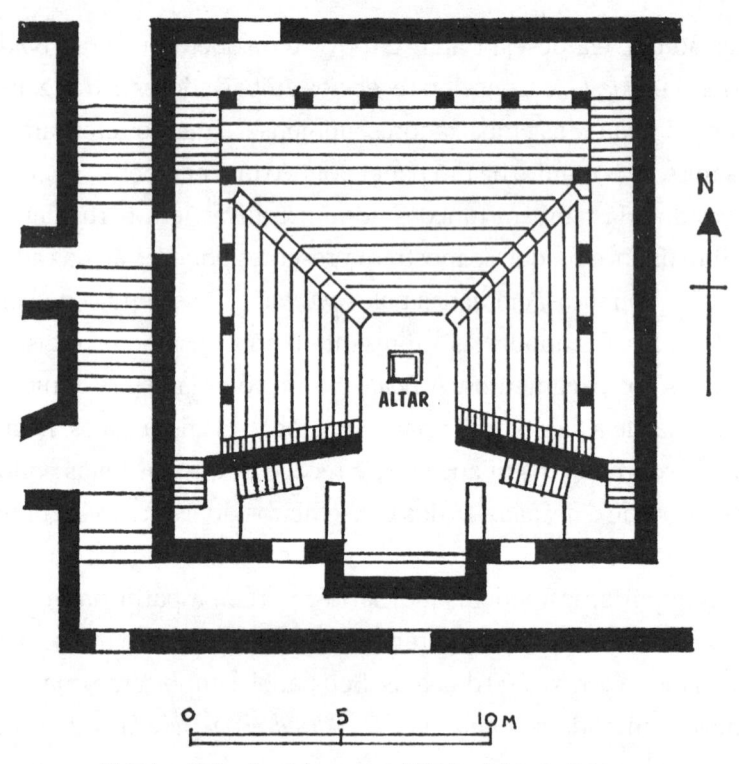

Fig. 4. – O *bouleutérion* ou o *ekklesiastérion* de Priena.

Segundo M. Schede, *Die Ruinen von Priene*. Berlim, De Gruyter, 1964, p. 62.

drado, situado na *agorá**, a sudoeste: tem 23 m de lateral, com um auditório. Foi substituído por um edifício situado imediatamente a oeste e construído por volta do final do século: é retangular (16 m × 22 m), com um auditório em forma de semicírculo em ferradura. O antigo *bouleutérion* continuou a abrigar os arquivos*: tornou-se um santuário* consagrado à Mãe dos deuses, o Metrôion. Figs. 2 e 4.

BOULEUTÉS

Membro do Conselho (*Boulé*).

BOXE

O boxe (*pygmé*), um dos esportes pesados, é praticado não apenas pelos adultos, mas também pelos meninos (*paîdes*). Deixando os polegares livres, o boxeador envolve os punhos e os antebraços com correias de couro, os *himántes*. Por ocasião das competições*, ele deve inicialmente ganhar as eliminatórias antes de poder enfrentar o combate para a vitória. A luta não tem duração fixa e termina tanto pelo abandono quanto pela retirada de combate. Aparentemente, tenta-se, sobretudo, desferir golpes na cabeça, o que explica as cicatrizes no rosto (nariz, arcadas superciliares, maçãs do rosto). Embora muitas vezes os modernos falem de tendência ao profissionalismo, os jovens da elite praticaram essa disciplina, inclusive nas competições mais importantes, mesmo na época de Augusto.

C

CALCOTECA

Edifício onde são armazenados objetos em bronze, sobretudo armas.

CALENDÁRIO

Os gregos dividem o tempo em anos, meses e dias. Cada cidade-Estado tem seu próprio calendário. O ano começa em uma data diferente em cada cidade-Estado: por volta do solstício de inverno, em Tebas; por volta do solstício de verão, em Atenas, e no outono, na Macedônia. Não há referência cronológica comum que permita uma numeração dos anos idêntica em todo o mundo grego: a cronologia das competições* olímpicas praticamente era utilizada apenas pelos historiadores, e somente na época helenística é que surgiu a noção de era com a era lágida, que começa em 323, e a era selêucida, que começa em 312/311. As cidades-Estado não numeram os anos: elas datam pelo nome do epônimo*. Geralmente, os anos são divididos em 12 meses de 29 ou 30 dias. O nome dos meses costuma vir daquele das festas religiosas: *Lenaîon* aproxima-se da festa das *Lénaia*, em homenagem a Dioniso *Lenaîos*, enquanto *Kárneios*, daquela das *Kárneia*, em homenagem a Apolo *Kárneios*. Apesar das variações, as cidades-Estado dóricas têm muitos nomes de meses semelhantes. O mesmo ocorre com as cidades-Estado jônicas: o primeiro mês do inverno se chama *Lenaión* (a terminação é característica dos meses jônicos) em Delos, Priena, Samos etc., mas *Gamelión*, em Atenas. Os anos comuns contam 354 dias: para conciliar os meses oficiais, em alguns anos é acrescentado um décimo terceiro mês; em Atenas, esse mês intercalar não é necessariamente o mesmo, embora *Posideión* seja o mais frequente. Os calendários gregos dependiam da religião, da política e das contingências. Atenas utilizava três calendários paralelamente, mas em domínios diferentes. Fazia o ano começar no 1º *Hekatombaión*: era nessa data que entravam em função a *Boulé* e a maioria dos magistrados. O calendário *kat'árkhonta* era o oficial, submetido às decisões do arconte*: por vontade própria, o primeiro arconte parava o tempo, criando dias *bis*, *ter* etc., ou o acelerava, fazendo supressões; às vezes, essas intervenções se explicavam por um escrúpulo religioso, geralmente pelas circunstâncias; com efeito, esse calendário era o litúrgico, e as intervenções do arconte permitiam recuar uma festa sem modificar sua data oficial, quando uma delegação importante estava atrasada ou quando nem tudo estava pronto. O segundo calendário regia o Conselho* e a assembleia: na época clássica, o ano era dividido em dez pritanias, as quatro primeiras com 36 dias, e as seis últimas, com 35. O calendário *katá théon* era o único a se referir à observação astronômica (calendário lunar).

	Calendário jônico Ex.: Atenas	Calendário dórico Ex.: Delfos	Calendário macedônio
dezembro-janeiro	7 Gamelión	7 Amálios	4 Perítios
janeiro-fevereiro	8 Anthesterión	8 Býsios	5 Dýstros
fevereiro-março	9 Elaphebolión	9 Theoxénios	6 Xanthikós
março-abril	10 Mounykhión	10 Endyspoitrópios	7 Artemísios
abril-maio	11 Thargelión	11 Herákleios	8 Daísios
maio-junho	12 Skiroforión	12 Ilaîos	9 Pánemos
Junho-julho	1 Hekatombaión	1 Apellaîos	10 Lôios
Julho-agosto	2 Metageitnión	2 Boukátios	11 Gorpiaîos
Agosto-setembro	3 Boedromión	3 Boathóos	12 Hyperberetaîos
Setembro-outubro	4 Pyanepsión	4 Heraîos	1 Dîos
Outubro-novembro	5 Maimakterión	5 Daidaphórios	2 Apellaîos
Novembro-dezembro	6 Posideión	6 Poitrópios	3 Audynaîo

CANÉFORA

Mulher que carrega uma cesta (*kanoûn*) nas cerimônias religiosas.

CARRO

É uma caixa leve de madeira, montada sobre duas rodas com jantes unidas por um eixo sólido; o caixotão costuma ser retangular, e o timão de madeira é fixado a ele de modo permanente. Monta-se no carro por sua parte traseira; há painéis na frente e nas laterais. O carro de guerra* surgiu na Grécia no início da época micênica; era puxado por dois cavalos. Os guerreiros micênicos empregavam os carros alinhados. Nos poemas homéricos, ao contrário, os chefes combatiam a pé e só utilizavam seus carros para o transporte; iam nos carros, sentados à esquerda de seu cocheiro, ao local de combate. Andar em um carro é uma marca de origem nobre e de riqueza. O carro é o símbolo da vida aristocrática: alguns guerreiros queriam ser enterrados com seu carro no túmulo*. O carro de guerra desapareceu no século VII. Passou-se, então, a utilizar o carro apenas em desfiles, em particular nas procissões* religiosas e nas corridas em competições*. Havia corridas de bigas em Olímpia desde a mais alta Antiguidade. Foi em 680 que, segundo a tradição, as corridas de quadrigas foram introduzidas nas competições.

CARTA RÉGIA

Os reis* helenísticos deviam responder às solicitações das cidades-Estado e divulgar suas ordens a seus funcionários: para tanto, utilizavam a forma de carta. No início, o rei redigia grande parte dessa correspondência; a chancelaria se desenvolveu aos poucos. Entre os selêucidas, ela era dirigida por um *epistológraphos* (grande chanceler). Há dois tipos de cartas: a carta propriamente dita (*epistolé*) e a ordenança ou édito (*próstagma*). O formulário da *epistolé* é semelhante àquele de uma carta privada, com uma frase de saudação no início e um termo de despedida no final. Algumas cartas às cidades-Estado têm um estilo pessoal, outras são variações sobre um modelo: o estilo é sempre acurado. Quando uma cidade-Estado recebia uma carta régia, ela a mandava gravar em pedra para garantir a divulgação das decisões do rei, para mostrar seu respeito ao soberano e para guardar um testemunho dos privilégios ou das doações que lhe foram concedidos. Era mais raro que as cartas aos funcionários fossem objeto de uma inscrição. Quando um rei selêucida tomava uma decisão válida para toda a extensão de seu reino, ele enviava uma carta a cada governador de satrapia, que transmitia cópias dela a todos os responsáveis locais. Algumas cartas selêucidas são qualificadas como éditos (*próstagmata*). Todavia, a maioria das ordenanças conhecidas provém dos lágidas: muitas vezes, trata-se de textos em papiros. Essas ordenanças são muito variadas, tanto no conteúdo quanto na forma. No entanto, são sempre a expressão de uma vontade manifesta do rei e começam pela fórmula "Por ordem do rei" (*basiléos prostáxantos*).

CASA

Na alta época arcaica, a casa é monocelular, inicialmente oval, depois retangular; uma mesma família pode utilizar unidades geminadas. A racionalização nasce com o pátio, que se desenvolve no final da época arcaica e no início da época clássica. Existem dois grandes tipos de casas: aquela em *prostás* e a em *pastás*. Encontram-se casas em *prostás* especialmente em Colofonte e Priena: no pátio, um vestíbulo (*prostás*) se abre por um vão que dá para a sala principal, que, por sua vez, lembra o *mégaron**; outros cômodos se comunicam com a *prostás*; o conjunto forma a parte privada da casa. Na entrada da casa ou em outro canto do pátio encontra-se o *andrón*, "o cômodo dos homens (*ándres*)", a sala de recepção em que o dono da casa recebe seus convidados. A *pastás*, encontrada especialmente em Olinto, é um pórtico* situado ao norte do pátio, com o qual se comunica; o apartamento privado, em geral orientado para o sul, é constituído por vários cômodos, e cada um deles se abre para o pórtico; o *andrón* fica separado. O pátio é o elemento essencial da casa: ilumina os cômodos, é um lugar de passagem e o centro de diversas atividades, porque nele se encontra um altar* fixo ou móvel, porque nele a família faz suas refeições quando o tempo está bom e porque nele se pode trabalhar. Olinto, cidade construída por volta de 432, é constituída de ilhotas de 86,50 m por 35,50 m, cada uma delas formada por duas fileiras de cinco casas médias, com uma ruela de drenagem entre as fileiras; as casas, de

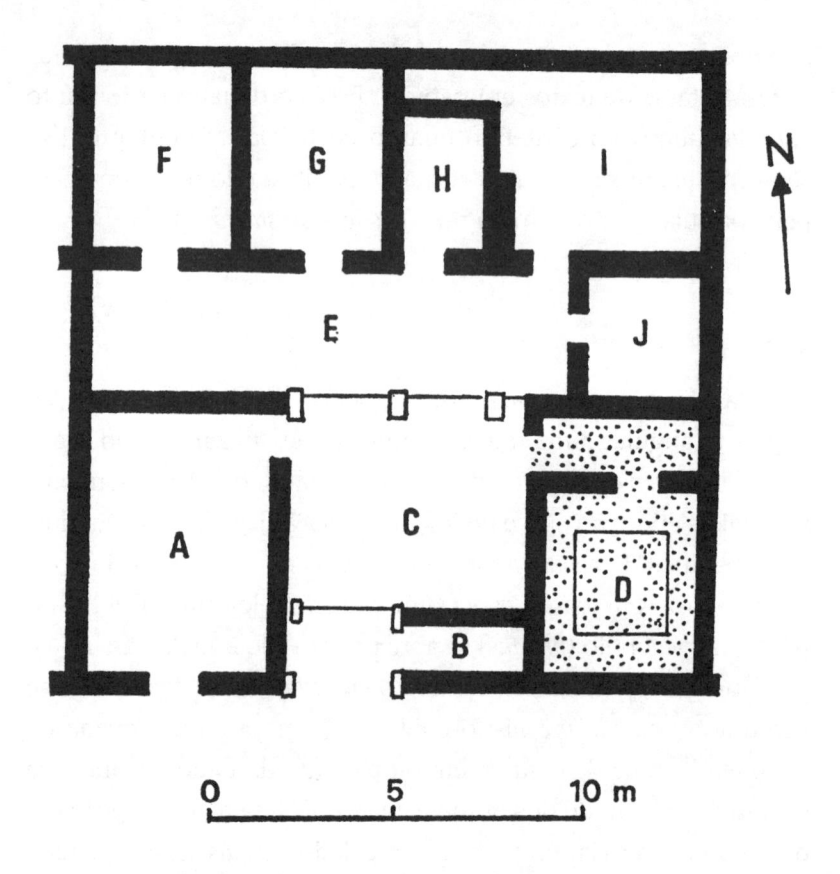

Fig. 5 – Uma casa de Olinto

A. Ateliê. – B. Vestíbulo. – C. Pátio. – D. *Andrón.* – E. Pórtico. – F. e G. Salas de estar. – H. Banheiro. – I. Cozinha. – J. Copa.

Segundo R. Martin. *L'Urbanisme dans La Grèce antique.* Paris, Picard, 1956, p. 228.

forma quadrada, têm uma superfície média de 290 m², com um pátio de 30 m²; de maneira notável para o mundo grego, os cômodos com função utilitária, que formam um conjunto agrupado, são amplos, com uma cozinha grande e um banheiro com banheira, mas raramente com latrinas. Os dormitórios ficam no primeiro andar. Em Olinto, as casas urbanas, embora mais confortáveis do que a maioria das casas gregas, são muito mais modestas do que as vilas suburbanas. Casas muito ricas da Erétria, contemporâneas daquelas de Olinto, são formadas por duas partes, cada uma delas centrada em um pátio, sendo uma o peristilo* (circundado por um pórtico nos quatro lados); cada uma das partes tem sua função, particular em uma, aberta para o mundo em outra. Na época helenística, em muitas cidades o contraste é forte entre as casas pobres e pequenas e certo número de residências ricas, para não dizer luxuosas. É o caso em Delos, onde algumas casas têm um pátio em peristilo dórico, chão ornado com mosaicos* e afrescos luxuosos. Todavia, pequenas ou grandes, as casas, centradas no pátio, voltam as costas para a rua*, embora algumas delas tenham, no primeiro andar, janelas e sacadas que dão para a rua. Imóveis para locação (*synoikía*), divididos em apartamentos, existiam em Atenas desde a época clássica; custavam caro, e o proprietário cobrava aluguéis altos; são bem conhecidos em Delos na época helenística.

➤ Propriedade fundiária e imobiliária. Fig. 5.

CAVALARIA ➤ Armamento, Batalha, Classes censitárias, Exército, Hippeîs.

CENSO ➤ Classes censitárias.

CERÂMICAS

As cerâmicas são os objetos de terracota. O maior número de objetos que foram conservados pertence ao que se chama de "cerâmica comum". Deixemos de lado as telhas, as canalizações de água, os fornos, as banheiras e as lamparinas*. Os grandes recipientes, os *píthoi* (jarras), que são guardados nas adegas, custam caro, de 31 a 51 dracmas cada peça em Atenas, no final do século V. Servem para conservar o vinho*, o azeite*, as azeitonas etc. Encontrou-se uma grande quantidade de ânforas*. A arqueologia trouxe à luz inúmeros caldeirões, frigideiras e bilhas. Por outro lado, existem objetos de cerâmica com decorações que são de uso diário: cofres, bilhas ornadas com guirlandas etc. Muitos gregos tinham em suas casas essencialmente a cerâmica simples. No início, os vasos eram feitos no torno; o molde passou a ser utilizado a partir do início do século III, sem suprimir o vaso feito no torno, mas criando uma produção padronizada. As formas são fixadas desde o alto arcaísmo. Utiliza-se a hídria para transportar água da fonte*; a cratera, grande vaso bojudo e de boca larga, é empregada para misturar o vinho* e a água; no *oinokhóe*, bilha com boca trilobada e asa vertical, verte-se o vinho da cratera com uma concha; para as bebidas, usam-se vasos como a copa, a fiala*, o cântaro (com duas asas altas e verticais) e o *skýphos* (copo com duas asas horizontais). Há também pequenos vasos para perfumes, como o aríbalo, e os cofres para joias, como a *pyxís* etc. Durante muito tempo, a decoração foi pintada em preto sobre fundo claro ("vasos com figuras pretas"). Os vasos com figuras vermelhas sobre fundo preto aparecem por volta de 520. Às vezes inscrevia-se no vaso seu preço, alguns óbolos ou, no máximo, 3 dracmas, mas se tratava do preço no local de produção, Atenas. Encontraram-se diversos vasos com figuras áticas no exterior, muitas vezes a grande distância (especialmente na Etrúria); os benefícios para a exportação parecem ter sido importantes e explicam a duração da produção e seu volume. Buscou-se determinar o número de trabalhadores em um ateliê de cerâmica segundo a diversidade das tarefas ali desempenhadas (torno, pintura, cozimento etc.). Ao que parece, eram seis ou sete pessoas. A iconografia dos vasos pintados permitiu que se

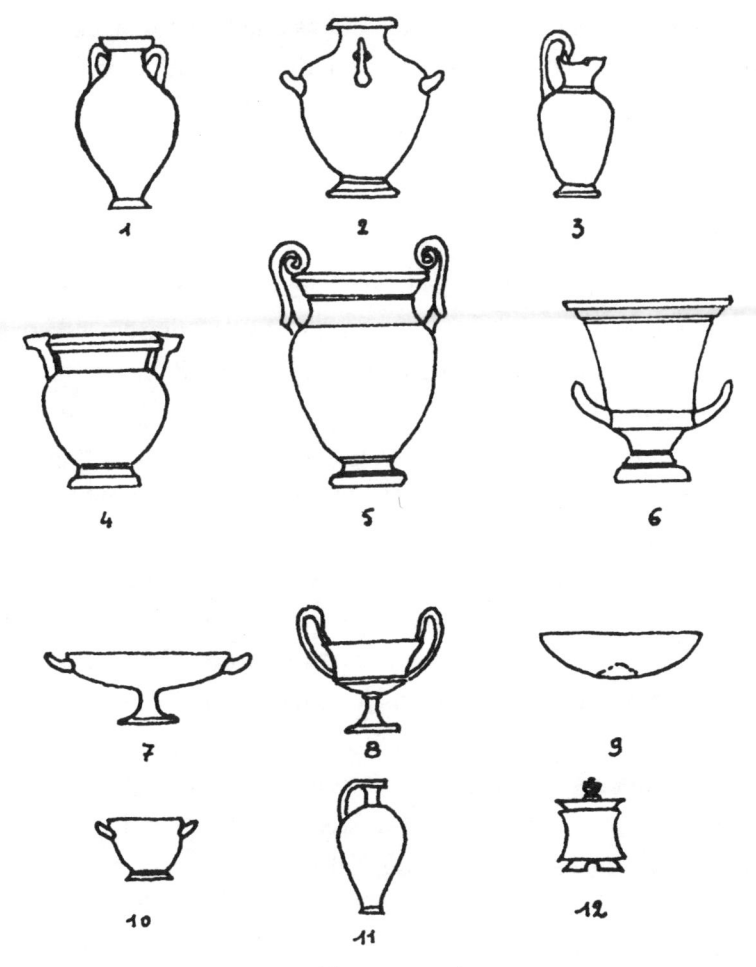

Fig. 6. – Alguns tipos de vasos.
1. Ânfora. – 2. Hídria. – 3. *Oinokhóe*. – 4. Cratera com colunetas. – 5. Cratera com volutas. – 6. Cratera em forma de cálice. – 7. Copa. – 8. Cântaro. – 9. Fiala. – 10. *Skýphos*. – 11. Aríbalo. – 12. *Pyxís*.

conduzissem pesquisas antropológicas (sobre o mundo do guerreiro, sobre a caça e sua significação erótica, sobre o sacrifício* e os ritos religiosos, sobre o banquete*, o vinho, personagens míticos, como os sátiros etc.). Estudos temáticos que têm a imagem como *corpus* permitem conhecer melhor, em diversos domínios, as realidades e as práticas.

CERCO

Até o fim do século V, a arte do cerco, a poliorcética, praticamente inexiste entre os gregos. Eles se contentam em assediar uma cidade e esperar que seus habitantes se rendam por falta de víveres. Quando muito, constroem um muro tanto para barrar o acesso à cidade* quanto para cercá-la. É uma operação longa, que impede os assediados de realizar suas atividades costumeiras durante meses e, às vezes, até anos. Os primeiros progressos na poliorcética se produziram na Sicília, nos últimos anos do século V, com aríetes protegidos por construções móveis e com torres rolantes, bem como com a prática de ataques repetidos. Mais tarde surgiu a catapulta, que é um oxibelo, um lançador de flechas. Posteriormente, o exército* de Filipe II da Macedônia foi capaz de tomar as cidades em pouco tempo com ataques. O rei tem aríetes, torres e até rampas de ataque; as torres de madeira utilizadas contra Perinto, em 340, têm 37 m de altura e ultrapassam as muralhas. Quanto ao cerco de Bizâncio, no mesmo ano, seu engenheiro Polieidos construiu uma torre gigantesca, chamada de helépole, para assediar a cidade. Por ocasião do cerco de Perinto, surgiram as primeiras catapultas de torção; os sapadores trabalhavam dia e noite; os ataques eram violentos, e os cercos eram uma ocasião sangrenta para ambas as partes. Cidades-Estado determinadas à resistência podiam obrigar o rei a renunciar. Os *lithóboloi*, lançadores de pedras, foram utilizados pela primeira vez por Alexandre, por ocasião do cerco de Tiro, em 332. O gigantismo das máquinas foi experimentado por Demétrio Poliorcetes durante o

cerco de Rodes, em 304. Tinha torres montadas em barcos e uma helépole montada sobre quatro rodas pivotantes, com três lados blindados de ferro. As pedras lançadas pelos *lithóboloi* podiam pesar 80 kg. Arquimedes, que defendeu Siracusa em 212, inventou uma fateixa de alavancas para levantar os navios inimigos.
➢ MURALHAS.

CEREAIS

A cultura dos cereais (*sîtos*) é o elemento mais importante da trilogia mediterrânea (grão, azeite*, vinho*). Os gregos cultivam principalmente dois cereais: a cevada (*krithê*) e o trigo (*pyrós*). O trigo grego, um trigo de inverno, é um frumento do tipo "trigo nu", à diferença do *ólyra*, o "trigo vestido", cultivado pelos egípcios até a chegada dos colonos greco-macedônios. O trigo é o cereal preferido dos gregos porque é panificável, à diferença da cevada: o desenvolvimento do gosto pelo pão foi tão grande que, na época helenística, o termo *sîtos* podia designar não mais "os cereais", e sim, precisamente, "o trigo". No entanto, o trigo é mais sensível à seca do que a cevada, e seu rendimento, em região mediterrânea, é mais fraco, de maneira que a cevada é muito mais cultivada: na Ática, em 329/328, a colheita da cevada foi dez vezes superior em quantidade àquela do trigo. A cevada é consumida pelo homem, e não dada ao gado. Os grãos de cevada devem ser torrados antes de ser triturados e reduzidos a farinha (*álphita*, termo no plural), que, umidificada, produz a *mâza* (papa consumida seca). O painço é um cereal consumido apenas pelos pobres; sua principal vantagem é seu ciclo curto (semeaduras em junho, colheita em agosto). Os gregos praticam uma rotação bianual das culturas com um ano de cereal de inverno (trigo ou cevada), e o segundo ano de pousio (necessário devido à falta de adubo). As semeaduras são feitas em novembro, e as colheitas, em abril-maio, para a cevada, e em maio-junho para o trigo. Durante o período entre a colheita e a primeira lavra da primavera seguinte, o pousio pode servir de pastagem. A segunda lavra ocorre no verão, e a terceira, após as semeaduras (para enterrar as sementes). Às vezes, em lugar do pousio, os gregos plantavam leguminosas, mas não se sabe qual a extensão dessa prática. Os cereais atingem seu preço mais elevado no momento da transição. Os grãos são estocados em *píthoi*, grandes jarros. Em muitas regiões, salvo algum acidente climático, havia um equilíbrio entre a produção e o consumo, mas as cidades-Estado dotadas de grandes cidades e de uma pluviometria fraca tinham de importar o trigo. As conquistas de Alexandre deram aos greco-macedônios terras férteis para o trigo, sobretudo o Egito e a Babilônia. ➤ Abastecimento, Agricultura, Alimentação, Fome, Instrumentos agrícolas e Sitofílaces.

CIDADANIA (DIREITO DE)

Em uma cidade-Estado, os cidadãos formam apenas uma parte da população (➤ Escravo e Meteco). Dois termos gregos designam o cidadão. O primeiro é *astós* (feminino: *astê*), que designa o cidadão ou a cidadã como membro por nascimento da comunidade: o indivíduo nasce, e não se torna, *astós* ou *astê*. O segundo termo é *polítes* (feminino: *pólitis*): designa o cidadão ou a cidadã como membro que exerce funções (políticas, religiosas etc.) em sua comunidade; a maioria deles é de *astoí*, cidadãos de nascimento, mas alguns são cidadãos naturalizados. O *astós* ou a *astê* é filho legítimo de um cidadão oriundo de um matrimônio* por dação. Na época arcaica, podia-se desposar uma estrangeira por dação, mas uma lei, que surgiu pela primeira vez em 451/450, em Atenas, difundiu-se na maioria das cidades-Estado ao longo do século IV:

doravante, só se é *astós* ou *asté* quando se nasce do matrimônio legal de dois concidadãos. Só se é cidadão (*polítes*) quando se participa da vida da comunidade à qual se pertence. O espartano deve ter seguido a educação comum (➤ AGOGÉ) e assistir às refeições* comuns. Em toda parte, o cidadão deve participar da defesa de sua cidade-Estado, se for capaz, e das festas*: a presença nas cerimônias religiosas não é obrigatória, exceto para os magistrados, os sacerdotes*, os efebos* e os membros dos coros*, mas um cidadão que delas costume ausentar-se é colocado à margem da sociedade. Todo cidadão deve ser membro das subdivisões da comunidade cívica, tais como a tribo*, o demo* ou a fratria*. Não são muitas as naturalizações. Em 427, na época clássica, a colação do direito de cidadania (*politeía*) aos plateeus, que haviam se tornado *apólides* (sem cidade-Estado), permaneceu célebre. Sabe-se que pouco mais de 120 estrangeiros receberam, individualmente, o direito de cidadania em Atenas das guerras médicas até 323. Muitos eram reis, dinastas e políticos estrangeiros importantes, como o tirano Dênis de Siracusa, em 369/368, ou o rei Quersoblepto, da Trácia, por volta de 360: não recebem efetivamente a cidadania ateniense, ou seja, não se inscrevem nas subdivisões cívicas (demo e fratria); contudo, a *politeía* ateniense é para eles uma honra, e a cidade deseja que o beneficiário tenha o comportamento esperado de um concidadão caso ela venha passar por alguma dificuldade. Atenas naturalizou homens como Fanostenes de Andros, em 407, e imediatamente os elegeu como estrategos em plena guerra. É bastante raro que um meteco* receba a cidadania, como o banqueiro Pásion (escravo liberto), no período entre 390-386, ou Fórmion, em 361/360: trata-se de homens ricos que contribuíram com sua fortuna para uma guerra conduzida pela cidade-Estado; entram imediatamente para a classe litúrgica e ocupam a trierarquia*. A cidade-Estado dota-se de novos cidadãos, que assumem sua parte nas necessidades da nova comunidade da qual passam a fazer parte.

Vão à assembleia, podem tornar-se conselheiros e exercer todas as magistraturas, eleitas e sorteadas, exceto o arcontado. Pois, em Atenas, por razões religiosas, um cidadão naturalizado não pode ocupar um sacerdócio cívico nem ser arconte*. Na época helenística, as cidades-Estado são mais generosas. Conferem a cidadania a filósofos (como Carnéades, em Atenas), atletas*, conferencistas e evergetas*. Alguns homens eminentes colecionam as cidadanias étnicas; o fato de as enumerarem mostra o orgulho que sentem por terem recebido o título de cidadão no estrangeiro. Algumas cidades-Estado concederam a *politeía* a mulheres. É o caso de Mileto, Dime, Acaia, Lâmia e Tasos. Às vezes, uma cidade-Estado confere o título de cidadãos a um grupo de mercenários, como Mileto, que instala seus novos membros no território de Mios. Por fim, a partir do século IV, as dificuldades financeiras levaram algumas cidades-Estado a vender sua *politeía*: era sempre uma medida desesperada. O preço era variável: Bizâncio pedia 3.000 dracmas, enquanto Éfeso, 600. Em geral, a venda era limitada a pessoas aptas a manter sua posição na comunidade cívica: Bizâncio, que exigia a dupla filiação do cidadão, vendia o direito de cidadania a pessoas, cujo pai ou cuja mãe era cidadão. Quando uma cidade--Estado como Fasélis vendia seu direito de cidadania a qualquer pessoa que o pedisse, isso causava escândalo. A venda do direito de cidadania tornou-se corrente na época imperial.

CIDADE

Há cidades desprovidas de centro urbano: os mantinenses não o tinham antes de 478/473. Entretanto, uma cidade sem centro urbano é imperfeita. Nela, o *ásty* concentra as funções políticas, religiosas, militares e econômicas. A primeira função de uma cidade é política. Segundo Tucídides, após o sinecismo* de Teseu, é na cidade que se encontram a *agorá**, o pritaneu, a sede do Conselho* e da assembleia do povo*, a dos magistrados e dos tribunais*. Na Ática, houve apenas um pritaneu e um *bouleutérion**, e eles se encontravam em Atenas. Toda cidade é igualmente um centro religioso. Uma lenda atribui a Teseu, autor do sinecismo, a criação das Panateneias: é na cidade que se reúne a comunidade cívica para celebrar a maioria de seus cultos. Em cada cidade há vários santuários* e um grande número de altares*, em particular na *agorá* ou perto dela; muitas vezes, a acrópole* comporta um ou mais templos*. A função defensiva é essencial. Muitas cidades têm uma acrópole fortificada, e, a partir do final do século VI, a maioria delas é cercada por muralhas*: uma cidade sem muralhas, como Esparta, é motivo de espanto. As funções econômicas são importantes. Em toda parte há um mercado (*agorá*) aonde afluem os produtos da *khôra* e do artesanato local; os artesãos possuem ateliês que também são lojas; muitas cidades, em geral portuárias, têm um *empórion**. Por fim, não se pode imaginar uma cidade grande sem fontes*, ginásio*, palestra* e teatro*, embora esses edifícios não sejam indispensáveis como a *agorá*. Não obstante, as cidades gregas são muito diferentes umas das outras: cidades continentais amontoadas em volta da acrópole e cidades abertas ao mar; cidades antigas e fundações recentes com planta moderna; cidades campestres e cidades em que, como em Atenas, busca-se uma nova fonte de prestígio no ornamento monumental. As cidades arcaicas, como Tebas ou Atenas, são uma justaposição de bairros dispersos que se desenvolveram com uma independência anárquica; suas casas* se amontoam e se confundem; suas ruas* estreitas e sinuosas, margeadas por muros cegos, seguem os declives naturais do terreno. Essas cidades arcaicas possuem os dois elementos que constituem a originalidade da cidade grega: a acrópole (às vezes substituída por um conjunto de colinas, como em

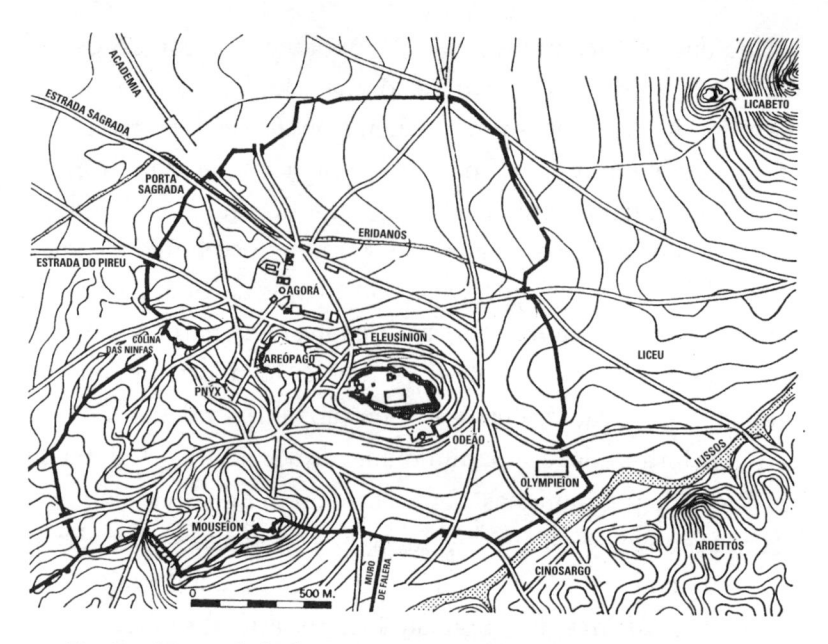

Fig. 7. – Uma cidade de tipo antigo: Atenas na época clássica.

Esparta) e a *agorá*. Os tiranos* foram os primeiros a se preocupar com o urbanismo: em Atenas, Corinto e Samos, melhoraram as aduções de água*, criaram esgotos*, construíram fontes, tornaram-se construtores. O primeiro ornamento monumental da Acrópole de Atenas é obra dos pisistrátidas. O urbanismo funcional surgiu na Jônia, no início do século V. Foi então que se impôs a planta ortogonal, utilizada na Sicília a partir do século VII; as plantas regulares de Mileto e do Pireu são, pelo que dizem, obra de Hipódamo de Mileto. Uma rede de ruas que se cortam em ângulo reto cria ilhotas de forma retangular ou quadrada; a área é repartida em zonas, algumas reservadas às casas particulares, outras aos santuários, aos mercados e aos edifícios políticos; como em Mileto, os elementos necessários à vida da comunidade são agrupados em um conjunto harmonioso que se integra na planta

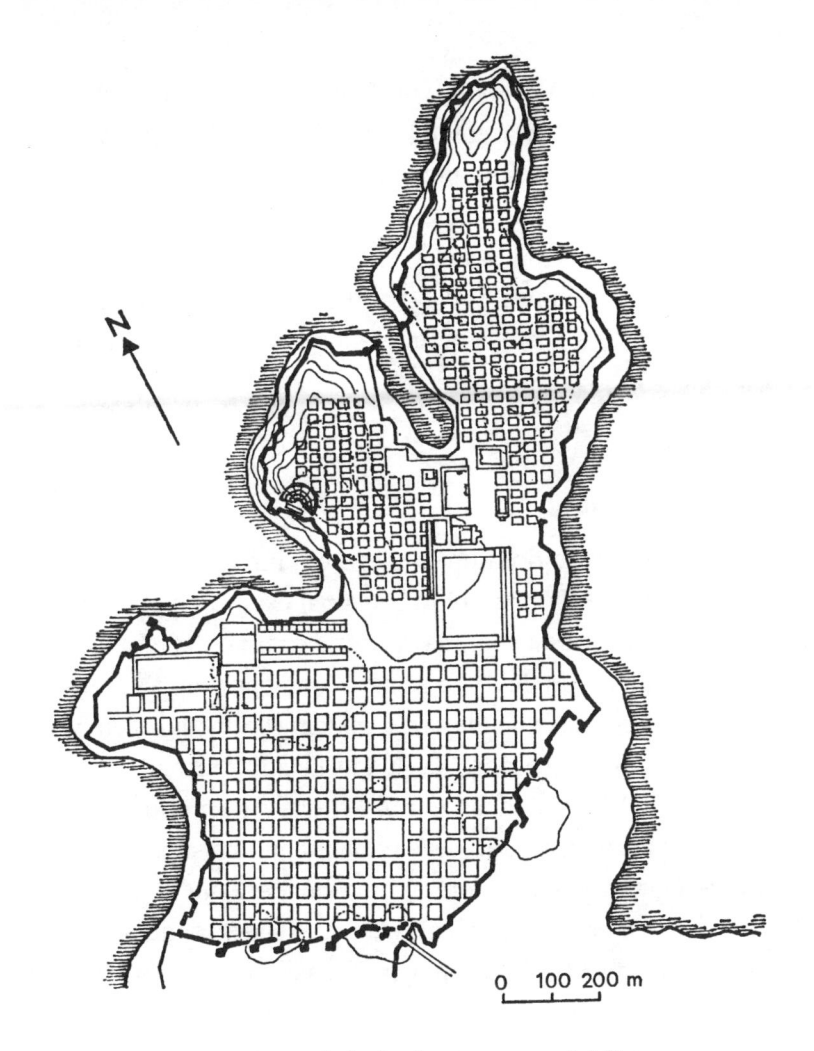

Fig. 8. – Uma cidade de planta ortogonal: Mileto.
Segundo A. von Geekan. *Mileto II 3, Die Stadtmauern*. Berlim e Leipzig, De Gruyter, 1935.

ortogonal; o emprego constante de pórticos* produz uma arquitetura linear, em que as estruturas geométricas predominam sobre o aspecto monumental. A planta jônica foi adotada por diversas cidades dos séculos V e IV, depois por aquelas criadas por Alexandre, em particular Alexandria, no Egito. As fundações selêucidas da Ásia Menor e da Síria, como Doura-Europos, também a utilizaram. O urbanismo de Pérgamo é bastante diferente devido à sua preocupação com os volumes e seu gosto pelo monumental. Os construtores da época imperial conservaram a planta jônica, mas seu gosto pelos volumes e pelo grandioso levou às cidades as ruas com colunatas, os portões monumentais, os arcos de triunfo etc. Figs. 7 e 8.

CIDADE-ESTADO

A fragmentação do mundo grego em um grande número de cidades-Estado (*pólis*, cujo plural é *póleis*) explica-se por um forte individualismo e pela geografia: a Grécia continental tem um relevo compartimentado, feito de bacias separadas por montanhas, e o mar define as ilhas que, de resto, podem ser divididas em várias unidades políticas. O espaço da cidade-Estado é fechado e pequeno: com 2.500 km^2, Atenas tem o segundo território da Grécia continental. Muitas cidades-Estado não têm uma superfície superior à de Egina (80 km^2). Porém, uma cidade-Estado não se confunde com sua base geográfica, e sim com seus cidadãos: o nome oficial da cidade-Estado de Atenas é "os atenienses" ou "o povo dos atenienses", e um cidadão designa sua região pelo "povo" (*dêmos*), pelo "nós" ou por "nossa cidade-Estado". Uma cidade-Estado é uma comunidade ativa de cidadãos (*polítes*, plural *polîtai*). Trata-se de uma comunidade estruturada por leis* que organizam a vida em comum; possui um regime político (*politeía*) que a define. Toma decisões (adota leis, vota decretos*), e cada cidadão é solidariamente responsável pela vida e pelo futuro de todos. A cidade-Estado é sempre autônoma, o que implica que rege a si mesma, possui independência ou a ela aspira. Quando uma potência dominadora (cidade-Estado, rei*, Roma) quer impor-lhe sua vontade, ela pode tentar fazer-lhe frente e, se for vencida, pode tentar negociar um estatuto favorável. Possui um centro urbano dotado de monumentos públicos e sagrados (*ásty*), no qual se encontram os órgãos de decisão, e um território rural (*khóra*), que lhe pertence: por isso, o direito de propriedade* fundiária e imobiliária é reservado aos cidadãos. Uma cidade-Estado encontra-se ancorada no território que explora ou do qual tira sua subsistência. Nele, ela possui os santuários* de seus deuses; toda cidade-Estado tem seu próprio panteão, sua divindade principal e suas divindades políades*; as festas*, além de sua função de homenagem aos deuses, são rituais de participação que reúnem a comunidade cívica. A cidade-Estado mantém-se igual ao longo das gerações graças à perpetuação das descendências, que se aliam umas às outras por matrimônios* que, durante o período mais importante da história grega, são feitos dentro da comunidade cívica. Esta partilha mitos e uma visão de seu próprio passado. Cada cidade-Estado tem sua individualidade por seu regime, seus mitos, sua história e sua maneira de viver. Ainda que o *éthnos* seja a forma de comunidade dominante em algumas regiões, para a maioria dos gregos não há vida civilizada sem cidade-Estado. As cidades-Estado podem ser formadas por elas próprias, e algumas aspirar à autoctonia*. No entanto, muito cedo houve colônias* que eram cidades-Estado fundadas por uma metrópole. Os reis helenísticos fundaram inúmeras cidades-Estado, depois que Alexandre, o Grande fundou Alexandria e muitas outras *póleis*. As fundações selêucidas foram muito numerosas: Seleuco I fundou cerca de sessenta cidades--Estado, das quais 16 Antioquias, nove Selêucias, cinco Laodiceias e várias Apameias. Todas as fundações helenísticas não são criações: uma cidade* indígena pode ser elevada à categoria de cidade-Estado grega e receber um novo nome. Inicialmente, algumas cidades-Estado foram colônias militares, como Tiatira, na Lídia.

Comunidades da Lícia e da Cária adotaram a língua grega e a forma política da *pólis*: todos consideravam Xanto ou Milasa cidades-Estado. Não há helenismo sem cidades-Estado, e a existência de uma delas é um fator de helenização.

CIÊNCIA

A *philosophía* é o amor pelo saber tanto quanto aquele pela sabedoria: para os gregos, filosofia e ciência são uma coisa só. Em geral, os eruditos gregos não são homens sem religião, mas a ciência grega nasceu quando, no século VI, os jônios recusaram a explicação mítica do mundo: os *physikoí* de Mileto queriam explicar as "coisas existentes" (*tá ónta*) e compreender a *phýsis*, ou seja, o processo de nascimento e de desenvolvimento do *kósmos*: Tales, Anaximandro e Anaxímenes tinham uma grande ambição intelectual, um desejo imenso de conhecimento e de compreensão. Desde sua origem, a ciência grega é *historía* (pesquisa), e é uma pesquisa livre. Não há verdade oficial protegida contra toda heresia por uma casta de literatos ou de sacerdotes*; cada um pode ter seu próprio ponto de vista, pode transmitir suas descobertas e suas teses. Preocupados em abraçar a totalidade dos fenômenos conhecidos, os primeiros eruditos gregos construíram ao redor de suas descobertas um sistema coerente, em que o pensamento teórico desprezava o controle experimental. A ciência grega sofreu um cruel divórcio entre a teoria e a experiência, o pensamento abstrato e o esforço técnico. Assim, seus êxitos encontram-se nas ciências que não exigem um vaivém perpétuo entre o raciocínio e a observação. Os gregos criaram a matemática, a ciência por excelência, pois *máthema* significa ciência. Sua matemática é essencialmente a geometria, mas a glória dos gregos a partir de Tales e Pitágoras é ter passado da ciência do agrimensor à demonstração matemática:

ninguém ignora os *Elementos* de Euclides, base da geometria clássica. Os gregos sentiram a importância do pensamento matemático: "Ninguém entra aqui se não for geômetra", proclamava Platão. Em contrapartida, a medicina progride porque Hipócrates e sua escola* rejeitaram os *a priori* de origem filosófica para observar e experimentar; Aristóteles fundou a zoologia e a biologia olhando o mundo material, observando, classificando. Os domínios menos satisfatórios para um espírito moderno permanecem a física e a química. Os gregos sabiam fazer empiricamente preparações químicas, mas não tinham conhecimentos teóricos. Quanto à física, às vezes as descobertas de detalhes são notáveis, mas as grandes teorias são as da simples especulação: o próprio atomismo de Demócrito era uma hipótese que não se baseava em nada; do mesmo modo, o heliocentrismo sustentado por Aristarco de Samos, a partir do século III, bem antes de Copérnico, não passava de uma teoria sem argumentos científicos. O maior erudito da Antiguidade foi Arquimedes (287-221), gênio da matemática e fundador da hidrostática. A ciência grega não parou de progredir a partir da época arcaica: o século III foi o século de Euclides, de Arquimedes e de Eratóstenes, cartógrafo que se interessava por vários domínios. ➤ Biblioteca, Museu, Sophía.

CISTERNA

Os gregos de todas as épocas constroem cisternas. Toda acrópole* era provida de uma. Os atenienses tinham poços em suas casas*. A partir de cerca de 350, quando tiveram de cavá-los com mais profundidade, substituíram-nos por cisternas. Os delíacos, que possuíam poços alimentados pelo lençol freático, criaram nas casas várias cisternas alimentadas pela água das chuvas. Suas cisternas eram talhadas na rocha ou feitas em alvenaria. Geralmente eram cobertas por ladrilhos ou por um mosaico, sustentados tanto por vigas de pedra ou de madeira quanto por arcos paralelos. Um orifício de vazão permitia extrair a água. Por razões de defesa, uma lei* de Pérgamo previa que as cisternas privadas fossem vigiadas pelos astínomos*, que deviam fazer seu recenseamento: os proprietários eram obrigados a limpá-las e a cuidar para que fossem impermeáveis. Eventualmente, também eram obrigados a reparar aquelas que tivessem sua capacidade ultrapassada. ➤ ADUÇÃO DE ÁGUA, FONTE.

CÍTARA

A cítara e a lira* são instrumentos de cordas com muitos pontos em comum. Ambas são uma caixa de ressonância da qual partem dois braços unidos por um bastão transversal e cordas de igual comprimento. Enquanto a lira tem como caixa de ressonância um casco de tartaruga, bem como braços longos e arqueados, a cítara tem uma caixa de madeira de forma retangular ou arredondada; além disso, seus braços são mais espessos. Tem sete ou oito cordas de calibre diferente, com cravelhas e, posteriormente, talvez chaves, que permitem aumentar ou abaixar meio-tom. Enquanto a lira é um instrumento de estudantes ou amadores, a cítara, como diz Aristóteles, é um instrumento de profissional. É tocada nas competições* e nos concertos; existem provas para citaristas* e citarodos*. Trata-se, então, de um instrumento que pode atingir a metade da altura humana. Entretanto, existia no século II, em Teos, uma formação para rapazes de 16 e 17 anos e para os efebos, não da lira, mas da cítara com plectro (instrumento que fazia soar as cordas) ou sem plectro, ou seja, com a mão; trata-se de uma formação particularmente avançada.

CITARISTA

1º Artista que toca cítara* nas competições* e nos concertos. Por ocasião da competição das Panateneias, em Atenas, o valor da coroa* e a soma em dinheiro recebida pelo vencedor são bem inferiores àquelas do citarodo vencedor. 2º Mestre de música que não ensina a tocar cítara. Por um lado, ele ensina os jovens rapazes a cantar de cor poemas líricos e, por outro, a tocar a lira* e, na época clássica e em algumas cidades-Estado, também o *aulo*: o ensino se faz por imitação.

CITARODO

O termo correto é "citarodo", e não "citaredo". Artista que canta ao tocar cítara*. Aos olhos dos gregos, a citaródia é a arte suprema. Em 380, o citarodo vitorioso nas Panateneias de Atenas recebeu uma coroa* de ouro no valor de 1.000 dracmas, à qual foram acrescentadas 500 dracmas em dinheiro, o que era considerável.

CLÂMIDE

Manto curto de lã, preso ao ombro por um broche. Os cavaleiros e os viajantes costumavam usá-lo. Era o uniforme dos efebos* atenienses. ➤ VESTIMENTAS.

CLASSES CENSITÁRIAS

A distribuição dos cidadãos em classes censitárias tem por função repartir entre eles os deveres, os encargos e os privilégios. 1º A mais célebre divisão de um corpo cívico em classes censitárias é a que Sólon fez em Atenas, em 594: ele dividiu os atenienses em quatro classes (*téle*) segundo o censo (*tímema*). Considerações militares explicam manifestamente a criação das classes dos cavaleiros (*hippeîs**) e dos zeugitas* (que servem como hoplitas*); a última classe soloniana, a dos *thêtes**, que não têm função militar, define simplesmente um grupo econômico. A primeira classe, a dos pentacosiomedimnos* (aqueles que produzem 500 medidas de grãos ou de produtos líquidos, azeite* e vinho*), tem as mesmas obrigações militares que os cavaleiros, mas a ela são reservadas as magistraturas mais elevadas, como a dos tesoureiros* de Atena e, provavelmente, a dos arcontes*. Com o tempo, as funções políticas se abrem para as classes inferiores: em 458/457, os zeugitas podem ser arcontes e, no século IV, as funções políticas cujos titulares recebem um *misthós** não são submetidas a limitações impostas pela fortuna. 2º Outro aspecto importante é a existência de uma classe litúrgica: o censo pode variar segundo o custo das diferentes liturgias*. Em Atenas, uma lista dos trierarcas* ficava permanentemente à disposição dos estrategos*, enquanto a classe das liturgias* agonísticas (aquelas referentes às competições*, como a coregia) era definida com menos clareza. Por volta de 340, os Trezentos mais ricos são submetidos à trierarquia e à *proeisphorá** (antecipação da *eisphorá**); no século anterior, a classe trierárquica devia ser mais numerosa e atingir 400 membros. Se a fortuna de um indivíduo fosse inferior a três talentos, ele não tinha obrigações litúrgicas, enquanto uma fortuna de quatro talentos levava, necessariamente, a assumir algumas liturgias. O menor dote* que um pai que tenha o censo trierárquico deve dar à sua filha situa-se entre 2.000 e 4.000 dracmas. A classe submetida ao pagamento do imposto* excepcional de guerra, a *eisphorá*, e ao serviço militar como hoplita parece ter contado com 9.000 atenienses, aproximadamente 30% dos cidadãos: cada um devia possuir, no mínimo, 2.000 dracmas. As classes litúrgicas existem em inúmeras cidades-Estado helenísticas. 3º A dominação romana trouxe a instauração de princípios censitários para as magistraturas e os Conselhos: L. Mummius os impôs a partir de 146, em Acaia.

CLASSES ETÁRIAS

A divisão em classes etárias desempenha papel importante entre os gregos. Ela é funcional: varia segundo as atividades, militar, política, educativa e esportiva. Existem pontos comuns entres diversas cidades-Estado, mas também variações. 1º É no domínio militar que se encontram as constantes. A idade mínima para combater é 20 anos, e a idade máxima, 59 (embora generais no comando de campos de batalha possam claramente ter mais idade); muitas vezes, não se mobiliza no exército ativo os homens de 50 anos ou mais, que somente são convocados em caso de necessidade. A população civil masculina, defendida pelos *ándres*, os adultos, é composta de *paîdes*, os meninos, e de *gérontes**, os velhos. Uma classe etária militar é a dos efebos (oriundos da classe dos *paîdes*), que fazem sua preparação militar e um serviço no exército territorial, sem combater no ativo; de acordo com as cidades-Estado, ela corresponde a uma promoção anual ou mais. 2º No domínio político, é preciso ser adulto para exercer os direitos cívicos de base (acesso à assembleia do povo*), embora algumas cidades-Estado, como Esparta, exijam 30 anos. Para ocupar cargos políticos (acesso ao cargo de conselheiro, às magistraturas e às funções de juiz), geralmente é preciso ter 30 anos. Algumas magistraturas exigem 40 anos: são, sobretudo, aquelas que devem ocupar-se do bom comportamento dos meninos, dos efebos e das mulheres. É preciso ter 60 anos ou mais para entrar na *Gerousía** de certas cidades-Estado. 3º Quanto à educação intelectual, dividem-se os *paîdes* em classes etárias; em Teos, por exemplo, são três classes. 4º As classes etárias são mais conhecidas no meio esportivo: para o treinamento, separam-se, quando possível, de um lado os *paîdes*, que frequentam a palestra*, e de outro os efebos e os adultos, que frequentam o ginásio*; geralmente esses adultos são os *néoi**, oriundos da efebia* e que têm menos de 30 anos; suas principais atividades são praticar esportes e participar das festas como grupos permanentes; militarmente, são *ándres* e, politicamente, têm acesso à assembleia popular, mas não aos cargos; em alguns lugares, criaram-se no ginásio associações de *presbýteroi*, ou seja, de veteranos (homens de 30 anos ou mais). Algumas competições* militares, sobretudo as de lampadodromia*, assistem ao enfrentamento seja de uma equipe de efebos contra outra de *néoi* (às vezes, os que eram efebos no ano anterior), seja de uma equipe de efebos contra outra de *paîdes* do último ano. As competições* ordinárias diferenciam tanto os *paîdes* e os *ándres*, como em Olímpia, quanto os *paîdes*, os *agéneoi* (os imberbes) e os *ándres*; as categorias não são determinadas pelo ano de nascimento, mas pela condição física do atleta, tal como é avaliado pelos juízes. Por isso, jovens que, em sua cidade-Estado, são militar e politicamente efebos podem encontrar-se, por ocasião de uma competição, em qualquer categoria. ➢ AGOGÉ, ÁRBITRO, EDUCAÇÃO, EFEBIA.

CLEPSIDRA

Relógio de água. Permite limitar o tempo de palavra dos oradores* nos tribunais* e nas assembleias. Construiu-se uma clepsidra monumental na *agorá** de Atenas no final do século IV; comporta uma cisterna* de cerca de mil litros de água que se esvazia em 17 horas por um furo situado no fundo. Grandes melhorias técnicas foram feitas nas clepsidras do século III.

CLÊROS ➤ KLÊROS.

CLERUCO

O termo "cleruco" significa "aquele que tem um *klêros*, um lote de terra". 1º Uma clerúquia é uma instituição ateniense. No século V, os atenienses fundam uma clerúquia em uma cidade-Estado subjugada e a ela enviam um grupo de cidadãos, dando um *klêros* a cada um. Os *klêroi* situam-se em um território confiscado da cidade-Estado à qual Atenas impõe a clerúquia. O cleruco conserva sua cidadania. Não é ele, mas o antigo proprietário que cultiva o *klêros*. O cleruco recebe uma renda que substitui o soldo. Com efeito, os clerucos são, antes de tudo, homens que devem rechaçar inimigos externos e impedir as revoltas dos habitantes da região. Ao mesmo tempo, sua propriedade tem valor suficiente para fazê-los entrar na classe* censitária dos zeugitas*. 2º No Egito ptolemaico, o cleruco é um homem que, em troca de prestações militares, recebeu do rei um *klêros*, uma concessão de terra. Em sua origem, trata-se principalmente dos macedônios e dos trácios, completados pelos gregos. No início, o *klêros* deveria retornar ao rei com a morte do cleruco, mas os filhos de clerucos, por sua vez, também são clerucos e, em pouco tempo, o *klêros* torna-se uma propriedade dos herdeiros do falecido. A superfície da concessão de terra de um cavaleiro é maior do que aquela de um soldado de infantaria; há também variações segundo os graus militares e as regiões. As concessões variam de 5,5 a 27 hectares. A instituição tem como objetivo fornecer tropas ao rei quando necessário. Em 217, em Ráfia, uma falange* de 25.000 homens é formada pelos clerucos. Entre as campanhas militares, o cleruco vive em seu *klêros*, sem ser obrigado a fazê-lo, pois pode escolher uma residência citadina na metrópole do nomo, alugando o *klêros* a um camponês egípcio: nesse caso, ele é um rentista que vive do trabalho alheio. Para o rei, isso cria um exército fiel, preocupado com a defesa da região e pouco oneroso, mas o sistema é muito desfavorável para os camponeses indígenas. Após a batalha de Ráfia, o rei cria clerucos egípcios, os *mákhimoi*; suas concessões são menores do que a dos greco-macedônios (entre 1,2 e 1,5 hectare).

COLÔNIA

O termo *apoikía*, em geral traduzido por "colônia", o que remete ao sistema romano, que era totalmente diferente, corresponde a "cidade-Estado fundada", "fundação". Trata-se de uma cidade-Estado independente, fundada por outra cidade-Estado, a metrópole (cidade-mãe), às vezes por várias outras cidades-Estado. A expedição colonizadora escolhida pela metrópole é conduzida pelo *oikistés*, o fundador: o de Cirene é Battos de Tera. Quando uma cidade-Estado é fundada por uma *apoikía*, geralmente se convocam dois fundadores, um vindo da metrópole e outro da metrópole desta última. O fundador deve proceder ao ato religioso que dá origem à nova cidade-Estado acendendo sua lareira com brasas que trouxe do pritaneu* da metrópole. Cria a cidade e reparte a terra em lotes (*klêroi*) entre os colonos. Em geral, um cidadão da metrópole não tem o direito de cidadania em suas colônias, e vice-versa. As estruturas políticas da metrópole costumam ser adotadas desde o surgimento da cidade-Estado: Heracleia de Lucânia, fundada por Tarento, que, por sua vez, foi fundada por Esparta, tem éforos como esta última. No entanto, sendo independente, a nova cidade-Estado tem sua própria história, com uma evolução política e social sem nenhuma ligação com aquela da metrópole. Os cultos instituídos na origem são os da metrópole: Tasos toma emprestado de Paros o culto de Atena *Polioûkhos*, das Duas Deusas, de Héracles de *Kallínikos* etc. O primeiro culto que diferencia a cidade-Estado é o culto heroico prestado a seu fundador, enterrado na *agorá**: é o caso do herói fundador Telesicles, em Tasos. Assim como no domínio político e social, a adoção de cultos novos está ligada à própria história da cidade-Estado. Não obstante, existem vínculos religiosos entre as cidades-mãe e suas filhas: a cidade-filha envia teoros* por ocasião da maior festa da metrópole, e esta lhes confere um lugar de honra na procissão*: um bom exemplo é fornecido por um decreto* de Argos para Aspendo no último terço do século IV. Pode-se recorrer aos vínculos de parentesco (*syngéneia**) em caso de dificuldades: Teos intervém perante o Senado romano em favor de sua colônia Abdera.

COLUNA

A arquitetura grega é caracterizada pelo emprego constante da coluna de pedra. A utilização, nos edifícios civis e religiosos, de colunas internas para sustentar as vigas e o teto deve-se, em parte, à ausência de abóbada. No entanto, ornar uma entrada com colunas nas antas (parte do muro que o prolonga após sua intersecção com outro) ou um templo* com uma colunata peristilo* denota não uma necessidade, e sim uma estética. As colunas são conhecidas em civilizações anteriores aos gregos, como a egípcia, a minoica etc. Em geral, as colunas gregas são caneladas nos edifícios sagrados e públicos, o que ressalta a vertical, dissimulando as junções. Apenas na época helenística o fuste deixa de ser canelado em toda a sua altura. A coluna dórica, surgida no século VII, é maciça: sua altura tem cinco ou seis vezes seu diâmetro de base. Ela repousa diretamente no estilóbato (último degrau do pedestal sobre o qual repousa o monumento). Tem de 16 a 20 caneluras pouco profundas, com arestas vivas. Seu capitel compõe-se de dois elementos: o primeiro é o

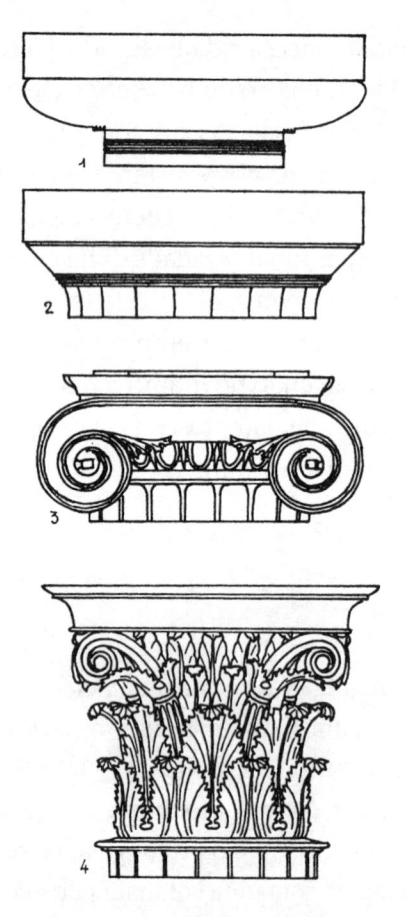

Fig. 9. – Capitéis de colunas.

1. Capitel dórico arcaico. – 2. Capitel dórico helenístico. – 3. Capitel jônico. – 4. Capitel coríntio.

Segundo os desenhos de J. Duret, in: Martin, R. *Monde grec*. Fribourg, Office du Livre, 1966, pp. 82, 84 e 86.

equino, um travesseiro inicialmente arredondado e, depois, cada vez mais reto; o segundo é o ábaco, um paralelepípedo retangular sobre o qual repousa o entablamento (arquitrave e friso). A coluna jônica é mais fina: sua altura costuma ser igual a oito ou nove vezes seu diâmetro inferior. Possui uma base emoldurada, além de 24 caneluras profundas, com arestas planas. Seu capitel tem volutas horizontais com óvalos no equino. A coluna coríntia surgiu da coluna jônica no final do século V, com a diferença de que seu capitel se compõe de folhas de acanto. A coluna é uma das belezas do templo grego e o elemento essencial do pórtico*. ➤ FACHADA e Fig. 9.

COMÊ ➤ KÓME.

COMÉDIA

A comédia surgiu das canções alegres e das brincadeiras do *kômos*, procissão popular em honra a Dioniso, por ocasião da qual se carregava o *phallós*: o coro* possui grande importância na comédia ática do século V, em particular na *parástasis*, em que seu canto exprime a opinião pessoal do autor. A comédia surgiu ao mesmo tempo que o ator* e que o *agón**, que opõe tanto o coro e um ator quanto dois atores. A comédia existiu em região dórica, em Mégara e Siracusa, mas quase não se tem conhecimento de sua forma ática. Foi introduzida nas competições das Grandes Dionísias, em 486, bem depois da tragédia. Distinguem-se a comédia antiga (século V), a comédia intermediária (400-320) e a comédia nova (após 320). A comédia antiga, a de Aristófanes, é repleta de criações e jocosidade. Trata-se de uma comédia política, preocupada com a atualidade: em 424, Cléon é atacado ao mesmo tempo por Êupolis, em *A Idade do Ouro*, e por Aristófanes, em *Os cavaleiros*; os ataques são nominais, duros e, muitas vezes, obscenos. O caráter político e a aspereza da linguagem se enfraquecem ao longo do século IV. O grande autor da comédia nova é Menandro; a partir de então, trata-se de comédias de costumes e de caráter; o coro só aparece nos entreatos.

COMÉRCIO ➤ Abastecimento, Agorá, Agorânomo, Ânfora, Atelia, Azeite, Cerâmica, Deîgma, Empórion, Émporos, Empréstimo para a grande aventura, Impostos, Loja, Marinha, Medidas, Moeda (estalão e unidades de), Nauclero Naúkleros, Peso, Rotas, Sitofílaces, Vinho.

COMISSÃO

A qualquer momento, uma cidade pode criar uma comissão temporária ou permanente que ela encarrega de uma missão precisa: inauguração de uma estátua* ou de uma estela, organização de uma festa*, adjudicação*, vigilância de trabalhos públicos etc. Em geral, os membros dessas comissões trazem o nome de arcontes (magistrados), *epimeletaí** e, às vezes, o de *epistátes**.

COMPETIÇÃO

Os gregos não conhecem os Jogos à maneira dos *ludi* romanos; eles têm competições (*agón**, plural: *agónes*), emulações. Obviamente, esses eventos têm um aspecto espetacular, e a presença do público é necessária, mas o essencial continua sendo a rivalidade dos concorrentes, a luta pela vitória. A competição sempre é organizada por ocasião de uma festa religiosa. Algumas competições são apenas jogos rituais: quando jovens espartanos tentam se apropriar dos queijos colocados sobre o altar* de Ártemis, enquanto seus colegas tentam impedi-los a golpes de bastão, essa luta é, ao mesmo tempo, um rito de fertilidade e um rito de passagem para a comunidade adulta. A competição de dança guerreira (pírrica), organizada por ocasião das Panateneias, também é uma competição local, reservada aos membros de uma comunidade definida, a comunidade ateniense. No entanto, opor as competições "pan-

-helênicas" às competições locais, conhecidas apenas em sua região, é uma ideia moderna. Jamais os gregos chamaram uma competição de pan-helênica, nem mesmo as quatro competições do período (Olímpia, Delfos, Istmo e Nemeia). Para eles, tratava-se de competições de prestígio, caracterizadas por uma trégua* sagrada, reconhecida por todos e na qual os vencedores recebiam não uma soma em dinheiro ou um objeto de valor, como nas competições *argyrítai* ou *thematikoí*, e sim uma simples coroa de folhas: são as competições *stephanítai* ("pela coroa"). A planta era a oliveira selvagem em Olímpia, o louro em Delfos, o pinho no Istmo e o aipo (celeri selvagem) em Nemeia. Essas quatro competições foram fundadas na época arcaica. As competições de Olímpia e de Delfos são pentetéricas (celebradas a cada quatro anos), enquanto as do Istmo e de Nemeia são trietéricas (celebradas a cada dois anos). Na época clássica, sem serem incluídas na *períodos*, duas outras competições, as *Heraîa* de Argos e as *Asklepíeia* de Epidauro, foram *stephanítai*, dotadas de uma trégua sagrada, reconhecida por todos. Todas essas grandes competições eram celebradas na Grécia continental. Na época helenística, outras competições, celebradas em outras partes do mundo grego, foram internacionalmente reconhecidas após negociações diplomáticas conduzidas pelos teoros* da autoridade organizadora. Tratava-se, inicialmente, de competições fundadas por reis*, e as mais importantes foram as *Ptolemaîa*, instituídas em Alexandria, em 279-278, por Ptolomeu II, em homenagem a seu pai, e as *Nikephória*, em homenagem a Atena Nicéfora, que Êumenes II transformou em Pérgamo, em 182. Estas são competições pentetéricas e completas, com os três tipos de provas existentes: hípicas, gímnicas e musicais; são definidas como "isolímpicas", "iguais às competições de Olímpia", o que implica que as cidades-Estado que reconhecem a competição prestam a seus cidadãos vitoriosos as mesmas homenagens que prestariam se eles tivessem ganhado na mais célebre das competições, aquela de Olímpia que honra Zeus. Ademais, trata-se de oito competições instituídas por cidades-Estado. As mais antigas são as *Asklepíeia* de Cós, celebradas em 241 pela primeira vez, e as mais conhecidas, as Leucofrienas de Magnésia do Meandro, em homenagem a Ártemis Leucofriena, reconhecidas por inúmeras autoridades e celebradas pela primeira vez em 207. Essas competições criadas por cidades-Estado das ilhas ou da Ásia Menor são sempre pentetéricas e consideradas *stephanítai* (salvo aquela de Cós), embora, como nas Leucofrienas, a coroa possa ser de ouro de alto valor; além disso, às vezes são qualificadas de "isopíticas", iguais às das Pitíadas de Delfos. O que os reis negligenciam em especial, devido à sua autoridade, são as competições dotadas de uma *ekekheiría*, de uma trégua sagrada que assegura a proteção dos peregrinos e dos concorrentes que se dirigem à festa. Entre as competições importantes, algumas eram organizadas por Confederações*, como as *Eleuthéria* da Confederação tessália ou as *Rhomaîa Letôia* da Confederação lícia. Toda competição tem sua própria cronologia estabelecida no número de celebrações. Chama-se de olimpíada, pitíada etc. o período que decorre entre duas competições; o vencedor do estádio em Olímpia dava seu nome à olimpíada. A cronologia de Olímpia era conhecida em todo o mundo grego. A organização de uma grande competição exigia um agonóteta*, eventualmente um atlóteta*, e juízes. Uma competição podia comportar três tipos de provas: hípicas, as mais prestigiadas de todas, gímnicas (ou seja, esportivas) e musicais e artísticas. À diferença das Pitíadas de Delfos ou das Grandes Panateneias de Atenas (que não é uma competição *stephanítai*), a tão célebre competição de Olímpia tinha apenas provas gímnicas e hípicas. Se não houvesse concorrente ou se todos fracassassem, a prova era considerada *hierá*, sagrada: o prêmio era consagrado à divindade homenageada pela festa. As competições hípicas, que ocorriam no hipódromo, comportavam corridas de carros*, além de corridas de cavalos e potros montados. O vencedor não era o auriga (cocheiro) nem o jóquei: era o proprietário dos cavalos. Portanto, era necessário ser muito rico para vencer uma prova equestre: o vencedor podia ser uma mulher, e muitos tiranos* e reis venceram corridas nas grandes competições. A vitória na corrida de quadrigas trazia muito prestígio; prova disso é a história de Alcebíades. Para as provas gímnicas, os juízes admitiam os concorrentes, classificavam os atletas* em uma categoria etária (*paîdes, agéneioi, ándres*, meninos, imberbes e adultos, em Delfos; *paîdes* e *ándres*, em Olímpia) e designavam o vencedor. As competições gímnicas comportavam provas de corrida a pé*, luta*, boxe*, pancrácio* e pentatlo*; elas ocorriam no estádio*, enquanto o treinamento era feito no ginásio* ou na palestra*. Na luta, no boxe e no pancrácio, o atleta devia vencer todos os combates eliminatórios para chegar à final. As competições artísticas (*mousikoí*) pertenciam a dois grupos distintos. Por um lado, havia competições *thymelikoí* (musicais), nas quais se enfrentavam arautos*, citarodos*, citaristas*, rapsodos*, auletas*, auledos etc.; eles podiam ser os únicos celebrados na festa, como os *Mouseîa* de Téspias, transformados em competições *stephanítai* por volta de 225, mas podiam ser parte integrante de inúmeras competições importantes, como as Pitíadas de Delfos ou as *Didýmeia* de Mileto; quando o edifício existia, essas competições ocorriam em um teatro* ou em um odeão*. Por outro lado, havia competições *skenikoí* (teatrais); podiam existir por si mesmas, como as das Leneanas e das Grandes Dionísias de Atenas, ou ser associadas a provas *thymelikoí*. Não se deve esquecer que as competições mais célebres cresciam no terreno das inúmeras competições locais. Uma pequena cidade-Estado organizava, ao menos uma vez por ano, por ocasião da festa de sua principal divindade, uma competição para sua juventude, com provas gímnicas e competições de coros. Nas cidades-Estado populosas e ricas, as competições se multiplicavam. E a vida sociocultural devia muito às competições destinadas às classes etárias* que frequentavam o ginásio, especialmente as lampadodromias* e as competições de caráter militar. ➣ ATLETA, ATOR, COMÉDIA, CORO, HELANÓDICES, TEKHNÍTES, TRAGÉDIA.

CONCUBINA

Distingue-se a concubina (*pallaké*) da mulher casada (*gameté*) e da cortesã. A concubina é uma mulher que mora com um homem sem com ele ter contraído matrimônio* por dação. A concubina costuma ser uma mulher livre, estrangeira ou escrava liberta. Normalmente, uma cidadã não se encontra nessa situação se vive em sua cidade-Estado ou se tem uma família. Há raras exceções: as mulheres adúlteras, repudiadas pelo marido por essa razão e que não podem encontrar outra solução, ou as moças órfãs, muito pobres e sem irmão, que ninguém reivindica como *epíkleroi** ou, de todo modo, não deseja desposar. Em todas as cidades-Estado que exigem que a mulher concedida em dação a um cidadão para dar à luz filhos legítimos seja cidadã, toda união com uma estrangeira não é um matrimônio, e o filho dela proveniente é considerado bastardo (*nóthos*). Foi o que ocorreu, após 451/450, com Péricles e Aspásia de Mileto: seu filho, Péricles, o Jovem, é um *nóthos*, um meteco* que não tem nenhum direito à sucessão de seu pai. Após a peste, Péricles foi autorizado pelo povo a fazer de seu bastardo um filho legítimo e um cidadão, e o introduz em sua fratria*. Os contratos de matrimônio proíbem ao marido introduzir no domicílio conjugal uma concubina, ter um segundo lar, bem como ter e criar filhos nascidos de outra mulher que não seja sua esposa.

CONFEDERAÇÃO

Em geral, a Confederação (*koinón*) surge do *éthnos**: existe *koinón* quando uma comunidade étnica, que vive na mesma região e tem consciência de sua unidade, adota instituições comuns. A principal função do *koinón* é garantir a defesa comum, e os órgãos federais se ocupam prioritariamente das questões militares e das relações exteriores. Os *koiná* são numerosos: foram criados ao longo da história grega, desde a época arcaica até a imperial. A palavra "Confederação" traduz muito mal o grego *koinón*, que é um termo vago, sem valor técnico e que designa todos os tipos de comunidades; uma associação religiosa é tanto um *koinón* quanto a Confederação etólia. As distinções modernas entre Estado federal, Federação e Confederação a nada correspondem na Antiguidade grega. O termo *koinón* abarca realidades históricas muito diversas. Designa tanto a Confederação beócia, que tem um governo central forte, quanto a Confederação tessália, cujos elementos constitutivos gozam de uma autonomia bastante ampla. Por um lado, a tendência à unificação ou à autonomia resulta da presença ou da ausência de uma cidade dominante: no século IV, Tebas é, segundo as palavras de um personagem da Antiguidade, "a acrópole*" da Beócia, e a Tessália possui várias cidades-Estado importantes, como Lárissa, Farsália, Crânon e Feras. O caráter empreendedor ou não da política externa do *koinón* também influencia as instituições centrais: a Confederação aqueia, em luta contra Antígono Gônatas e os etólios, tem um magistrado supremo de caráter militar, o estratego*, e, em 369, Licomedes de Mantineia, tal como Arato de Sicíone, em 243, tem poderes muito importantes. A diversidade dos *koiná* aparece claramente quando se consideram os regimes que neles reinam: o *koinón* dos epirenses é uma realeza; o dos beócios, uma aristocracia antes de 387; o dos aqueus, uma democracia; o dos árcades, uma democracia moderada. As instituições federais já não possuem uma unidade: alguns *koiná* não têm assembleia federal; outros não têm Conselho federal; e, quando os dois órgãos existem, sua importância relativa é muito diferente segundo o *koinón*. Os *koiná* não possuem uma moeda* federal, como a Confederação beócia que, a partir do início do século VI, cunha moedas que têm em seu anverso o escudo beócio. Por fim, alguns *koiná*, como a Confederação árcade ou a Confederação das cidades-Estado cretenses, permaneceram nos limites do *éthnos* sem buscar associar-se a estrangeiros. Outros, ao contrário, ultrapassaram em muito suas fronteiras naturais: o *koinón* dos aqueus chegou a englobar a maior parte do Peloponeso. ➤ Assembleia federal, Beotarcos, Conselho federal, Hiparca.

CONSELHO

Dois nomes, *Boulé** e *synédrion**, correspondem ao termo "Conselho", tanto para as cidades-Estado quanto para as Confederações. O termo *Boulé* designa "a decisão" e "o Conselho que toma decisões". Um *synédrion* é "um grupo de pessoas que preside um conjunto". A partir do século III, o termo *synédrion* tende a substituir o termo *Boulé*, que volta a ser corrente sob o Império: essas mudanças de nome não implicam nenhuma modificação no funcionamento do Conselho. ➤ Conselho de cidade-Estado, Conselho federal.

CONSELHO DE CIDADE-ESTADO

Toda cidade-Estado grega tem um Conselho, salvo, talvez, algumas muito pequenas. O Conselho do rei em Homero prefigura essa instituição: o rei* da Feácia reúne várias vezes o Conselho, composto de doze "reis", que são definidos como "conselheiros", *boulefóroi*, e "Anciãos", *gérontes**, o que não implica que sejam muito idosos. O enfraquecimento da realeza em benefício dos aristocratas deu grande importância ao Conselho na época arcaica. Este pode ser um Conselho de Anciãos, como a *Gerousía**

de Esparta ou da Élis arcaica, ou um Conselho formado de magistrados que cumpriram seu mandato, como nas cidades-Estado de Creta, em que o Conselho é constituído de antigos *kósmoi**. De todo modo, os conselheiros são nomeados para um cargo vitalício e têm poderes muito amplos: isso pode durar séculos, como em Esparta, que mantém sua *Gerousía* até 227, e em Massília, que sempre teve seu poderoso Conselho dos 600 *tímoukhoi* na época helenística. Outras cidades-Estado conheceram mais cedo uma evolução democrática que teve efeitos sobre o Conselho. Às vezes, o Conselho aristocrático desaparecia após uma revolução para ser substituído por um Conselho democrático, o único conhecido na época clássica e na helenística. Outras vezes, como em Atenas, ele chegava a subsistir a uma época em que uma *Boulé** democrática desempenhava papel probulêutico importante: após 461, o Areópago* passa a ter apenas competências religiosas. Um Conselho aristocrático pode ter função probulêutica, como um Conselho democrático geralmente a tem. Segundo Aristóteles, o critério da democracia é a existência de um Conselho proveniente do povo, que prepara o trabalho da assembleia popular. É assim que Atenas, ela própria dotada de uma *Boulé* de 500 membros, que representam perfeitamente a população cívica, impõe a Éritras, em meados do século V, um Conselho de 120 membros, designados por sorteio entre todos os cidadãos, a uma razão de 30 conselheiros para cada uma das quatro tribos*; uma vez que a relação entre o número de cidadãos e o de conselheiros é inferior àquele de Atenas, é permitido exercer essa função a cada quatro anos (enquanto Atenas limita a iteração a duas vezes em toda a vida do cidadão). Esses Conselhos democráticos permitem à assembleia exercer com eficácia sua soberania: sua função essencial é preparar os projetos de decretos* e fazer com que eles sejam submetidos à assembleia. Uma nova modificação institucional se produziu após 146 em todas as cidades-Estado da província de

Acaia, quando L. Mummius fez do Conselho o principal órgão do governo; ele trazia o nome de *synédrion*, e não de *boulé*, e eram aplicados critérios censitários. Entretanto, alguns Conselhos conservaram seu caráter democrático: em meados do século I, Rodes tem um Conselho cujos membros são escolhidos entre todos os cidadãos e lhes paga um *misthós**. ➢ ASSEMBLEIA DO POVO, BOULÉ ATENIENSE E EKKLESÍA ATENIENSE.

CONSELHO FEDERAL

Nem todas as Confederações* comportam um Conselho: já não há nenhum na Confederação beócia, reconstituída em 378. Todavia, muitas Confederações possuem um. Esse Conselho tem o nome de *Boulé** na primeira Confederação beócia (447-387) e nas Confederações árcade e aqueia. Entretanto, na época helenística, o nome mais frequente é *synédrion*: a Confederação etólia e, no século III, a Confederação beócia possuem um *synédrion*. O Conselho federal desempenha na confederação mais ou menos o mesmo papel que uma *Boulé* de cidade-Estado. Sua importância é muito variável. Ela é grande nas Confederações desprovidas de assembleia primária, como a primeira confederação beócia. Em outros locais, como nas Confederações árcade e aqueia, a função essencial do Conselho é propor decretos à assembleia federal*: a assembleia regular (*sýnodos*) da Confederação aqueia só pode votar sobre os projetos de decretos que a *Boulé* lhe transmite. Todavia, em muitos casos, a assembleia federal reunia-se pouco, e o Conselho devia despachar as questões correntes com os magistrados: é o caso da Confederação etólia, na qual havia, ao mesmo tempo, um Conselho muito numeroso, o *synédrion*, e um Conselho restrito, realizado internamente, o dos *apókletoi*, que controlavam a política externa. O recrutamento dos Conselhos federais é variável e, muitas vezes, pouco conhecido. Para a Confederação aqueia, sabe-se apenas que os conselheiros tinham no mínimo 30 anos; é possível que no século III todas as cidades-Estado da Beócia tenham tido, como Téspias, três representantes eleitos no *synédrion* federal; na Confederação etólia, o número dos conselheiros era proporcional, para cada povo, à sua contribuição militar e financeira. O sistema mais curioso é o da primeira Confederação beócia. O Conselho, que contava com 600 membros, eleitos à razão de 60 por distrito, era sediado em Tebas; só se reunia em sessão plenária para eleger magistrados e tomar decisões muito importantes; com efeito, era a reunião de quatro *Boulaí* de 165 membros, que, alternadamente, despachavam as questões correntes e preparavam os projetos de decretos: o decreto só era válido quando as outras três *Boulaí* haviam dado sua aprovação; cada uma das cidades-Estado da Beócia utilizava o mesmo sistema que a Confederação. Os Conselhos federais foram criados à imagem dos Conselhos de cidade-Estado*.

CONTA

Nos grandes santuários* gregos, os magistrados registram as operações financeiras que efetuam durante seu cargo e gravam em pedra uma conta ordenada que é um extrato de seus arquivos*: a conta (*lógos*) prova a devoção de sua cidade em relação ao deus, sua própria devoção e a integridade de sua gestão. Em Delos, temos uma série considerável de contas do santuário de Apolo, publicadas pelos hieropeus* durante o período em que o santuário foi administrado por ela e não por Atenas (314-167). Cada conta dos hieropeus delíacos segue o mesmo esquema. Começa com o protocolo de recebimento dos valores pelo colégio que assume o cargo; em seguida, no século II, os inventários dos jarros que constituem a caixa sagrada, depois aqueles da caixa pública, conservados pelos hieropeus. A primeira parte da conta diz respeito às receitas do deus (arrendamento dos domínios do deus, aluguéis das casas sagradas, taxas* recebidas pelo deus, juros de empréstimos consentidos dos fundos sagrados). A segunda parte da conta se refere às despesas (despesas mensais regulares, salário dos empregados, despesas com trabalhos de construção e reparo) e ao registro dos empréstimos consentidos durante o exercício. A lista dos trabalhos dados em adjudicação*, a dos devedores insolventes, a das casas* ou das propriedades agrícolas, com os nomes dos arrendatários e de seus fiadores, bem como seu inventário e os anos em que se procedeu a uma nova locação podem ser encontrados tanto na estela principal quanto em uma estela adicional. A conta termina com o balanço das receitas e das despesas. Essa série de contas fornece informações inestimáveis sobre as instituições, as finanças*, a economia, a sociedade, as construções e os cultos da cidade de Delos.

CONTAS (PRESTAÇÃO DE)

Uma das características da cidade-Estado grega, seja qual for seu regime político, é a obrigação para todo magistrado de prestar contas quando deixa o cargo, mas também enquanto o exerce: o controle da cidade-Estado é sistemático, pois assegura a estabilidade das instituições e a integridade da gestão dos fundos públicos ou sagrados. Exceto Atenas, todas as cidades-Estado têm um único tipo de magistrados controladores. Os mais comuns são os *exetastaí*, presentes na zona costeira asiática da Eólida à Cária, nas grandes ilhas próximas e em algumas cidades-Estado da Tessália e da Macedônia. Todas as cidades-Estado da Confederação* beócia têm um colégio de *katóptai*. Os colégios de inspetores foram encontrados em várias ilhas das Cíclades. Atenas possui dois colégios diferentes com dez inspetores: o primeiro, cujos membros são escolhidos entre os conselheiros, examina as contas dos magistrados a cada pritania*; o segundo, sorteado entre todos os atenienses, sendo um por tribo*, examina a contabilidade de todos os magistrados em fim de mandato, antes de passarem diante do tribunal* popular. Atenas também tem um colégio de dez *eúthynoi*, que recebem as queixas de qualquer cidadão contra os magistrados, após a prestação de contas, e as transmitem, se as julgarem pertinentes, aos tribunais; os *eúthynoi* também podem infligir multas a um magistrado durante seu mandato. Em toda parte, todos os magistrados que administram fundos são submetidos a uma prestação de contas ao final do mandato: os magistrados controladores desempenham papel preponderante, mas geralmente o Conselho tem uma função importante, tal como a *Boulé** ateniense ou os Conselhos de Delos e de Córcira. A intervenção sistemática do tribunal* popular na prestação final de contas só foi verificada em Atenas. A prestação final de contas é atenuada pelas prestações periódicas. Além disso, na maioria das cidades-Estado, todo magistrado está suscetível a ser processado judicialmente durante seu mandato, não apenas por sua gestão financeira, mas também por infrações de toda sorte; os próprios magistrados controladores podem entrar com uma ação ou em consequência da queixa prestada por um cidadão. Dependendo das cidades-Estado, os controladores têm o direito de infligir multas ou devem levar o caso ao tribunal. A instituição, conhecida na época clássica sobretudo devido a Atenas, é universal na época helenística. ➢ FINANÇAS.

CONTRATO ➢ ADJUDICAÇÃO, BANCO, CONTRATOS DE ARRENDAMENTO, EMPRÉSTIMO PARA A GRANDE AVENTURA, FIADOR, HIPOTECA, TESTEMUNHA.

CONTRATOS DE ARRENDAMENTO

Os contratos de locação de terrenos, gravados em pedra, que chegaram até nós passavam por um arrendador, fosse ele uma coletividade (demo*, fratria*, associação de *orgeónes*‎ etc.) ou um santuário*, e por um arrendatário, um particular. As adjudicações*, geralmente feitas em leilão, eram efetuadas por magistrados, como os hieropeus*, em Delos. Na maioria das vezes, um contrato de arrendamento de duração limitada era de dez anos, como em Delos para os domínios sagrados. O arrendatário fornecia fiadores*, que deviam pagar o aluguel, caso ele não conseguisse fazê-lo. Devia manter os edifícios e o número de árvores e pés de videira, o que explica os inventários* dos domínios do deus Apolo feitos pelos hieropeus por ocasião de um novo contrato de arrendamento. Às vezes, o contrato autorizava o arrendatário a erguer edifícios ou o obrigava a construí-los. Às vezes também, exigia a plantação de árvores, cuja espécie era determinada. Como ocorreu na cidade de Arkesinê, na ilha de Armogos, ele podia impor ao arrendatário uma rotação bianual das culturas e a adubação regular do terreno. O arrendador queria, ao mesmo tempo, manter seu patrimônio em bom estado e até valorizá-lo, bem como receber uma renda regular: os domínios fundiários de Apolo eram uma das principais fontes de renda anual do santuário de Delos. Também existiam contratos de arrendamento vitalícios, como em Milasa, na Cária: o santuário investia dinheiro em terras, e os arrendatários recebiam dinheiro líquido. Eram locatários de suas terras em troca de um parco aluguel, e as transmitiam a seus herdeiros. A realidade se aproximava do empréstimo por hipoteca*, com a diferença de que este era de curta duração.

COREGIA ➢ Corego.

COREGO

A coregia é uma liturgia*. O corego é um homem abastado, cidadão ou meteco*, que deve custear as despesas de um coro*. A coregia necessitava de uma riqueza menor do que a da trierarquia*, que exigia bens que valiam quatro talentos na Atenas clássica. A cada ano, por ocasião das Grandes Dionísias, recorria-se em Atenas a 18 coregos: dez para os coros de ditirambo, cinco para os de comédia e três para os de tragédia. O arconte* atribui um coro e um corego a cada poeta. O corego deve escolher um auleta* e um instrutor, encontrar um local para os ensaios, mandar fazer as roupas e as máscaras, recrutar e alimentar os coreutas, preocupar-se com sua assiduidade e seu empenho e indenizá-los pelo tempo que consagraram à sua tarefa. Os cuidados são muitos, e a despesa, pesada: nas Grandes Dionísias, um coro ditirâmbico de homens adultos podia chegar a cinco mil dracmas, e um coro trágico, a três mil. O esforço é sancionado por uma competição*: o vencedor recebe uma coroa* e vê seu nome publicado nas listas de vencedores, ao lado daquele dos poetas e dos atores*. Os coregos de ditirambos podiam comemorar sua vitória erigindo um monumento mais ou menos importante com um tripé*: em Atenas, a rua dos tripés era margeada por eles. Se a coregia desapareceu em Atenas entre 317 e 307 com a instituição de um agonóteta*, ela continuou a existir em inúmeras cidades-Estado helenísticas, como Delos.

CORNIJA

Elemento arquitetônico que forma uma saliência. Uma cornija horizontal protege o friso* e coroa o entablamento: a cornija dórica comporta mútulos (placas inclinadas em saliência); a jônica é decorada com óvalos, folhas em forma de coração e dardos. Cornijas oblíquas superam o frontão*. ➢ Fachada. Figs. 11 e 12.

CORO

Grupo de pessoas que cantam e dançam. Existem coros de homens adultos, de rapazes e de moças; os membros do coro são os coreutas. Por ocasião dos funerais*, um coro desfila cantando o treno. Um vencedor em uma competição* é celebrado com uma ode triunfante, interpretada por um coro com acompanhamento de cítara*. Com muita frequência, nas festas* religiosas periódicas há coros: os líricos nas Gimnopédias de Esparta, os ditirâmbicos e dramáticos por ocasião das Leneanas e das Grandes Dionísias de Atenas. Acompanhado pelo aulo*, o coro ditirâmbico dança em círculo, cantando com entusiasmo o feito do herói* ou do deus que celebra; geralmente, trata-se de Dioniso. Há duas competições de ditirambos nas Grandes Dionísias de Atenas: uma para os coros infantis e outra para os coros de homens adultos. Na tragédia* e na comédia*, há partes cantadas, interpretadas pelo coro que evolui na orquestra. Até 310, em Atenas, quer se trate de uma tragédia, de uma comédia, quer de um ditirambo, as despesas de cada coro são assumidas por um corego*. ➢ Teatro.

COROA

A coroa (*stéphanos*) é feita de folhas (oliveira, louro, hera, mirto, carvalho etc.) ou de metal, geralmente de ouro, imitando uma folhagem. Tem um valor religioso. É usada pelas vítimas nos sacrifícios* e por toda pessoa que participe de uma festa* ou de um banquete*. As regras religiosas determinam quando o sacerdote* deve usar a coroa sacerdotal e qual forma ela deve ter: o sacerdote de

Posêidon *Helikónios*, em Priena, usa a coroa dourada em todas as competições. A coroa é utilizada nos ritos fúnebres para o corpo do defunto, a urna e a estela. É dada como prêmio nas competições* da *períodos** e naquelas *stephanítai*; é uma grande glória receber a coroa da vitória. As cidades-Estado concediam coroas honoríficas (ver Decreto honorífico). A lei* estabelece nas cidades-Estado o valor e o tipo de coroas honoríficas, o local e a forma de sua proclamação. Antigamente, em Atenas, elas eram de folhas; em seguida, foram de ouro (*khrysoûs*): a coroa legal (*katá nómon*) tem um valor constante, determinado pela lei, e a coroa de excelência (*aristeîon*) só é concedida em Atenas a reis ou a cidades-Estado.

CORRIDA A PÉ

As competições* gímnicas comportam várias provas de corrida a pé. O estádio é uma corrida de velocidade: é preciso percorrer uma vez a pista, que não tem o mesmo comprimento em todos os estádios*. Em geral, ela mede menos de 200 metros (192,27 em Olímpia). O vencedor do estádio em Olímpia dá seu nome à Olimpíada. Na corrida dupla (*díaulos*), é preciso percorrer o estádio duas vezes. A *híppios* é uma corrida de quatro estádios; não existe em todas as competições. A corrida longa é de meio-fundo: dependendo das competições, sua extensão varia de sete a 24 vezes o estádio. Seja qual for sua extensão, a prova sempre ocorre na mesma pista. O corredor volta para trás permanecendo sempre na mesma faixa. A partida se faz em pé, e não com o joelho no chão. Pratica-se igualmente a corrida armada na extensão da *díaulos*: o hoplitódromo* ou hoplita usa elmo e escudo. Na época helenística e romana, o vencedor da longa corrida armada nas *Eleuthéria* de Plateias, que se faz a uma longa distância do troféu da batalha até o altar de Zeus, recebe o título de "melhor dos gregos". Para as pistas de treinamento, ➤ GINÁSIO E XISTO.

CORTE ➤ Áulico, Casa, Phííloi.

CORTESÃ

Os gregos distinguiam a prostituta (*pórne*) e a cortesã (*hetaíra*): *hetaíra* significa "companheira", "amiga". Havia casas de prostituição (*porneîa*) onde viviam as escravas*: umas eram entregues a qualquer cliente; outras, mais elegantes, tinham amantes habituais, que, às vezes, as alugavam por certo período e as levavam para casa; poucas tinham a oportunidade de ser compradas por seu amigo. As dançarinas e as musicistas alugadas nos banquetes* não eram apenas artistas: em Atenas, no século IV, as tocadoras de aulo* ou de cítara* não podiam ser alugadas por mais de duas dracmas por noite; os astínomos* vigiavam para fazer cumprir a lei. Por outro lado, havia mulheres livres ou libertas que vendiam seus sortilégios por conta própria. Dizem que seus trajes eram mais vistosos do que os das mulheres honestas. Clemente de Alexandria evoca o "Siga-me" que as solas de seus sapatos imprimiam no chão. Tinham a reputação de custar muito caro aos amantes que as mantinham: exigiam dinheiro, ceias e vestimentas. Em Cós e em outras cidades-Estado, as *hetaírai* pagavam uma taxa à cidade-Estado. Conheciam as artes recreativas, a dança, a música, o canto, mas, em muitos casos, deviam ser muito menos cultas do que diz a lenda. Algumas, porém, souberam ganhar e conservar homens célebres, como a famosa Friné, que foi a amante e inspiradora do escultor Praxíteles. Sua fortuna lhe permitiu mostrar-se generosa para com sua cidade-Estado, Téspias, onde foi homenageada como benfeitora.

COUROS e CORÊ ➤ Koûros e Kóre.

CRIAÇÃO DE GADO

Na cidade-Estado, a *eskhatiá* montanhosa é propícia à criação de gado miúdo, mas não permite que se utilize plenamente o esterco para as culturas. No Épiro e na Macedônia, onde a população viveu durante muito tempo em aldeias (*kóme**), os rebanhos, nos quais aparece o gado grosso, podem percorrer longas distâncias. Às vezes, como em Delos e na Reneia, a criação de gado miúdo insere-se na boa gestão do território rural e favorece a agricultura, graças ao esterco. O gado grosso se compõe, sobretudo, de bois de tiro, que podem ser alugados para transportar cargas pesadas, especialmente para as construções: a junta de bois de tiro é preciosa para o agricultor. Os rebanhos de vacas, conhecidos como rebanhos sagrados, que pertenciam a santuários*, como em Delfos ou em Ílion, mas que também podiam pertencer a proprietários particulares em regiões propícias, fornecem a carne dos sacrifícios*. O cavalo exige boas pastagens; é utilizado pela elite social na guerra*, nas competições* hípicas e nos deslocamentos. Tal como o boi, a mula serve para puxar o arado; é um animal de carga e que pode puxar carroças. Os porcos, que muitas vezes são objeto de uma pequena criação particular, também são explorados para os sacrifícios e para o consumo da carne. Os carneiros e as cabras, que geralmente são criados nas *eskhatiaí**, fornecem, sobretudo, lã e queijo; o queijo produzido nas Cíclades é exportado para longe. Existem direitos de uso das pastagens que pertencem à cidade-Estado e impostos* sobre a renda obtida com a criação de gado.

CRISELEFANTINA

"Em ouro e marfim." ➢ Estátua.

CTÔNIO

Diz-se de um deus que está ligado à Terra (*Khthón*). A *epíklesis* (epíteto cultual) Ctônio aplica-se a divindades ligadas aos Infernos, como Hermes Ctônio ou Deméter Ctônia. Isso não tem efeito sobre o tipo de sacrifícios* celebrados em sua homenagem.

CURÓTROFO

Quem alimenta e cria uma criança. *Epíklesis* (epíteto cultual) de uma divindade que nutre. Muitas vezes, esta é representada com uma criança nos braços.

D

DADUCO

"Porta-archote". Um dos mais importantes dignitários de Elêusis era o daduco, que pertencia à família dos Quêrices. Daducos eram encontrados nos *thíasoi** dionisíacos; a mulher também podia ter esse título.

DAÍMON

A noção de *daímon* evoluiu ao longo do tempo. Distingue-se, ao mesmo tempo, do *theós* (deus) e do herói*. Em Homero, o *daímon* é um poder que o homem não identifica, uma força misteriosa que intervém nas questões humanas. Entre os Trágicos, *daímon* significa o "destino", a influência divina sobre o homem. Em Hesíodo, um *daímon* é um ser que não é deus nem homem, uma espécie de gênio; segundo *O banquete*, de Platão, o demoníaco é o intermediário entre o mortal e o divino, e um *daímon*, Eros, permite à alma elevar-se até uma Ideia, a Beleza. O *daímon*, ser intermediário, torna-se o companheiro de um homem particular: em *Fédon*, cada homem é confiado durante a vida a um *daímon*. O *daímon* de Sócrates era uma voz interior. Como gênios e guardiões do homem, aos demônios acabou-se por imputar o mal: Xenofonte opõe bons e maus *daímones*. Na religião cristã, os demônios são anjos desprovidos do estado de graça e o Demônio, Satã.

DAMIURGO ou DEMIURGO

1º Artesão. 2º Magistrado civil de alta categoria. Existe em muitas cidades-Estado: há demiurgos nas cidades-Estado árcades, em Argos, Élis e na cidade-Estado cretense de Olous; o demiurgo é epônimo* em muitas cidades-Estado da costa sul da Ásia Menor, na Panfília, na Cilícia e na Pisídia. Os demiurgos também existem nas Confederações*: na Confederação árcade, são cinquenta (dez para Megalópolis, cinco para cada uma das sete cidades- -Estado importantes, três para os menálios e dois para Lepreon), e talvez desempenhem função análoga à dos prítanes* na *Boulé** ateniense. 3º Categoria de privilegiados: em Delfos, a partir do século IV, distinguem-se os simples cidadãos (*demótai* ou *idiótai*) e os demiurgos, que são os únicos a ter acesso às magistraturas e aos sacerdócios.

DECRETO

Um decreto (*pséphisma*) é uma decisão votada por uma assembleia no sentido amplo do termo: assembleia do povo*, Conselho de cidade-Estado*, assembleia* ou Conselho* de Confederação, assembleia dos membros de uma tribo*, de um demo*, de uma associação* religiosa, assembleia de soldados etc. Temos muitos decretos gravados em pedra; muitas transcrições são um resumo do documento original depositado nos arquivos*. Pertencem a domínios variados: diplomacia, finanças*, abastecimento, culto. No entanto, o grupo mais importante é constituído pelos decretos honoríficos*. Sem ser intangível em uma mesma cidade-Estado, o detalhe do formulário varia de uma cidade-Estado para outra e pode dar indicações sobre a proveniência do documento. Todo decreto compõe-se de uma frase única. Dependendo da época e da natureza do texto, um decreto é constituído de quatro ou cinco partes. O preâmbulo, além da eventual invocação ("deuses"; "à boa fortuna"), compreende o título que indica a data do voto*, as autoridades responsáveis e o autor da proposição. Segue a fórmula de sanção: "Aprouve ao Conselho e ao povo." Os considerandos dão os motivos do decreto e, com frequência, são a parte mais interessante para o historiador. A fórmula hortativa aparece apenas nos decretos honoríficos; ela proclama em termos convencionais que a cidade-Estado sabe reconhecer os benefícios. A fórmula de resolução ("queira") precede as decisões. O decreto pode ser seguido de uma ou mais emendas ("para todo o restante, em conformidade com a opinião de... mas..."). ➤ BOULÉ ATENIENSE, INSCRIÇÕES, LEI.

DECRETO HONORÍFICO

É promulgado pelas mesmas autoridades que promulgam os outros decretos. Em muitos casos, trata-se de uma medida tradicional: todos os anos, em Atenas, "quita-se" a *Boulé** que termina o mandato concedendo-lhe uma coroa*. Porém, outros decretos têm interesse histórico maior: a cidade-Estado agradece a um evergeta* que contribuiu para seu abastecimento, a um cidadão que soube ajudá-la, em caso de perigo, por sua valentia ou sua habilidade diplomática, a uma cidade-Estado que lhe emprestou dinheiro ou se portou como aliada dedicada, a um médico*, a juízes* estrangeiros, artistas etc. As honras concedidas são o panegírico, a coroa*, a proedria*, a inauguração de uma estátua*, a inscrição no número dos evergetas; em geral, as honras reservadas aos estrangeiros são o título de próxeno*, a *asylía** ou a isotelia*, o direito de adquirir (*énktesis*) terras e casas e o direito de cidadania*.

DEFIXIO ➢ Magia.

DEÎGMA

Local situado no *empórion**, onde se vendem mercadorias por amostra.

DÉMARKHOS

Como *dêmos** significa, ao mesmo tempo, "povo" e "demo", o *démarkhos* é tanto o chefe do demo* quanto o chefe do povo. Na Ática, o *démarkhos*, magistrado responsável pela administração de um demo, é eleito pela assembleia dos *demótai**. No século VI, em Quios, é um magistrado da cidade-Estado.

DEMIURGO ➢ Damiurgo.

DEMO

Na Ática, os demos existiam antes de Clístenes: eram simples aldeias rurais com suas terras. Clístenes (508/507) fez dessas aldeias circunscrições políticas. Dividiu em demos a totalidade do território ático, incluindo a cidade*. As disparidades demográficas e geográficas eram grandes. De natureza territorial, essas circunscrições são 140. O demo é uma unidade política com sua assembleia, que reúne os *demótai** (membros do demo), o *démarkhos* (seu magistrado), seus santuários* e seu calendário* de festas* religiosas. Tem funções administrativas. Cada demo tem, em particular, um registro no qual são inscritos todos os *demótai* com 18 anos ou mais (➤ Efebia): trata-se, ao mesmo tempo, de uma lista de homens mobilizáveis e um registro de estado civil, pois é preciso ser *demótes* para ser cidadão ateniense. A primeira repartição, em uma data ligeiramente posterior a 508/507, foi feita segundo a residência; em seguida, o vínculo se deu hereditariamente em linha masculina. Após algumas gerações, é comum não ter propriedade nem domicílio em seu demo. Um homem só pode mudar de demo em um único caso: se for adotado por outro homem que pertença a um demo diferente daquele de seu pai biológico. O nome completo do cidadão compõe-se do nome pessoal, do patrônimo e do demótico (adjetivo extraído do nome do demo); o demótico quase não aparece nas inscrições* antes de 450. O nome completo de uma cidadã compõe-se de seu nome, seu patrônimo e do demótico de seu pai. O demo desempenha papel essencial na vida política ateniense. Cada uma das dez e, posteriormente, doze tribos* atenienses compõe-se de um número diferente de demos, pois tentou-se fazer com que cada uma tivesse visivelmente o número de membros. Cada tribo envia 50 membros à *Boulé**, e cada demo que a constitui nela é representado proporcionalmente ao número de seus *demótai*: na tribo Aiantis, por exemplo, Afidna tem 16 conselheiros, e Oinoé, quatro. No interior da tribo, os demos são agrupados em três *trittýes*, que são criações bastante artificiais; sua função prática mais clara é de ordem militar. Na teoria, cada tribo deveria ser dividida em uma *trittýs* urbana, uma *trittýs* do Interior (Mesogeia) e uma *trittýs* costeira (Paralia). Na prática, é muito difícil dividir o território em 30 grupos de demos coerentes (as *trittýes*) e respeitar os imperativos de repartição dos membros da *Boulé*. O resultado é que se aceitaram muitas irregularidades. O maior demo ateniense, Acarnes, que enviou 22 conselheiros, foi dividido entre a *trittýs* do Interior e aquela urbana, quando, na verdade, ficava muito longe da cidade. As *trittýes* podem comportar demos muito distantes de seu centro: o demo de Ramnonte, que se situa na costa nordeste da Ática, faz parte da *trittýs* urbana da tribo Aiantis e, portanto, é um "enclave". As irregularidades são muito numerosas, e os mapas que representam a Ática dividida em três regiões são do domínio da ficção. Demos também existem em outros lugares que não Atenas, especialmente na Erétria, em Rodes e em Mileto. Cidades-Estado criadas por reis na época helenística têm sua população cívica dividida em *dêmos*: é o caso de Alexandria. ➤ Dêmos.

DEMOCRACIA

Regime em que o *dêmos* é soberano. Por democracia, pode-se entender tanto um regime em que o conjunto do corpo cívico governa quanto – como fazem muitos teóricos do século IV – um regime em que as classes pobres fazem a lei. O termo surgiu ao longo da primeira metade do século V.

DÊMOS

Em Homero, o *dêmos* é o território ou os habitantes de um território. É após Homero que a palavra assume um sentido político e passa a significar "o povo" com os dois valores do termo em português; ora o *dêmos* é a assembleia do corpo cívico, ora as classes populares que são opostas aos *áristoi* (melhores). Designa igualmente o regime democrático e seus partidários. Por fim, na linguagem administrativa, é uma divisão territorial, o demo*.

DÉMOTA (DEMÓTES)

Membro de um demo*.

DEMÓTICO ➤ Dêmos.

DENÚNCIA

Para preservar seu regime ou reprimir os delitos religiosos, as cidades-Estado encorajaram a denúncia. Por toda parte, aquele que denuncia um sacrilégio ou um complô contra o regime recebe uma recompensa em dinheiro e, se for escravo*, a liberdade; às vezes até, como em Ílion, o escravo obtém o direito de cidadania*. Além disso, a impunidade é prometida ao membro do complô que se denunciar: o chefe nunca se beneficia dessa medida. Quando a questão é menos grave, o denunciante recebe uma parte, geralmente a metade, da multa infligida ao culpado.

DEPENDENTE ➤ Escravidão, Hilotas.

DIADEMA

Faixa de tecido branco, amarrada atrás da cabeça, usada pelos reis* helenísticos; é a insígnia da realeza. Os retratos dos reis nas moedas* são caracterizados pelo diadema, assim como os retratos das rainhas lágidas.

DIÁDOCO

O termo significa "sucessor" em grego. Entre os historiadores, os Diádocos são os herdeiros de Alexandre da primeira geração, e os Epígonos são seus descendentes imediatos: Selêuco I é um Diádoco, seu filho Antíoco I, um Epígono.

DIALETOS

Não há uma língua grega única, e sim, desde o início da época histórica, uma pluralidade de dialetos que pertencem a cinco grandes grupos: o árcade-cipriota (árcade, cipriota e panfiliense), o grupo jônico-ático (jônico da Ásia, das ilhas, da ilha Eubeia e da Ática), grupo dórico, o grupo eólio (tessálio, beócio, o falar da Eólida na Ásia Menor) e o grupo dos falares do Noroeste (etólio, epirense etc.), que é complexo. A diversidade dos dialetos aparece quase unicamente nas inscrições*. A língua literária pode ser artificial: a partir de Homero, a língua da epopeia é uma mistura convencional de jônico e eólio; em nenhum lugar se fala o dórico da lírica coral. Entretanto, a língua da cultura por excelência é o dialeto ático: é a língua das tragédias*, da história de Tucídides, das obras filosóficas de Platão. Na época helenística, os dialetos se mantêm na poesia e em algumas regiões tradicionalistas: no conjunto do mundo grego, fala-se a *koiné*, a língua comum, um grego corrente, oriundo essencialmente do ático.

DÍKE ➤ Ação da justiça.

DIREITO DE CIDADANIA ➤ Cidade (direito de).

DITIRAMBO ➤ CORO.

DIVÓRCIO ➤ MATRIMÔNIO.

DOKIMASÍA

Exame feito antes de se entrar em uma categoria nova ou, caso se tenha sido designado magistrado, antes de entrar em função. Trata-se de dizer se o candidato ou o magistrado designado cumpre as condições exigidas pela lei*. Um jovem ateniense só passa da categoria das crianças para a dos efebos após ter sido submetido à *dokimasía* dos *demótai** e, depois, da *Boulé** (➤ EFEBIA). Um cavalo só pode servir na cavalaria se a *dokimasía* da *Boulé* lhe for favorável. Nenhum magistrado pode assumir seu posto, nenhum fiador* pode ser aceito se não teve êxito em uma *dokimasía*. Dependendo dos casos, as autoridades que procedem à *dokimasía* dos magistrados são o Conselho* ou um tribunal*. A *Boulé* ateniense examina os *bouleutaí** designados para o ano seguinte e procede à *dokimasía* dos novos arcontes*: estes devem passar por uma segunda *dokimasía* perante o tribunal. Todos os outros magistrados atenienses são examinados apenas pelo tribunal; sempre se pode apelar perante o tribunal contra uma decisão desfavorável da *Boulé*.

DOREÁ

1º Terra dada em concessão na Macedônia, na época clássica e helenística. 2º Domínios fundiários ou cidades-Estado dadas em concessão por um rei* helenístico, especialmente os lágidas e os selêucidas, a uma pessoa, membro de sua família, ministro, *phílos**. O rei podia retomar os bens concedidos quando quisesse. A *doreá* mais conhecida é a que o rei Ptolomeu II concedeu a seu ministro Apolônio, que confiou sua gestão a Zenão de Caunos para valorizar a terra; o domínio voltou a ser do reino sob Ptolomeu III.

DÓRICA (ORDEM) ➤ COLUNA.

DORÍFORO

Porta-lança (*dóry*: lança). 1º Por vezes, designa um guarda-costas, uma vez que os tiranos* da época arcaica tinham uma guarda de doríforos. 2º Chama-se de "Doríforo" uma estátua* célebre de Policleto, que representa um efebo* do ginásio* com uma arma.

DOTE

Nos poemas homéricos, o dote é indireto, dado pelo noivo à noiva: trata-se dos *hédna*, que consistem em cabeças de gado, aos quais se acrescentam presentes à noiva, sobretudo belas vestimentas*. Em contrapartida, a partir da época arcaica, o dote grego é direto (dependendo das regiões, *proíx* ou *phernê*), fornecido pelo pai da noiva à sua filha por ocasião de seu matrimônio*. Para a filha, é um substituto da herança*, uma parte da herança entregue por antecipação. Seu pagamento é obrigatório, mas em quase toda parte o pai pode dar o que quiser; em algumas cidades-Estado, em que a parte da filha é estabelecida pela lei*, a filha recebe, com a morte do pai, o que não recebeu por ocasião de seu matrimônio. Uma filha que recebe o dote geralmente se casa com um homem que é do mesmo nível de seu pai: existe um código não escrito que faz com que o montante do dote corresponda à classe social. Os dotes das irmãs são iguais, o que pode implicar matrimônios mais tardios para as mais novas. Muitas vezes, o pai ou o irmão contrai dívidas para casar a filha ou a irmã de modo conveniente. Há sempre um enxoval (*kósmos*); entre os mais pobres, a filha pode receber apenas tecidos; em geral, joias (especialmente brincos) acrescentam-se às vestimentas; às vezes, o dote comporta móveis. O segundo elemento, que se encontra na maioria dos dotes, é o dinheiro em espécie. Nas famílias ricas, a noiva pode receber escravos*. Uma quantidade considerável de dotes comporta bens imobiliários, inclusive nas famílias modestas, que, na falta de dinheiro em espécie, dão à filha uma pequena casa. O marido administra o dote: na prática, ele só pode tocar no dinheiro em espécie. Deve devolver o dote em caso de falecimento da esposa sem filhos e em caso de divórcio. Os gregos estabeleceram ferramentas para proteger o dote (➤ Hipoteca).

DRACMA ➤ Moeda (estalão e unidades de), Peso.

E

EDUCAÇÃO

A mesma palavra, *paideía* (derivada de *paîs*, a criança), designa, ao mesmo tempo, a educação (que pode continuar depois da infância) e a cultura. Na época helenística, tanto os gregos quanto os não gregos têm consciência da originalidade da educação grega, que é coletiva para os *paîdes*, a partir do final do século VI. Exceto em Esparta, o pai ou o tutor (*epítropos*) tem liberdade para escolher os estabelecimentos a serem frequentados pela criança e os mestres aos quais ele a confiará, na medida em que existe uma escolha; ele paga os professores. As leis* da cidade-Estado estabelecem os horários de abertura da escola* (*didaskaleîon*) e da palestra*, ordenam a separação das classes* etárias e regulamentam a organização das festas* em homenagem às Musas e a Hermes. Porém, antes da época helenística, a cidade-Estado administra diretamente a formação de uma única classe* etária, a dos efebos*, já que eles a representam por ocasião de algumas festas e competições* e em que se preparam para se tornar, quando adultos, seus defensores nas guerras. Em seguida, algumas cidades-Estado ocupam-se diretamente de uma parte da educação das crianças, seja porque decidem dotar-se de uma "palestra infantil", seja porque um evergeta* criou uma fundação para assegurar os salários de parte de seus professores. Esses dois eventos geralmente suscitam a criação da magistratura do pedônomo*; além disso, a fundação escolar faz com que a cidade-Estado administre os fundos e designe aqueles dos professores que são pagos com o dinheiro da fundação; os outros professores que trabalham na cidade-Estado são escolhidos e pagos pelos pais, e à cidade-Estado só interessa o fato de eles respeitarem ou não as leis gerais sobre a proteção das crianças. A educação infantil é tripla: esportiva, intelectual e musical. Pretende-se desenvolver, ao mesmo tempo, o corpo (*sôma*) e o espírito (*psykhé**). Os meninos treinam esportes na palestra, sob a direção do pedótriba*, praticando as disciplinas representadas por ocasião das grandes competições gímnicas. Quando entram na classe dos efebos, passam a praticar esportes no ginásio* e acrescentam aos exercícios anteriores disciplinas que os preparam para a guerra, como o manejo de armas, o tiro ao arco e o arremesso de lança; no século II, em algumas cidades-Estado, os exercícios militares são praticados pelos *paîdes* dos dois últimos anos que precedem a efebia, aqueles que têm 16 e 17 anos. O esporte, que, segundo os gregos, desenvolve a coragem e a beleza corporal, sempre conservou o espaço principal na educação. O deus que preside o esporte é Hermes. O esporte é complementado pela *mousiké*, a arte das Musas. A *mousiké* designa, ao mesmo tempo, as belas letras (as *grámmata*) e a música propriamente dita. Para a educação intelectual, a criança frequenta a escola, o *didaskaleîon*, onde é ensinada pelo mestre, o *didáskalos*, que às vezes é chamado de *grammatistés* ou de *grammatodidáskalos* (o professor de letras e gramática). A criança aprende a ler e a escrever, mas isso não é o essencial, pois a cultura grega é mais oral do que escrita: a criança deve, antes de tudo, conhecer de cor textos poéticos, principalmente longas passagens de Homero, o poeta por excelência, e o professor aproveita esses textos para lhe inculcar conhecimentos variados, como mitologia, história, gramática, moral e informações práticas. A matemática e o desenho são igualmente ensinados. A formação musical dada pelo citarista*, que prepara a criança para ter seu lugar nos coros* e poder brilhar por ocasião do *sympósion* (segunda parte do banquete*, em que os convivas bebem e se divertem), é tão importante quanto a cultura intelectual. Enquanto o esporte interessava aos adolescentes e aos jovens, a criança geralmente parava de frequentar as aulas dos professores de letras alguns anos antes da efebia. A educação intelectual permaneceu bastante simples até o século V: o adulto se cultivava quase exclusivamente com o poeta trágico, que era considerado o mestre escolar (*didáskalos*) do povo. A educação intelectual superior, que aparece na segunda metade do século V com os sofistas*, é reservada aos jovens da alta elite. A partir do século IV, eles convivem com os filósofos e, com bastante frequência, seguem os cursos dos rétores*. Muitas vezes, a educação intelectual superior tem como centro o ginásio*: os cursos são seguidos de maneira mais ou menos regular, assiste-se a conferências, ouvem-se recitais. Os jovens da classe rica podem contentar-se com o ginásio de sua própria cidade mesmo para o treinamento esportivo avançado, quando visam às altas competições, mas geralmente passam temporadas em cidades-Estado de cultura para completar seus estudos intelectuais: vão a Atenas, que conserva a primazia nesse domínio, ou a Rodes, cuja influência é cada vez maior, ou ainda a Éfeso, Pérgamo ou Alexandria. A educação das meninas parece ser feita raramente de forma coletiva: no século IV, as atenienses da elite social sabiam ler e escrever, mas se ignora se a instrução era feita individualmente ou em grupos nas famílias aparentadas ou amigas. Os únicos casos conhecidos de educação coletiva, além daquele de Esparta, que é antigo, situam-se na Ásia Menor, no século II. A fundação de Politrus, em Teos, concerne tanto às meninas quanto aos meninos, pelo menos no que diz respeito aos estudos literários (o que implica que, mesmo quando há uma fundação, os meninos não vão à palestra acompanhar o ensinamento dos professores de letras). As meninas de Pérgamo participavam entre elas de competições de leitura, de escrita e de poesia épica, elegíaca e lírica.

EFEBIA

Efebo é o menino que atingiu a idade da puberdade (*hébe*). Nas cidades-Estado gregas, os efebos formam, na população cidadã, uma classe etária cujos limites são definidos pela lei*. Elas variam de uma cidade-Estado para outra: em Atenas, é-se efebo aos 18 anos completos. O efebo sai da classe das crianças (*país*, plural: *paîdes*), mas ainda não faz parte da classe dos homens adultos (*anér*, plural: *ándres*). Em sua origem, a efebia certamente foi um período de latência, durante o qual o menino cumpria os ritos de passagem que permitiriam sua integração a uma classe superior. No entanto, ainda que os estudiosos modernos tenham pesquisado elementos que pudessem lançar luz sobre essa fase antiga, a efebia que conhecemos é uma instituição. Certamente existia como instituição militar na Atenas do século V, e sabemos por Xenofonte que, em meados do século IV, implicava um treinamento nos ginásios*, previsto pela lei, a participação em algumas competições* e patrulhas na campanha ática. Todavia, antes de 335, ela parece limitada à classe hoplítica e organizada de maneira muito flexível. Após a derrota imposta por Filipe II a Queroneia, Atenas modificou radicalmente a efebia para dar-lhe um treinamento militar eficaz. A efebia é aberta a todos os jovens cidadãos, embora certamente não seja obrigatória para os meninos, cuja fortuna não permite que combatam como hoplitas*. A cada ano, o número de efebos por tribo* é visivelmente igual. O serviço dura dois anos. Cada efebo recebe da cidade-Estado as armas necessárias, e seu sustento fica a cargo do Tesouro público durante seu serviço; sua vestimenta é a clâmida, e seu elmo, o pétaso. A organização é estrita. Os efebos passam o primeiro ano em casernas no Pireu, alguns em Muníquia, outros na Actê; aprendem a manejar armas hoplíticas, a usar o arco e a lança, bem como as manobras de deslocamento e de combate, recebendo uma formação esportiva, dada pelos pedótribas* nos ginásios da cidade-Estado. No segundo ano, fazem patrulhas na região e mantêm guarnição* nas fortalezas* das fronteiras. Em uma data desconhecida, situada entre 322 (derrota de Atenas por ocasião da guerra lamíaca) e 294 (tomada de Atenas por Demétrio Poliorcetes), a efebia, muito cara para o Tesouro público (60 talentos por ano), é modificada: é facultativa, reduzida a um ano, e o Tesouro público paga apenas o salário dos professores. Não perde seu caráter de preparação militar com uma formação por professores especializados e continua a comportar patrulhas; mas os efebos têm papel cada vez maior na vida religiosa da cidade-Estado e nas cerimônias públicas; como em toda parte, participam como grupo permanente das procissões*. Até 167, a efebia concerne apenas a algumas dezenas de jovens pertencentes à elite social. De 166 até a guerra de Mitrídates, o número de efebos aumenta (de 130 a 140 por ano), embora financiem grande parte dos sacrifícios* dos quais seu estatuto os obriga a participar: isso corresponde à prosperidade de Atenas nesse período. A instituição abriu-se, sobretudo, aos estrangeiros, em uma data controversa. Ainda que os efebos sejam levados aos filósofos, os jovens estrangeiros não vão a Atenas fazer sua efebia simplesmente por causa de seus estudos, uma vez que esse ano particular implica uma série de atividades regradas, que só fazem sentido para a cidade-Estado de Atenas: querem receber a mesma formação dos atenienses de nascimento. A efebia, como preparação militar, não é própria de Atenas. Também é verificada na Beócia, em meados do século III, em Ceos, Teos, Éritras e na Macedônia. Na maioria das cidades-Estado, os efebos se encontram sob a autoridade do ginasiarca*; em algumas cidades-Estado, existe um *ephébarkhos*; em Atenas, o magistrado responsável pelos efebos é o *kosmetés*. ➤ CLASSES ETÁRIAS.

EFEBO ➤ EFEBIA.

ÉFOROS

O termo "éforo" significa "vigilante". Os cinco éforos são os principais magistrados espartanos. São eleitos por um ano pela assembleia do povo* (*ekklesía*) entre os espartanos com idades entre 30 e 60 anos. Um deles é epônimo*. Têm poderes consideráveis. Presidem a assembleia em torno do primeiro éforo: em 432, Estenelaidas soube manobrar a assembleia para que ela declarasse um tratado* de paz rompido por Atenas, apesar do discurso prudente do rei* Arquedemo. Exercem uma vigilância sobre todos os cidadãos, para que eles ajam em conformidade com as leis* e a tradição. Esse poder de polícia é completado por um poder de justiça: podem infligir multas. Seu poder de controle é exercido até mesmo sobre os reis: os éforos recebem as queixas contra eles e podem fazer com que sejam julgados por um tribunal*, constituído por eles próprios e pela *Gerousía**, ou pela assembleia do povo*. Dois deles acompanham o rei à guerra; não podem limitar o poder de comando do rei em expedição, mas observam tudo. Desempenham papel importante na política estrangeira. Representam o povo perante os reis e a *Gerousía*. Ao longo da época clássica, seus poderes aumentaram muito. Por ocasião das revoluções e dos golpes de

Estado da última parte do século III, são vítimas de destituições e assassinatos. Desaparecem definitivamente sob Nábis. Ulteriormente, os principais magistrados de Esparta são os patrônomos.

ÉGIDE

Pele da cabra Amalteia, ornada por serpentes, carregada por Atena; ainda que às vezes ela a segure como um escudo, não é esse objeto, pois ela pode portar a égide sobre seu *péplos* e estar armada com um escudo. Sobre a égide se encontra o *gorgóneion*, a cabeça da Górgona cortada por Perseu e dada a Atena. Esses elementos têm uma função apotropaica (que afasta o mal, o perigo).

EISAGOGEÍS ➤ INTRODUTORES.

EISANGELÍA

Procedimento utilizado em Atenas contra os crimes mais graves, cometidos contra a cidade-Estado. Uma lei* do século IV define os crimes que podem levar a esse procedimento. Desse modo, pode-se perseguir todo indivíduo que tente derrubar o regime democrático, que constitua uma associação com esse fim, que entregue ao inimigo um exército* ou uma esquadra, que engane o povo com suas promessas ou que, na assembleia do povo, por venalidade, use de uma linguagem contrária ao interesse geral. Trata-se, portanto, de inimigos da democracia e de traidores. A *eisangelía* pode ser declarada pelo primeiro cidadão que compareça diante da *Boulé** e da *ekklesía**. No século V, o julgamento final de um caso iniciado segundo esse procedimento era feito, por decisão da assembleia, tanto diante dela própria quanto diante do tribunal* popular.

A própria *ekklesía* julgou e condenou à morte os estrategos* vencedores nas Arginusas, em 460. Em 430, ao contrário, ela promulgou um decreto* que ordenava o comparecimento de Péricles perante um tribunal de mil e quinhentos juízes. Após 362, já não se tem notícia de nenhum julgamento final diante da assembleia.

EISPHORÁ

Imposto* direto extraordinário; o termo significa "contribuição". Existe em inúmeras cidades-Estado, mas só se tem um bom conhecimento dele em Atenas, no século VI. Trata-se de um imposto sobre o capital de um indivíduo e que leva em conta a totalidade de seus bens, sua propriedade* fundiária e imobiliária, bem como sua propriedade mobiliária (escravos*, cavalos, gado, dinheiro em espécie, móveis, joias etc.). Os próprios contribuintes devem fazer a avaliação (*tímema*) de seus bens; para escapar do imposto, alguns buscam transformar suas propriedades visíveis em bens invisíveis (*aphanés*), em líquido, que podem ser dissimulados. Todos os residentes são elegíveis, os cidadãos, incluídas as crianças, e os residentes estrangeiros (metecos*); estes últimos devem pagar um sexto da soma total; provavelmente, seu fardo não é leve, pois seu único capital é sua fortuna mobiliária, uma vez que, exceto algum privilégio, não podem possuir terras nem casas*. No entanto, somente as pessoas ricas e abastadas estão sujeitas a pagar o imposto; os *thêtes** não são submetidos à *eisphorá*; os cidadãos contribuintes devem perfazer um total de 9.000 pessoas e possuir, no mínimo, 2.000 dracmas. Cada contribuinte deve pagar um imposto proporcional à sua fortuna; não se trata de um imposto progressivo. Por ocasião da reforma da *eisphorá*, em 378/377, a avaliação de todos os bens tributáveis deu como resultado 5.750 talentos, que rapidamente se transformaram em 6.000 talentos (as listas dos contribuintes eram regularmente modificadas); esse resultado não levava em conta a fraude. Salvo exceção, só se recorre à *eisphorá* para as despesas inabituais, como a guerra; no entanto, de 347/346 a 323/322, uma *eisphorá* anual de dez talentos foi coletada para a construção de docas secas para trieres e do *skeuothéke* (Arsenal). A *eisphorá* existiu antes da guerra do Peloponeso. Repetidas arrecadações, muitas vezes pesadas, ocorreram durante essa guerra. A *eisphorá* foi reduzida em 378/377. É sempre a assembleia do povo* que vota sua arrecadação. Ela pode votar duas arrecadações no mesmo ano, em caso de necessidade. O montante varia segundo as necessidades: uma *eisphorá* de 60 talentos implica uma arrecadação de menos de 1% do capital de cada cidadão contribuinte (uma vez que um sexto recai sobre os metecos), enquanto uma *eisphorá* de 120 talentos, de 2%. As reformas diziam respeito à coleta do imposto. Em 387/377, criaram-se cem simórias*, ou seja, cem grupos de contribuintes, iguais, ao mesmo tempo, quanto ao capital tributável e quanto à soma coletada por ocasião de cada arrecadação. Cada simória era dirigida por um *hegemón*, o contribuinte mais rico de seu grupo. O sistema revelou-se pouco eficaz, e foi criada uma liturgia*, a *proeisphorá*, em uma data posterior a 355/354. A partir de então, os Trezentos Atenienses mais ricos deviam adiantar à cidade-Estado o montante da *eisphorá* votado pela assembleia do povo*, depois deviam esforçar-se para recuperar o dinheiro devido pelos outros contribuintes, uma tarefa delicada, que raras vezes era totalmente bem-sucedida. A *eisphorá* continua a existir na época helenística: em 146, quando a Confederação* Aqueia tomou medidas de salvação pública em sua resistência contra Roma, os cidadãos abastados pagaram uma *eisphorá*.

EKKLESÍA ATENIENSE

Sua existência é antiga. No século VII, era presidida pelo primeiro arconte*. Seus poderes, provavelmente muito limitados, são pouco conhecidos, bem como seu recrutamento antes de Sólon; alguns chegaram a supor que as pessoas sem fratria*, os hectêmoros* e os não proprietários de terra dela estavam excluídos. Com Sólon, torna-se a assembleia de todos os cidadãos: até mesmo os *thêtes** têm acesso a ela. Provavelmente seus poderes aumentaram muito com as reformas de Clístenes e a criação do Conselho dos Quinhentos: doravante, é à *ekklesía* que cabe decidir todas as questões importantes. A partir de Efialtes, nada limita sua soberania. A assembleia democrática nos foi transmitida pela *Constituição* aristotélica *dos Atenienses*, pelos historiadores, pelos oradores* e, sobretudo, pelos múltiplos decretos* gravados em mármore. É aberta a todo cidadão maior de 18 anos, e maior de 20 anos quando há a preparação militar organizada. Reúne-se quatro vezes por pritania*, ou seja, quarenta vezes por ano, e pode conter sessões extraordinárias. Sua ordem do dia é estabelecida pelos pritaneus*. É presidida por eles e por seu *epistátes** até uma data situada após 402/401, pelos proedros* e seu *epistátes* em seguida. Sua soberania é exercida em todos os domínios. Os magistrados são eleitos por ela e, a cada pritania, ela confirma os magistrados em seu cargo ou os demite. Tem poderes judiciários: o processo da *eisangelía** permite que ela própria julgue certos delitos políticos; foi assim que, em 406, ela condenou à morte os estrategos* das Arginusas. O abastecimento* da cidade-Estado, as declarações de guerra, os tratados* de paz e de aliança* dependem de sua elevada autoridade; em tempos de guerra, ela estabelece os efetivos, designa os chefes militares, define a estratégia. É a *ekklesía* ateniense que controla as finanças* públicas e tem poder de decisão sobre os cultos da cidade-Estado: construção de templos*, questões financeiras, organização das festas etc. Apenas uma parte da comunidade cívica participa das sessões. Em condições normais, a maioria dos assistentes é de cidadãos, e a proporção dos camponeses é inferior à que deveria ser. Evidentemente, a composição da assembleia é diferente em cada sessão. E os acontecimentos podem modificar seu aspecto: a maioria dos *thêtes* estava em Samos quando a *ekklesía* votou, em 411, a abolição da democracia. Após 403, os participantes, ao menos os primeiros a chegar, recebiam um salário, o *misthós ekklesiastikós*; era de um óbolo, mas passou a dois, depois a três. A multidão voltou. A liberdade de palavra é igual para todos (*isegoría*), mas é raro que a assembleia siga a opinião do primeiro a chegar. Seu chefe mais célebre, Péricles, dirigia a multidão, segundo Tucídides, e não se deixava dirigir por ela. Não ocorreu da mesma forma depois dele. Eurípides e Aristófanes já denunciavam a demagogia. Entretanto, era um mal necessário, pois a soberania do povo implica debates e, por conseguinte, oposições entre os oradores. Se a versatilidade é um limite para essa soberania, ela foi menos importante do que se imagina. ➤ ASSEMBLEIA DO POVO, BOULÉ ATENIENSE.

EKKLESIASTÉRION

Edifício fechado em que se reúne a assembleia do povo* (*ekklesía**). Esse edifício não é comum: em geral, a assembleia se reúne ao ar livre. Havia um em Delos.

ELITE (TROPAS DE)

1º Poucos corpos de elite, formados por *epílektoi*, "escolhidos", receberam um treinamento militar permanente às expensas da cidade-Estado ou da Confederação pela qual combatiam. Alguns contavam com 300 homens, como, no século IV, os Trezentos Eleatas e o célebre Batalhão Sagrado de Tebas, criado por Górgidas na época da segunda Confederação beócia e que era composto de 150 pares de amantes, que foram massacrados na batalha de Queroneia (338). Quanto à primeira metade do século V, sabe-se da existência de um corpo de elite de 600 siracusanos. Em 421, os argianos criaram o corpo dos Mil, que combateu, como hoplitas, em Mantineia, em 418. Por fim, de 371 a 363, a Confederação árcade teve um corpo de elite, os *Epáritoi*, cujo número original, de cinco mil combatentes fornecidos por Diodoro, é contestado; em 363, o salário foi suprimido, o que reduziu o corpo a voluntários, menos numerosos, oriundos dos meios ricos. O corpo dos Trezentos Cavaleiros de Esparta dependia de outra lógica, embora eles servissem de guarda do rei* no campo de batalha; foram exterminados em Leuctras (371). 2º As guardas do rei existiram a partir de Alexandre. Sua guarda é a *ágema*, que se une ao esquadrão régio a (*basiliké íle*). Analogamente, o rei selêucida tem, como guarda a cavalo, a *ágema* da cavalaria, também chamada de *basiliké íle*. Na infantaria ele tem um corpo de elite, os Argiráspides (Escudos de Prata), com vários milhares de homens, e um corpo mais reduzido, os Hipáspides, que são sua guarda a pé. Quando o rei não está em campanha, as tropas de elite ficam estacionadas em Apameia, na Síria, onde se formam e passam por treinamento.

ELLIMENISTAÍ ➤ Limenarcas.

EMBAIXADA

Os textos e as inscrições* falam continuamente de embaixadas. Os gregos não conhecem os embaixadores em postos no exterior. Os embaixadores gregos são sempre enviados temporários, encarregados de uma missão definida. Despachar e receber embaixadas são um direito que cabe às potências autônomas, às cidades-Estado, às Confederações* ou aos reis*; as associações de *tekhnítes** dionisíacos também as enviam. O envio de uma embaixada é o único meio de que dispõe uma cidade-Estado grega para informar, negociar, solicitar e agradecer: são necessários embaixadores para obter um tratado* de paz, de aliança* ou de comércio, para receber um juramento*, para pedir ajuda militar ou financeira, para divulgar as honras prestadas pelo povo reconhecedor. Muitos são os negócios que precisam do envio de várias embaixadas sucessivas. Com efeito, os embaixadores são apenas intermediários que não podem ir além de suas instruções e que não ignoram que um processo é sempre possível ao seu retorno: Calístrato mandou condenar Andócides e seus companheiros por eles terem agido contra suas instruções nas negociações de 391 com Esparta. Geralmente, uma embaixada compreende vários membros, que nunca são indicados por sorteio*. São personalidades eminentes, líderes políticos, poetas, filósofos, sobretudo oradores*: ainda que sejam portadores de uma missiva que define a posição da potência que representam, devem proferir um discurso diante de um soberano ou do Conselho* e da assembleia* de uma cidade-Estado. Em suas negociações com Filipe da Macedônia, Atenas utilizou muito seus oradores, como Demóstenes, Ésquines e Dêmades. Ao partirem, os embaixadores recebiam um viático, o *ephódion**, calculado em função da duração previsível da viagem, que podia ser muito longa: na época helenística e, sobretudo, na época romana, viam-se embaixadores de cidades-Estado gregas fazer grandes viagens*. Obviamente, como na época clássica, ainda havia embaixadores que iam a uma cidade-Estado próxima, comunicavam às autoridades o objeto de sua missão e eram convidados a jantar no pritaneu*, como queria a cortesia internacional. Mas também houve, a partir de então, embaixadores que iam longe defender sua causa junto ao rei, o que era particularmente penoso quando este se deslocava com frequência, como Antíoco III. Mais tarde, as embaixadas devem ir a Roma: algumas cidades-Estado livres, após 133, enviam muitas embaixadas ao Senado para fazer respeitar seus direitos perante o governador da província da Ásia, como Colofonte, e, sobretudo, perante os publicanos, como Priena. Após a guerra de Mitrídates, por vezes os esforços diplomáticos das cidades-Estado oprimidas para pedirem ao Senado um abrandamento de sua sorte tiveram parcos resultados, apesar da bravura e do zelo dos embaixadores. Compreendem-se as honras excepcionais prestadas a um embaixador que obteve êxito, como Diôdoros Pasparos, em Pérgamo. ➢ Decreto honorífico, Estátua, Tearós e Teoros.

EMENDA ➢ Decreto.

EMPÓRION

1º Um *empórion* é um local oficial de trocas e organizado, onde, segundo a lei*, deve ser feito todo o comércio com o exterior sob o controle da cidade-Estado, que promulga suas regras. Nele, as mercadorias podem ser submetidas a taxas (*téle*). O espaço do *empórion*, no centro da cidade*, é determinado por marcos* (*hóroi*). Magistrados especializados fazem respeitar os regulamentos: têm diversos nomes segundo as cidades-Estado, sendo que os *epimeletaí** do *empórion* eram os mais comuns. Setores especializados em certo tipo de mercadorias podem existir. Ver Deîgma, Émporos, Impostos, Naúkleros. 2º Pode acontecer de uma cidade-Estado ter dois centros urbanos, um que é a sede de suas instituições, e outro que é a cidade portuária: os atenienses chamam o primeiro de *ásty*, e o segundo de *empórion*.

ÉMPOROS

Comerciante especializado no comércio internacional: compra mercadorias em um *empórion**, embarca com elas, após acordo com o *naúkleros**, em um navio mercante que parte para outro *empórion*, onde as vende, o que lhe permite fazer novas compras. Como em determinado momento o conhecimento das necessidades de um local é imperfeito, trata-se de aventureiros que gostam de se arriscar. Sabe-se de *émporoi* que, no século IV, partem de Atenas praticamente sem carregamento, com dinheiro emprestado, param na Calcídica para comprar vinho*, transportam as ânforas* de vinho até a Crimeia, onde compram trigo que levam para Atenas. As grandes praças de comércio são, necessariamente, praças financeiras, onde os *émporoi* encontram capitais. As redes comerciais mudaram com o tempo. Os *émporoi* não privilegiam as praças de onde são originários, embora muitas vezes sejam cidadãos de cidades-Estado marítimas e comerciais, como Marselha, Fasélis ou Heracleia Pôntica. ➤ EMPRÉSTIMO PARA A GRANDE AVENTURA.

EMPRÉSTIMO PARA A GRANDE AVENTURA

É bem conhecido na praça de Atenas, no século IV, graças aos oradores* e a um contrato, um *syngraphé*, que nos foi transmitido no texto de um discurso de defesa, o *Contra Lácritos*. É praticado no comércio marítimo, sobretudo no de cereais*. O empréstimo é garantido tanto em relação ao navio (para o *naúkleros**) quanto em relação à carga (para o *émporos**, às vezes para o *naúkleros**). Uma vez que se associam para limitar os riscos, aqueles que emprestam o fazem pelo período de uma viagem, que pode ser apenas de ida (*heteróplous*) ou de ida e volta (*amphoteróplous*). Geralmente, o reembolso deve ocorrer em até vinte dias após a chegada ao destino. Em caso de não pagamento, o credor recebe a caução. Os juros são elevados, pois o risco é grande para quem empresta: ele perde qualquer direito ao reembolso se o navio naufragar ou sofrer perdas, se a totalidade ou parte da carga for lançada ao mar para salvar o navio ou se algum resgate tiver de ser pago a piratas ou ao inimigo etc. As taxas de juros para uma viagem de ida e volta entre Atenas e o Bósforo Cimeriano (Crimeia) é de 22,5% no verão e de 30% se a viagem de volta for feita tardiamente. Para uma viagem apenas de ida, o juro é de 10 a 12%. Os comanditários buscam benefícios importantes, mas como o empréstimo é arriscado, investem apenas uma parte de sua fortuna nesse tipo de empréstimo. Na praça de Atenas, são cidadãos ou estrangeiros: nesse mundo do comércio internacional, a nacionalidade de quem empresta e dos comerciantes não é importante. Quem toma um empréstimo não o faz necessariamente por falta de capital, e sim porque tenta minimizar os riscos, uma vez que as perdas devidas aos naufrágios, ao lançamento da carga ao mar e aos resgates recaem sobre outra pessoa. Por ocasião do acordo, um documento, o *syngraphé*, é redigido na presença de testemunhas (cidadãos ou estrangeiros) e conservado junto a um terceiro, particular ou banqueiro. Os processos comerciais (*díkai emporikaí*) são julgados na cidade-Estado onde o contrato foi redigido ou naquela que é o destino final da viagem comercial. Na época helenística, com os deslocamentos dos eixos comerciais, surgem outras praças financeiras no domínio do comércio internacional, especialmente Rodes.

EMPRÉSTIMO PÚBLICO

As cidades-Estado* recorrem ao empréstimo público. Em primeiro lugar, podem dirigir-se aos santuários estrangeiros; isso raramente ocorre, e sempre se trata de somas importantes; no século IV, as cidades-Estado das Cíclades pediram um empréstimo considerável ao santurário* de Apolo em Delos. Em segundo, podem dirigir-se a cidades-Estado amigas, como fez Argos, que solicitou a Rodes, então sob o domínio dos Diádocos, que financiasse o restauro de suas muralhas* e o aperfeiçoamento de sua cavalaria. Em terceiro, e esta parece ser a prática mais frequente, a única ou quase que tenha sido utilizada durante o período helenístico, elas podem pedir empréstimo a particulares, sejam eles cidadãos ou estrangeiros; dependendo do caso, trata-se de empréstimos a juros, às vezes elevados, ou de empréstimos gratuitos, sendo então o credo um evergeta*. Algumas cidades-Estado tiveram sérios problemas de reembolso, especialmente Orcômeno da Beócia, cuja credora, Nikareta de Téspias, não cedeu. Os estrangeiros generosos são sempre recompensados com honras e privilégios que podem ir até a concessão do direito de cidadania*. Há casos em que a cidade-Estado deve prover às necessidades vitais e responder a uma situação de urgência, sobretudo no século I após a guerra de Mitrídates. Porém, em regra geral, o recurso ao empréstimo público, como a prática da subscrição* pública, é um "sinal de saúde econômica", segundo diz L. Migeotte, uma vez que a instituição supõe que quem empresta confia na capacidade da cidade-Estado de restituir o capital e de pagar os juros (levando em conta a riqueza privada das pessoas que constituem a cidade-Estado devedora).

ÉNKTESIS GÊS KAÍ OIKÍAS

Direito de adquirir terras e casas. ➤ PROPRIEDADE FUNDIÁRIA E IMOBILIÁRIA.

ENTUSIASMO

Estado do homem que é *éntheos*: esse termo significa que o "deus" (*theós*) está "no" homem. O entusiasmo é o estado do homem possuído pela divindade. ➤ ORGIAS.

EPHÓDION

Despesas de deslocamento. ➤ EMBAIXADA.

EPIFANIA

Aparição, manifestação de uma divindade. As epifanias são frequentes na religião grega e existiram em todas as épocas. Sempre implicam a criação de um culto particular. Um bom exemplo é fornecido pela epifania, em Magnésia do Meandro, provavelmente no século III, de Dioniso em um plátano que estava caído; o fato levou à consulta do oráculo* de Delfos, que ordenou a construção de um templo*, a criação de um sacerdote* e o envio por Tebas de três mênades para criar *thíasoi**.

EPIGAMIA

Direito de matrimônio*. Uma cidade-Estado que, por exigir para a cidadania a dupla filiação legítima, em regra geral só autoriza o matrimônio* entre concidadãos, pode conferir esse direito a alguns indivíduos ou a todos os membros de uma cidade-Estado estrangeira. Gonnoi, na Tessália, conferiu, a título honorífico, a epigamia a indivíduos, sobretudo juízes* estrangeiros. Este pode ser um acordo bilateral entre duas cidades-Estado vizinhas e amigas, como Messênia e Figália, por volta de 240. Quando esse direito é posto em prática em larga escala, como entre atenienses e plateeus, ele une os cidadãos das duas comunidades pelo parentesco (*syngéneia**). A epigamia entre cidades-Estado membros pode ter um efeito unificador em uma Confederação*, como na Confederação calcidense, no início do século IV, ou na Confederação etólia, no século III.

EPIGONÉ

"Filho, descendente." Os filhos dos Sete Chefes argivos, mortos perante Tebas, são tradicionalmente chamados de Epígonos. Por um lado, Alexandre chama de Epígonos os filhos de seus veteranos e, por outro, os jovens iranianos recrutados em seu exército* e que representavam uma segunda geração militar. No Egito lágido, os filhos dos clerucos* formavam a *epigoné*. Às vezes, os filhos dos diádocos* recebiam esse título: é o caso de Demétrio Poliorcetes.

EPÍKLEROS

Termo que, em Atenas, designa a mulher que tem a posse de um *klêros*, um patrimônio. Do mesmo modo, a *patróia* (em Esparta, *patroûkhos* e, em Creta, *patroiôkhos*) é a mulher que possui os bens paternos, os bens patrimoniais. Em Atenas, uma *epíkleros* é uma mulher órfã de pai, sem irmão vivo ou morto que tenha deixado descendência. Em vida, o pai que não tem filhos dá suas filhas em dação ao homem de sua escolha; se desse matrimônio* nascerem filhos, a filha torna-se herdeira integral de seu pai, e seus filhos lhe sucedem. Por outro lado, se a mulher não tiver filhos até a morte de seu pai, ela é declarada *epíkleros*, e, excepcionalmente, a cidade--Estado intervém nesse caso particular que é o matrimônio de uma mulher. Segundo a lei* ateniense, o parente mais próximo do pai tem o direito, mas não a obrigação, de reivindicá-la em matrimônio perante o primeiro arconte*, se ela for cidadã, e perante o polemarco*, se ela for meteca*. Em Atenas, a mulher pode ser submetida à reivindicação a partir da idade de 14 anos, e isso mesmo sendo casada: nesse caso, a reivindicação obriga o casal sem filhos a se divorciar. As solicitações apresentadas ao arconte baseiam-se no grau de parentesco com o defunto. Os parentes com direito a essa reivindicação são: 1º o irmão agnatício (de mesmo pai) do defunto, portanto, o tio paterno da mulher; 2º o sobrinho do defunto, filho do irmão agnatício, portanto, o primo paterno patrilateral da mulher (primo-irmão, filho do tio paterno); 3º o sobrinho do defunto, filho da irmã agnatícia, portanto, o primo cruzado patrilateral da mulher (primo-irmão, filho da tia paterna) etc. Nesse caso, a *epíkleros* é casada não por dação, mas por decisão do tribunal*. O objetivo da lei ateniense é de ordem social. Nas cidades-Estado que não têm lei sobre o epiclerado, enquanto uma moça provida de dote em geral se casa com um homem cuja riqueza é equivalente à de seu pai, a herdeira é procurada por homens mais ricos do que seu pai, o que produz uma concentração de riquezas. A lei ateniense busca preservar o equilíbrio econômico e social, uma vez que os filhos nascidos da *epíkleros* e de seu tio paterno possuem simplesmente a fortuna de seu bisavô. Acontece de ninguém reivindicar a *epíkleros*. Na prática, se ela for casada, seu matrimônio continua. Se for solteira, a lei a protege quando ela pertencer à mais pobre das classes censitárias*, a dos *thêtes**, e seu parente mais próximo for de uma classe mais rica do que a sua: este último deve dá-la em matrimônio por dação e conferir-lhe um dote*, cujo montante aumenta com a classe à qual ele pertence; além dos parcos bens herdados de seu pai, a mulher em questão recebe uma soma (entre 150 e 500 dracmas no século IV) do parente que a rejeitar. Esta última lei tem um objetivo social evidente. A lei ateniense foi imitada por Túrioi. Em Gortina, na ilha de Creta, a lei define um matrimônio preferencial para a órfã sem irmão, mas não há reivindicação perante o tribunal, e a mulher não é forçada a se casar: a lei priva apenas de parte de seu patrimônio a órfã solteira ou casada, sem filhos, que se recusar a se casar com seu parente mais próximo. Em Esparta, a autoridade pública interveio no matrimônio da *patróia* virgem no século VI e provavelmente no século V; eram os reis de Esparta que designavam o marido. No século IV, a lei de Esparta torna livre o matrimônio da *epíkleros*. Muitas cidades-Estado gregas não preveem nenhuma particularidade sobre o matrimônio da órfã sem irmão; é o que geralmente ocorre na época helenística, em que todas as moças sem irmão herdam o patrimônio de seu pai.

EPIMELETÉS

Indivíduo que se ocupa (*epimeleîsthai*) de um serviço ou de uma comunidade. Há *epimeletaí* de tribos* ou de associações*, mas os mais conhecidos receberam seu mandato de uma cidade-Estado. Em geral, os membros de uma comissão* extraordinária são chamados de *epimeletaí*: é o caso, em Delos, dos comissários encarregados de vigiar trabalhos públicos (➤ EPISTÁTES). O "epimeletado" também pode ser uma função regular. Os magistrados com esse título preenchem cargos de toda natureza. Uns são chefes de serviço de uma administração; é o caso do *epimeletés* das fontes*, em Atenas: esse magistrado eleito deve fazer respeitar as leis* sobre o uso das águas e é responsável pela manutenção das fontes e por sua construção; sabe-se que em Quios houve um *epimeletés* das águas, em Palmira, um *epimeletés* das fontes etc. Outros *epimeletaí* têm funções religiosas: os *epimeletaí* dos Mistérios* ajudam o rei* a organizar as festas* das deusas de Elêusis. O *epimeletés* pode até ser uma espécie de governador: na época do segundo domínio ateniense, por exemplo, o título do alto comissário ateniense em Delos é *"epimeletés* da ilha".

EPÍSCOPOI

"Vigilante." Magistrados civis atenienses durante a primeira aliança* marítima. Atenas os envia às cidades-Estado aliadas para missões temporárias: foi assim que procederam em Éritras, por ocasião da instalação da primeira *Boulé** democrática.

EPISTÁTES

1º Presidente. Em Atenas, até uma data desconhecida, situada após 402/401, a pessoa que preside a *Boulé** ou a *ekklesía** é o *epistátes* (presidente) dos prítanes* e, a partir dessa dada, o *epistátes* dos proedros*. É sorteado entre os prítanes ou os proedros; é presidente por um dia e só pode sê-lo uma vez na vida. 2º Na época helenística, representante do rei* nas cidades-Estado, mesmo autônomas, situadas em seu reino. É, ao mesmo tempo, um governador e um comandante militar. Todas as dinastias régias utilizaram os *epistátai*. Do mesmo modo, o povo de Rodes envia magistrados assim nomeados às possessões rodienses, situadas fora da ilha. Às vezes, é um residente permanente e, geralmente, um enviado extraordinário. O *epistátes* assume o comando das forças armadas em caso de conflito externo. É juiz e árbitro em caso de perturbações internas e em todos os casos dirige a administração. 3º Membro de uma comissão* extraordinária, designada para vigiar trabalhos públicos. Comissões de *epistátai* são bem conhecidas em Atenas e Delos: nesta última cidade-Estado, o nome de *epistátes* é menos frequente do que aquele de *epimeletés**. 4º Administrador de bens sagrados. *Epistátes* nomeados por um ano administram os bens do santuário de Ártemis Braurônia na Acrópole* de Atenas. Em Delos, todos os anos é nomeada uma comissão de *epistátai* que encomenda vasos sagrados a serem pagos com a renda das fundações. 5º Treinador: trata-se de um termo técnico do atletismo.

EPÔNIMO

Aquele que dá seu nome. O epônimo de uma cidade-Estado é o personagem lendário ou histórico que deu seu nome à cidade-Estado. Os heróis* epônimos em Atenas deram seu nome às tribos. Em uma cidade-Estado, chama-se de epônimo a personalidade, magistrado ou sacerdote*, que dá seu nome ao ano (➤ CALENDÁRIO); é o arconte* em Atenas e Delos, o dermiurgo* em Samos, o prítane* em Éfeso e em Teos, o rei* em Mégara, os dois *aisymnétai* em Naxos, o sacerdote* de Hélio em Rodes e o de Apolo em Istro. Nos anos de miséria em que ninguém quer assumir a magistratura que tem a eponímia, em razão dos gastos que ela implica, acontece de a divindade principal da cidade-Estado ser epônima, às vezes durante vários anos sucessivos: Apolo é estefanéforo* em Mileto, e Zeus Sóter, arconte em Acraifia. Conhecemos os epônimos pelo título dos decretos. Às vezes, o personagem que data o documento não é o epônimo da cidade-Estado: com efeito, dependendo de sua competência, um magistrado pode datar os documentos. É frequente, por exemplo, que um agonóteta* date uma lista agonística: trata-se de um falso epônimo.

ÉRANOS

1º Empréstimo sem juros, consentido por várias pessoas que se cotizam: participar de um *éranos* é um ato de amizade. Esse tipo de empréstimo é verificado pela primeira vez em Atenas, no final do século V. Trata-se de ajudar um amigo a pagar um resgate, um dote*, a reunir a soma necessária para sua alforria* etc. O reembolso é feito de modo escalonado. Geralmente o credor fornece fiadores. A cotização para um *éranos* é um ato de generosidade, do qual um pleiteante pode vangloriar-se perante o tribunal*. É um tipo de empréstimo difundido na totalidade do mundo grego. 2º Associação*, financiada pelas cotizações de seus membros, que, segundo Aristóteles, é criada tendo-se em vista os sacrifícios* e as relações sociais. Está claro que um *éranos* se reúne para banquetes* em data fixa. Os primeiros exemplos precisos datam do século III. Uma associação de eranistas, que tem por presidente um *arkheranistés*, cumpre, como toda associação, funções religiosas: soldados acantonados na fortaleza* ática de Ramnonte criaram um *éranos* de *Amphieraistaí* (devotos do herói médico Anfiarau), que assumiu a tarefa de manter o santuário, utilizando o método da subscrição*. Em inúmeras cidades-Estado, associações se designam pelo nome de *éranos*, como em Rodes para os *Halíastai* (devotos de Hálios, principal deus rodiense), que têm muitos oficiais, um dos quais é *arkheranistés*, e que possuem túmulos comuns para os membros da associação.

ESCOLA

1º *Didaskaleîon*, o edifício escolar, no qual as crianças recebem o ensinamento do mestre da escola, o *didáskalos*. Ver Educação. 2º *Skholé*, escola filosófica. As quatro grandes escolas filosóficas, todas criadas em Atenas, são a Academia, fundada por Platão em 387, o Liceu (escola peripatética), fundada por Aristóteles em 335, o Jardim, fundado por Epicuro em 306, e o Pórtico (escola estoica, uma vez que pórtico é *stoá* em grego), fundado por Zenão, em 300. Essas são instituições permanentes que dependem do escolarca*.

ESCOLARCA

Diretor de uma escola* (*skholé*) filosófica. Na escola peripatética, sucederam-se Aristóteles de Estagira (335), Teofrasto de Eresos (322), Estratão de Lâmpsaco (287/286) etc.

ESCRAVIDÃO

O termo "escravo" designa uma pessoa que não tem liberdade e que é propriedade de um terceiro, geralmente outra pessoa.

Dois tipos de pessoas privadas de liberdade (*eleuthería*) existiam na Grécia. No tipo mais antigo que se verificou, o termo exato é "dependente" (embora alguns estudiosos prefiram "servo"), uma vez que os termos gregos variam de acordo com as regiões. O dependente pertence a seu senhor (*despótes*), indivíduo que pode ser cretense, espartano ou membro de uma cidade-Estado do Ponto (mar Negro), mas a cidade-Estado proíbe sua venda fora da região. Muitas vezes ela é a única que pode proceder à sua alforria*. Esses dependentes são originários da região em que vivem e trabalham. São lavradores que trabalham em família para seu senhor em um domínio. Ficam com parte das colheitas. Têm uma família conforme a lei, um domicílio próprio, do qual não podem ser expulsos, e bens que lhes pertencem (roupas, mobiliário*, gado); o pai tem direitos paternos sobre os filhos; dá a filha em matrimônio* com um dote*. Os dependentes mais conhecidos são os de Gortina, em Creta. Têm poucos direitos, mas os têm; em certa medida, fazem parte da comunidade, embora estejam em seu grau mais baixo. Com frequência são empregados na guerra. No segundo tipo de escravidão, "escravo" é o termo exato (portanto, não há necessidade de especificar com uma fórmula como "escravo-mercadoria"). Mesmo que alguns escravos tenham "nascido em casa", geralmente ele é um ser humano que seu senhor comprou no mercado, o que leva a crer que haja um abastecimento constante de novos escravos e que o tráfico seja praticado. O proprietário do escravo tem direito sem limites à alienação: pode vendê-lo, dá-lo, transmiti-lo como legado, alugá-lo a um terceiro, fornecê-lo como garantia hipotecária; também pode alforriá-lo. No direito penal, como apenas um parente próximo ou o proprietário da vítima pode perseguir na justiça um assassino, um senhor não pode responder perante um tribunal* pelo assassinato de seu próprio escravo; no entanto, como todo assassinato de um ser humano implica uma mácula*, o senhor assassino é excluído da vida comunitária, pois já não tem acesso aos santuários* e à *agorá** nem pode participar de nenhum rito ou festa*. O trabalho a ser realizado pelo escravo é escolhido pelo senhor, e os únicos limites são as capacidades do primeiro. A diferença de preço entre escravos depende, em parte, justamente do conhecimento de cada pessoa (bem como de sua idade, seu sexo, seu estado de saúde etc.). Os escravos participam de todas as atividades econômicas. As mulheres trabalham como domésticas junto à senhora da casa; algumas pertencem a donos de bordéis, que as prostituem. Os homens fazem todo tipo de serviço. Muitos são artesãos nos ateliês* e nos canteiros de obras. Alguns são lavradores: isso é incontestável no que se refere às grandes propriedades; a questão é discutida em relação às pequenas. Nos locais em que há minas*, o trabalho servil é praticamente exclusivo. Entretanto, os escravos também têm profissões de outro nível: são funcionários de banco*, arquivistas, médicos* etc. ➤ Alforria, Artesanato, Exército, Hilotas, Minas.

ESCRAVO ➤ Escravidão.

ESCRITURA ➤ Alfabeto.

ESCUDO ➤ Armamento, Falange.

ESGOTOS

São conhecidos pelos gregos. Na *agorá* de Atenas, há inúmeras canalizações desde o final do século VI. O grande esgoto, que data do início do século V, recolhe as águas provenientes das colinas dos arredores e as lança no Erídano. Tem um metro de altura por um de largura e é coberto; as paredes laterais são poligonais em blocos calcários; o fundo é feito de lajes. Os sistemas de drenagem de Éfeso e Tasos são um modelo do gênero.

ESKHÁRA

Durante muito tempo, esse termo foi mal interpretado pelos estudiosos. ➤ ALTAR.

ESKHATIÁ

1º Na cidade-Estado, a *eskhatiá* é a região situada além das zonas cultivadas, uma região de montanhas ou florestas, perto de uma fronteira com outra cidade-Estado, onde vivem e trabalham os pastores*, os lenhadores e os carvoeiros. Frequentemente, essas terras pouco povoadas são objeto de contestações entre as cidades-Estado vizinhas. 2º Um terreno isolado, próximo à montanha, pode ser chamado de *eskhatiá*, ainda que esteja dentro do território cívico. 3º Também se pode chamar de *eskhatiá* os lotes mais afastados de um domínio fundiário.

ESPONDÓFOROS

Em Atenas, chamam-se espondóforos (portadores de *spondaí*, tréguas), e não teoros*, como em outros lugares, os embaixadores sagrados que anunciam os Mistérios de Elêusis, bem como as Panateneias e as Eleusínias.

ESTÁDIO

1º Unidade de comprimento: o estádio tem 600 pés, o que, dependendo do lugar, corresponde mais ou menos a 200 m. 2º Nome da corrida a pé nessa distância. 3º Edifício em que ocorrem as competições* gímnicas. É composto de uma pista retangular, cercada por um declive. Geralmente esse declive é apenas recoberto por um gramado. Em Olímpia, pode abrigar vinte mil espectadores. Se existem bancadas de pedra em alguns estádios helenísticos, eles se generalizam na época imperial, como se verificou em Atenas, Delfos e Afrodísias. A pista recebe uma manutenção cuidadosa: antes das competições, arrancam-se as ervas daninhas, limpa-se com ancinho e coloca-se terra branca. O comprimento da pista varia segundo os estádios: em Olímpia, 192,27 m separam a largada (*áphesis*) da linha de chegada (*térma*). As escavações no estádio do Istmo nos permitem conhecer o dispositivo da linha de largada. Essa linha era dividida por estacas de madeira em 16 seções, cada uma delas atribuída a um competidor: cordões esticados na altura da cintura impediam que os corredores partissem antes do sinal. Também havia estacas na linha de chegada, para permitir que os competidores seguissem em linha reta, pois os caminhos não eram delimitados no solo; além disso, no estádio duplo e na corrida longa, o corredor dava uma volta em torno da estaca colocada à sua esquerda (➤ Corrida a pé). Na linha de largada, encontraram-se igualmente placas de pedra com dois entalhes triangulares: o corredor partia em pé, com os joelhos flexionados e o polegar dos pés inserido nos entalhes.

ESTADO

Podem-se designar os Estados como potências internacionais. Porém, o Estado nascido com a *res publica* romana é uma noção desconhecida para os gregos. Eles conhecem apenas a cidade-Estado, que é uma coletividade de cidadãos.

ESTALÕES MONETÁRIOS ➤ MOEDA (ESTALÕES E UNIDADES DE).

ESTÁTER ➤ MOEDA (ESTALÕES E UNIDADES DE), PESO.

ESTÁTUA

A estatuária grega não mistura o mundo humano e o mundo animal, exceto na Arcádia, onde a estátua de culto de Deméter, em Figália, tinha uma cabeça de cavalo e onde nasceu Pã, híbrido de bode e homem. Entre as estátuas antropomórficas, na época clássica e helenística os gregos distinguem os *agálmata*, os *andriántes* e os *eikónes*. O *ágalma*, "belo objeto", é a oferenda feita a um deus; o *ágalma* por excelência é a própria estátua do deus; é o termo mais usual para a "estátua de culto", que em tempos mais remotos era chamada de *hédos*. O *andriás* é a estátua de um ser humano. O *eikón* é o retrato, surgido em meados do século V, mas que se tornou corrente apenas ao longo do século IV. As estátuas divinas em madeira, de aspecto primitivo, como aquelas de Atena em Atenas e de Hera em Samos, eram chamadas de *brétas*, mas Pausânias as designa pelo termo *xóanon* (plural: *xóana*), que é retomado pelos modernos. As estátuas mais antigas eram feitas de terracota, madeira e bronze. A escultura utilizou pouco o calcário (como em Selinunte) e muito o mármore, sobretudo o das ilhas (Naxos, Paros), mas também o mármore local em Tasos, no Peloponeso (mármore da Magna) e na Ática (do monte Himeto e, na maioria das vezes, do Pentélico). As estátuas divinas podem ser criselefantinas, ou seja, em ouro e marfim; é o caso das estátuas de Zeus, em Olímpia, e da Atena do Pártenon, criadas por Fídias. A estatuária grega foi inspirada principalmente pela religião: a estátua de culto, em geral abrigada em um templo*, mas às vezes erigida ao ar livre, não se confunde com a divindade; no entanto, tem um poder (o que explica ritos de purificação ou até a sucessão da estátua, o que permanece raro); como oferenda (*anáthema*), dedica-se à divindade em seu santuário* estátuas feitas à sua imagem ou representações de seus fiéis. Uma segunda função das estátuas é conservar a lembrança de um defunto, embora os relevos funerários sejam muito mais comuns do que as estátuas: alguns dos *koûroi** são estátuas funerárias. O mundo do atletismo e das competições* suscitou muitas estátuas, sobretudo nos santuários de Olímpia e de Delfos; um dos maiores escultores de estátuas atléticas foi Policleto de Sicíone; o discóbolo (lançador de disco) de Míron é célebre. Por fim, as estátuas dos reis* se multiplicam a partir de Alexandre, cujo escultor preferido era Lisipo. Na época helenística, constroem-se aos reis sobretudo estátuas equestres, tal como a que erigiu a Anfictionia*, sobre um pilar no santuário de Delfos, ao rei de Pérgamo, Êumenes II. No Egito, os reis e as rainhas lágidas recebem estátuas de tipo grego ou egípcio. As cidades-Estado gregas também erigiram estátuas a seus grandes homens: entre as honras mais elevadas que Atenas conferiu a seus maiores benfeitores encontra--se a estátua de bronze. A mais antiga, após as dos Tiranicidas (os Matadores de tiranos), foi a de Cônon, em 393. Depois de uma embaixada* junto ao Senado, que levou a um abrandamento de sua sorte após as medidas impostas por Sila, Pérgamo dedicou a Diodoros Pasparos, cidadão que a salvara, quatro estátuas honoríficas, duas em bronze dourado, das quais uma equestre (como outrora para os reis), e duas em bronze, uma equestre e outra o mostrando coroado pelo Povo personificado; ele também recebeu honras cultuais, com um templo e uma estátua de culto (*ágalma*) em mármore. Para as estátuas honoríficas, o bronze dourado é mais nobre do que o bronze, que, por sua vez, é mais nobre que o mármore. ➤ KOÛROS E KÓRE.

ESTEFANÉFORO

O termo significa "que traz a coroa*" (*stéphanos*). 1º O estefanéforo é um oficial que traz a coroa* sacerdotal. Assim, em Delos, o arcontado é uma "magistratura estefanéfora", uma vez que o arconte* é o estefanéforo de Héstia (a deusa que preside a seu cargo e reside no pritaneu*) e de Apolo (o principal deus da cidade-Estado). Muitos magistrados epônimos* são estefanéforos. É o caso, sobretudo, do prítane* nas cidades-Estado da Jônia. Na época helenística, tomou-se o hábito nessas cidades-Estado de designar o prítane* apenas com o nome de "estefanéforo". 2º Chama-se de estefanéforo uma moeda* que traz no verso a cabeça de uma divindade cercada por uma coroa de folhas. Essas moedas foram cunhadas no século II. As primeiras tetradracmas desse tipo foram cunhadas, pouco antes de 170, pela Confederação de Atena Ílias, cuja sede é em Ílion: no verso, têm a cabeça de Atena cercada por uma coroa e, no reverso, Niceia. Estefanéforos de tipos diversos foram emitidos por várias cidades-Estado da Ásia, como Kyme, Myrina, Magnésia do Meandro e Mileto. Posteriormente, Atenas também emitiu moedas estefanéforas, em 166.

ESTRADAS

Hodós significa, ao mesmo tempo, "estrada" e "rua". Embora as estradas e os caminhos sejam menos fáceis de ser situados do que as vias romanas, parecem formar uma rede densa, que une a cidade* aos vilarejos, os vilarejos vizinhos entre si e que leva às fazendas dispersas. Muitas estradas, incluídas algumas daquelas que passam por fortalezas*, são trilhas por onde só podem passar pessoas a pé e animais de carga; a ladeira pode ser íngreme. Entretanto, certamente as estradas transitáveis são mais numerosas do que se acreditou durante muito tempo. São pouco visíveis porque não são pavimentadas. São transitáveis as estradas que unem a cidade* e os grandes santuários* rurais, como aquela entre Atenas e Elêusis, tomada pela procissão* dos Mistérios e que é acessível aos veículos puxados por mulas. O mesmo se pode dizer das estradas por onde se transportam as produções das pedreiras, que têm trilhos para os carros*: ambos os trilhos, a uma distância de cerca de 1,40 m um do outro, têm de 7 a 10 cm de profundidade por 20 a 22 cm de largura. Além de servir aos viajantes e ao comércio, as estradas transitáveis possuem uma função militar, como a estrada entre Atenas e a fortaleza de Ramnonte ou aquela que vai ao forte de Oinoé. ➢ Porto.

ESTRATEGO

1º Todo comandante do exército é um *strategós*. 2º Magistrado: há colégios de estrategos em inúmeras cidades-Estado gregas. Sua importância e sua função variam muito de uma cidade-Estado para outra. Os mais célebres são os estrategos atenienses. Antes de Clístenes, eles eram quatro, um por tribo*; sob as ordens do polemarco*, comandavam as tropas de sua tribo; não sabemos em que época essa função foi criada. Seu número passa para dez em 501/500: cada estratego comanda os homens de sua tribo. Entretanto, são eleitos pela assembleia do povo, e sua importância aumenta consideravelmente quando, a partir de 487/486, os arcontes* são designados por sorteio*. A extinção dos arcontes em benefício dos estrategos corresponde à necessidade de aumentar a eficácia militar de Atenas na época das guerras* médicas. Uma das principais consequências é que os mais importantes magistrados de Atenas podem, doravante, ser reeleitos. Isso permite uma política mais coerente e mais contínua; o povo pode escolher um *prostátes** e conservá-lo durante um período bastante longo. Com efeito, a estratégia consiste não apenas em comandar o Exército* terrestre e a Marinha* (a partir de então, o povo escolhe entre os dez estrategos um general ou um pequeno número de generais que exercerão o comando em uma campanha). O estratego também intervém perante a assembleia do povo* sobre todas as questões de política externa e interna: o povo elege, ao mesmo tempo, um general, um orador* e um homem de Estado. O estratego reeleito várias vezes seguidas é realmente o chefe da cidade-Estado: foi o caso de Cimon, reeleito ao menos 16 vezes, e de Péricles, reeleito inúmeras vezes, das quais 15 consecutivas. Apesar da ausência de toda condição de recenseamento, os strategos do século V pertencem a famílias aristocráticas e ricas. A partir da guerra do Peloponeso, muitos strategos já não pertencem à antiga aristocracia. Salvo Ifícrates e alguns outros, eles pertencem à elite social. No século IV, os homens completos como Timóteo tornam-se raros, e a maioria dos strategos quase já não tem atividades militares. Ao longo da segunda metade do século IV, surge uma especialização dos strategos: na época da *Constituição de Atenas*, já se distingue o estratego dos hoplitas*, aquele do território (ambos criados antes de 350), os dois strategos que guardam o Pireu e o estratego das simórias*. A importância do estratego dos hoplitas (*strategós epí tá hópla*) não para de crescer na época helenística; os outros strategos veem seu papel declinar e desaparecem já na época imperial. No século V, imitando Atenas, Siracusa adota 15 estrategos. Em outros lugares, os strategos podem ter papel bastante diferente: em Pérgamo, o colégio dos strategos, dos magistrados cívicos designados pelo rei* atálida, propõe todos os decretos* ao Conselho* e à assembleia do povo, e o mesmo se dá com as outras cidades-Estado do reino, como Elaia. 3º Primeiro magistrado de uma Confederação*. A Confederação árcade do século IV tem em seu comando um estratego único, eleito por um ano e reelegível: ao mesmo tempo, ele é chefe dos exércitos* e chefe do Poder Executivo; Licomedes de Mantineia foi o primeiro estratego árcade. As Confederações aqueia, etólia e arcaniana tiveram igualmente em seu comando um estratego; trata-se sempre de personagens muito importantes, como Aratos de Sicíone ou Filopêmen, estrategos da Confederação aqueia. 4º Estrategos dos reinos helenísticos. Na época helenística, o termo estratego designa o comandante de um corpo do exército. Todavia, esse título é igualmente dado ao governador de uma região. O estratego é o representante do rei em um território bastante vasto (satrapia*, nomo etc.). Ao mesmo tempo, é um governador militar e um governador civil. Entre os selêucidas, os estrategos tinham autoridade sobre as tropas de sua satrapia, ainda que as guarnições* locais dependessem diretamente do rei; eram administradores muito importantes, que atuavam como intermediários entre a política régia e as cidades-Estado gregas situadas em seu território e controlavam as terras do rei; entretanto, deviam transigir com outros ramos da administração régia, especialmente o *dioiketés*, responsável pelas finanças*. No Egito ptolemaico, o estratego comanda as tropas estacionadas em seu nomo*, tem competência para tudo o que se refere aos clerucos* e exerce importantes funções judiciárias; deve transigir com o ecônomo do nomo, o agente do *dioiketés* de Alexandria e com o escriba do reino.

ÉTHNOS

O *éthnos* é a comunidade tribal, o povo. Trata-se de um fato arcaico, anterior ao mundo da cidade-Estado (*pólis*). O *éthnos* ocupa uma região onde vive disperso em aldeias abertas (*kómai*), sem fundar cidades e sem designar chefes comuns; a população tem consciência de sua unidade racial. Durante muito tempo, os lócrios, os etólios e os arcanianos formaram simples *éthne*. Em outros lugares, o *éthnos* desapareceu ao longo da época arcaica, evoluindo tanto para a cidade-Estado quanto para uma Confederação*. Na maior parte do tempo, o *éthnos* transformou-se em cidades--Estado: a partir do século VIII, houve na Fócida inúmeras cidades-Estado como Elateia e Crisa. Outros *éthne*, onde a coesão tribal era muito forte, organizaram-se em Confederações: foi o caso do *éthnos* dos etólios, que se tornou um *koinón** no século IV. A divisão em cidades-Estado não impede um povo de permanecer consciente de sua unidade: fazia séculos que já havia cidades-Estado na Fócida quando, em 490, o *éthnos* dos focenses, libertado da Tessália, tornou-se um *koinón*. O caso dos beócios é um pouco diferente em razão da preponderância tebana, mas não por isso eles deixaram de formar um *éthnos*.

EÚTHYNOI ➤ Contas (prestação de).

EVERGETA

Forma aportuguesada do termo grego *euergétes*, que significa "benfeitor". Na época clássica, uma cidade-Estado dá por decreto o título de evergeta a um estrangeiro: ele se inscreve como tal em uma lista oficial. Essa inscrição é semelhante à frequente outorga do título de próxeno*, às vezes daquele do direito de cidadania* potencial (*politeía*). Uma cidade-Estado pode atribuir o título de evergeta a outra cidade-Estado: os milésios conferem esse título ao povo de Cnido, em 283/282. A partir de Alexandre, os reis* das grandes dinastias, considerados benfeitores por natureza e a título hereditário, são aclamados como "evergetas", ao mesmo tempo que a cidade-Estado lhes concede honras excepcionais, erigindo-lhes estátuas ou instaurando um culto: muitas vezes, o rei recebe a *epíklesis* (epíteto) "Evergeta" no culto que lhe é prestado pela cidade-Estado. Entretanto, a cidade-Estado de Atenas concedeu as maiores honras (coroa* de ouro, estátua*, alimentação no pritaneu*, proedria*) a cidadãos que lhe haviam prestado serviços excepcionais, que eram seus benfeitores, seus evergetas. Essas honras foram concedidas no início do século IV a generais imediatamente após sua vitória; mas Atenas decidiu, provavelmente sob Alexandre, que as maiores honras só seriam concedidas mais tarde a seus grandes homens, após seus 60 anos de idade e uma solicitação oficial feita por eles ou por seu herdeiro e segundo um procedimento estrito. A instituição também existiu fora de Atenas. Na baixa época helenística, os grandes cidadãos benfeitores são qualificados não apenas de evergetas, mas também de "salvadores" e "fundadores". Se os grandes evergetas são homens que tiveram papel político, muitos evergetas são simplesmente cidadãos que, com atos de generosidade, gastaram o próprio dinheiro em favor da cidade-Estado ou de um santuário. Distribuíram trigo a preço reduzido, assumiram as despesas de um sacrifício*, de um banquete* público ou de uma competição*, bancaram a restauração de um edifício público ou religioso. Na época helenística, muitas vezes essas despesas são feitas não por uma pessoa isolada, mas por um grupo de cidadãos, aqueles que, por outro lado, devem assumir as liturgias*; estas se inscrevem no âmbito dos projetos da cidade-Estado. Esses benfeitores agem por devoção à cidade-Estado e por gosto do prestígio. Todavia, existem alguns grandes doadores que construíram um monumento com dinheiro próprio, como Menipo de Colofonte, que mandou construir alizares no templo* de Apolo, e, sobretudo, Arquipe de Cime, que reconstruiu às suas expensas o *bouleutérion** (Sala do Conselho) de sua cidade-Estado, aumentado-o. Com efeito, as mulheres evergetas aparecem no século II. Os doadores da época imperial fizeram atos de uma dimensão totalmente diferente. ➢ Evergetismo, Fundação, Ktístes, Orador.

EVERGETISMO

Termo criado pelos modernos a partir da palavra *euergétes*, aportuguesado em evergeta*. Não designa as generosidades do benfeitor, as *euergesíai*. 1º A respeito de um indivíduo, particular ou rei, significa sua atitude em relação à comunidade que se beneficia de suas liberalidades, a linha de conduta que preside a suas doações. 2º Designa um fenômeno histórico em que a elite social se distinguiria do restante do corpo cívico por sua generosidade e, na realidade, governaria a cidade-Estado. Essa questão tornou-se objeto de múltiplos estudos e controvérsias.

EXÉDRA

Chama-se de *exédra* tanto os bancos de pedra instalados ao ar livre e que formam um conjunto monumental, muitas vezes em arco de círculo, quanto uma sala coberta, munida de assentos e situada atrás de um pórtico*. A partir da época helenística, todo ginásio* possui ao menos uma sala coberta desse tipo, que serve como sala de conferências e, muitas vezes, abriga o *témenos** do herói* fundador ou do soberano. O nome *exédra* não implica uma forma definida: desse modo, o *exédra* coberto pode ser tanto um hemiciclo quanto uma sala retangular, com a colunata disposta longitudinalmente.

EXÉRCITO

O termo *stratós* ou *stratópedon* designa um exército que conduz uma campanha ou uma expedição, e não o conjunto das forças que uma cidade-Estado ou uma aliança poderia alinhar, tampouco o conjunto dos contingentes empregados por uma potência em várias frentes. Os exércitos cívicos ou federais são comandados por magistrados cívicos ou federais, os estrategos*, em Atenas, e os beotarcos*, na Confederação beócia. Um exército cívico não é permanente, e os soldados não costumam ser profissionais, embora por toda parte tenha havido, geralmente por pouco tempo, tropas de elite* que eram treinadas à custa do Tesouro público. O caso dos espartanos é particular: antes de tudo, são soldados (embora se ocupem muito mais de suas terras do que já foi dito). Todavia, após as guerras médicas, é necessário falar não mais de um exército espartano, e sim de um exército lacedemônio. Dos 292 lacedemônios feitos prisioneiros em Esfactéria, em 424, apenas 120 são espartanos; os 172 restantes são periecos*. Se os espartanos são formados desde a juventude para o combate, os periecos, cujo número ultrapassa cada vez mais o dos primeiros no exército, à medida que o tempo passa, são gregos que levam uma vida comum. Raramente os cidadãos são mobilizados por um longo período. Nos exércitos terrestres, as levas *pandemeí*, nas quais "o povo inteiro" é mobilizado, são muito numerosas no século IV (o que não implica que haja uma batalha* campal), mas a campanha é curta. Convocam-se tanto os homens de idade mais avançada quanto os jovens: em 424, o ateniense Pirilampo foi ferido em Délion, quando estava mais próximo dos 60 do que dos 50 anos; o filósofo Sócrates também combateu em Délion, quando tinha quase 45 anos. O amálgama dos jovens e dos mais velhos para lutar no exército é um fato importante. O exército é muito diferente, de acordo com o sistema político, econômico e social da cidade-Estado ou da Confederação e de acordo com as características da região. Atenas, uma cidade da Grécia meridional, tem 9.000 homens em Maratona, o que representa um pouco mais de um quarto da população masculina adulta: eles devem proteger não apenas as crianças, as mulheres e os idosos, mas também aqueles homens que não podem pagar o equipamento de hoplita. Esse exército de hoplitas é formado por homens abastados, seja qual for a natureza de sua fortuna. Nas regiões com planícies ricas, que podem alimentar cavalos, como a Tessália ou a Macedônia, frequentemente um exército se compõe de uma forte cavalaria (que pode comportar não apenas os ricos proprietários, mas também homens que estejam entre seus dependentes), à qual sempre se acrescentam, mesmo no século V, tropas ligeiras (*psiloí*), bem como hoplitas. Em 424, em Délion, o exército beócio compreende 1.000 cavaleiros, 7.000 hoplitas e 10.000 *psiloí*. Os habitantes das montanhas, como os etólios e os lócrios, utilizam armas de lançamento pouco dispendiosas e fazem uma guerra que nada tem a ver com a batalha* campal hoplítica: matam de longe, incendeiam, escondem-se, conduzem a guerrilha. A falange* hoplítica não é o único exército da Grécia clássica. Um tipo de exército totalmente diferente é o marítimo. Uma frota de cem trieres* utiliza 18.000 remadores e gajeiros (os homens que fazem a manobra). Na frota ateniense, parte deles é de cidadãos recrutados com base na lista dos homens aptos a preencher esse tipo de serviço, mantido por todo demo*. Fazem parte do exército. Tucídides sempre designa como *stratópedon* a frota ateniense baseada em Samos, em 411, e como *stratiótai* (soldados) os remadores. Além dos homens que vêm das cidades-Estado aliadas, a frota ateniense utiliza os metecos*, que podem ser mobilizados na Marinha* durante a guerra, bem como escravos*. A proporção destes últimos é de menos de 20% no final da guerra do Peloponeso. É um exército que convoca uma proporção mais importante da população masculina adulta e que é mais diversificada no que se refere ao estatuto sociopolítico. As cidades--Estado convocam profissionais assalariados, os mercenários*, para expedições muito distantes (o primeiro exemplo é a utilização, por Esparta, em 424, de 1.000 mercenários de origem peloponense para uma expedição à Calcídica e à Trácia) ou para guerras longas por natureza (em condições de combate, os mercenários de Ifícrates serviram fora do território ateniense por quatro anos, de 393 a 389). Mas esse é um fenômeno marginal. Na Queroneia (338), o exército nacional da Macedônia venceu dois exércitos nacionais, o de Atenas e o de Tebas. ➤ Armamento, Classes etárias, Hippeîs.

EXETASTAÍ ➤ Contas (prestação de).

EXPROPRIAÇÃO

Existe nas cidades-Estado gregas por razões de interesse público. Há uma pressão sobre o proprietário que recebe uma indenização após avaliação dos bens por especialistas.

F

FACHADA

Geralmente, a fachada de um edifício é ornada com colunas*. Sobre estas repousa o entablamento composto da arquitrave*, do friso* e da cornija*. Quando se trata da fachada principal de um monumento ou da fachada menor de um templo*, um frontão triangular domina o conjunto. Figs. 11 e 12.

FALANGE

1º A falange hoplítica é formada de várias fileiras de soldados de infantaria, equipados com armas pesadas (ver Armamento). As fileiras são cerradas, de maneira que cada hoplita* fique protegido pelo escudo de seu vizinho. Na maioria das vezes, a falange é disposta em oito fileiras, mas os tebanos preferem as falanges mais profundas (em Délion, a falange conta com 25 fileiras). Sob pena de derrota, o comprimento da linha de batalha* deve ser, no mínimo, igual ao daquela do adversário. A falange tem por objetivo

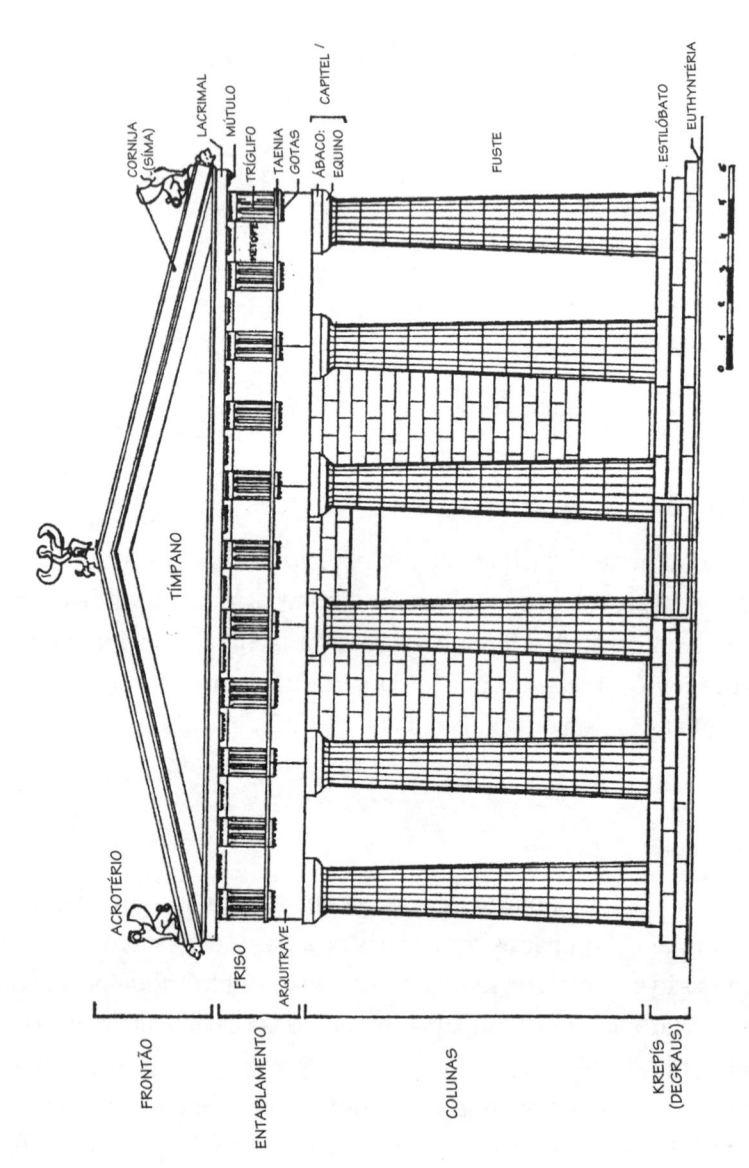

Fig. 11. – Fachada dórica.

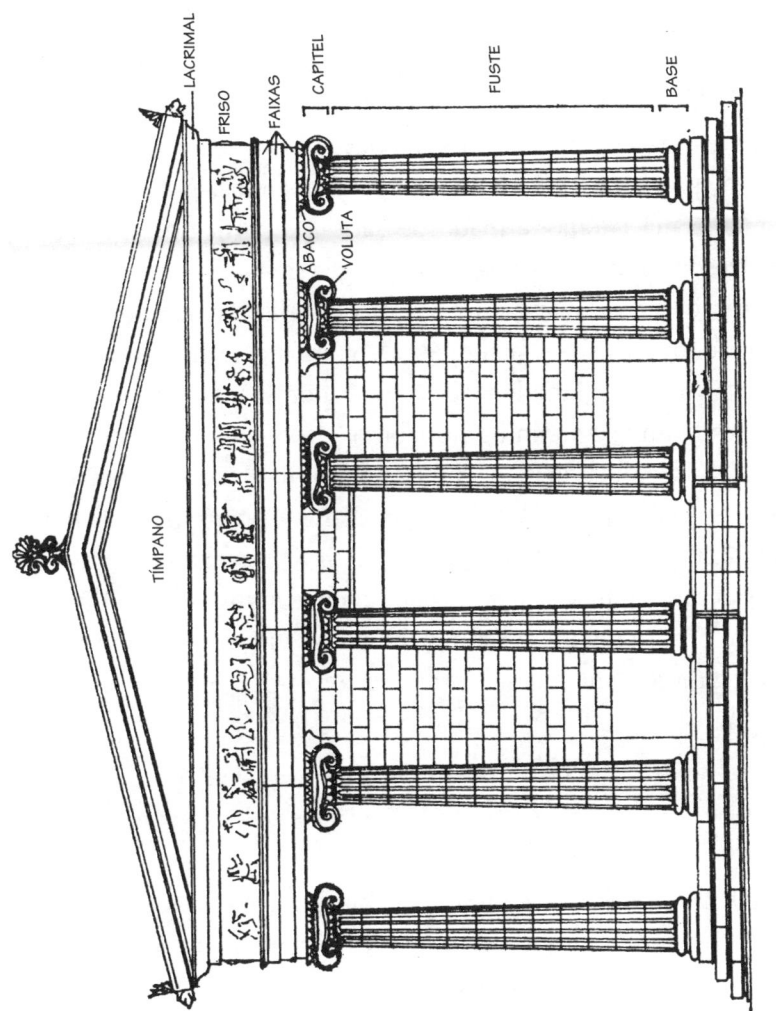

Fig. 12. – Fachada jônica.

principal romper a falange inimiga por pressão física: a segunda fileira e as seguintes empurram os homens da primeira, apoiando-se em suas costas com o escudo. Essa pressão chama-se *othismós*. Um empurrão bem-sucedido desloca a falange adversária. As qualidades exigidas desse tipo de tropa são a disciplina e a solidariedade, uma vez que cada hoplita deve permanecer no lugar (*táxis*) em sua fileira. 2º O termo falange também designa o corpo de infantaria macedônio, armado de sarissa a partir dos anos 338-335. Desde o momento em que a falange armada de sarissa passou a existir, o termo "falange" foi reservado a ela. Os membros da falange de sarissa são os falangitas. No combate, os homens da primeira fileira são alinhados lado a lado, porém, com um intervalo entre cada um; seguram na horizontal a longa e pesada lança de 6,20 m. A segunda fileira é alinhada a um metro da primeira, com as sarissas na horizontal, e assim por diante. A partir da sexta fileira, as sarissas são mantidas na vertical para proteger a falange dos lançamentos efetuados pelas tropas ligeiras inimigas. Esse tipo de falange precisa de um terreno plano para se mover. Foi derrotada pela legião romana em seu primeiro encontro, em Cinoscéfalas, em 197.

FAROL

Desde a mais alta Antiguidade, havia tochas acesas nos promontórios do litoral para indicar a rota aos navios. Mais tarde, construíram-se torres, no topo das quais ardia uma tocha: a maioria foi edificada na entrada dos portos*. Portanto, o farol financiado em Alexandria por Sóstrato de Cnido não é o primeiro do gênero; mas o termo farol vinha do nome da ilha (Faros), na qual foi erigido. Compreendia três andares, sendo o primeiro de planta quadrada e cerca de 70 m de altura, o segundo de planta octogonal e com pelo menos 30 de altura, e o terceiro de planta cilíndrica, com cerca de 9 m. Os andares eram recuados um sobre o outro. No topo ardia uma tocha. Foi destruído por uma série de sismos entre o século IV de nossa era e o século XIV.

FESTA

Toda festa (*heorté*) grega tem um aspecto religioso. É celebrada em honra a uma ou mais divindades e compreende, necessariamente, uma procissão* (*pompé*) e um sacrifício* (*thysía*). Muitas vezes, as festas importantes têm um aspecto agonístico (competições*) e um aspecto comercial (panegíria*). Em cada cidade-Estado e em cada subdivisão da cidade-Estado (o demo* ateniense, por exemplo), existe um calendário* ritual que estabelece a data, a natureza e o local das diferentes festas. Leis sagradas especificam o ritual. Por ocasião de uma festa, todos os participantes usam a coroa* de folhas; segundo as regras, o sacerdote* ou a sacerdotisa tem a coroa sacerdotal. Para as festas cívicas importantes, a lei prevê a suspensão de todas as atividades judiciárias (é o que acontece com as Apatúrias em Atenas) e, às vezes, dispensas às crianças de ir à escola. As comunidades cultuais que celebram a festa são mais ou menos amplas. A menor é a familiar (*oîkos*), que celebra, por exemplo, o sacrifício anual para Zeus *Ktésios*. Quanto às outras comunidades, dependendo da festa, elas se reúnem em massa ou são representadas por alguns responsáveis. Maior do que a familiar é a subdivisão cívica, tal como a fratria*, que todos os anos celebra em grupo a festa das Apatúrias. Muitas festas de demo* deslocam apenas o sacerdote e alguns oficiais. Mais ampla ainda é a comunidade cívica, que celebra inúmeras festas; a festa da principal divindade da cidade-Estado é a maior do ano (por exemplo, a Apolônia em Delos) e geralmente comporta competições, ainda que limitadas se a cidade-Estado for pequena. Mais ampla é a Confederação, com uma grande festa anual, como as *Thérmika*, celebradas em honra a Apolo todo outono pela Confederação etólia, que tinha sua assembleia* federal nessa ocasião. Por ocasião de certas festas, como a que é celebrada a cada quatro anos em Olímpia, em honra a Zeus, a comunidade cultual estende-se virtualmente a todos os gregos, mas o termo "pan-helênico" é uma criação moderna. Uma das características da religião grega é a criação de novas festas e o aumento da magnificência das antigas, tão logo a situação política e financeira o permita. Por conseguinte, o estudo das festas revela grandes tendências históricas. ➤ Ginecônomo.

FIADOR

É obrigatório fornecer fiadores (*engyetaí*) para todo contrato: alforrias*, atas de proxenia* e todos os contratos com cláusulas financeiras (empréstimos*, empresas de obras públicas, contratos de arrendamento* de domínios públicos ou sagrados). Para servir de fiador em um contrato financeiro, é preciso ter uma fortuna suficiente e, sobretudo, propriedades fundiárias. O fiador deve ser aceito (*dokimasía**) pelas autoridades encarregadas da adjudicação*. Ele responde com seus bens à execução do contrato. O fiador de quem pede um empréstimo e fica inadimplente pode ver todos os seus bens vendidos pelas autoridades se os de quem pediu o empréstimo não forem suficientes para pagar a dívida. Do mesmo modo, o fiador de um empresário endossa toda a responsabilidade financeira e penal em caso de inadimplência do adjudicatário.

FIALA

Taça plana, sem haste nem asa.

FINANÇAS

A assembleia* do povo deve deliberar sobre seus recursos (*póroi*). Todo ano ela deve votar, sob a forma de um decreto*, o "regulamento de repartição financeira", a *diátaxis*, que faz com que as despesas (*dapánai*) sejam equilibradas pela receita (*prósodoi*), cuja parte essencial vem dos impostos*. A *diátaxis* foi verificada em inúmeras cidades-Estado, especialmente em Mileto, que possuía magistrados especializados, encarregados da repartição, os *anatáktai*. Em geral, o voto ocorria em data fixa, por volta do fim do ano anterior. Uma parte importante do projeto de orçamento era evidente, pois muitas despesas permaneciam inalteradas de um ano para outro, e a receita oriunda de algumas das taxas (*téle*) traziam somas consideravelmente equivalentes todos os anos. No entanto, a *diátaxis* podia levar em conta, por exemplo, projetos particulares, trabalhos e às vezes até mesmo projetos a longo prazo, para os quais eram criados fundos de reserva. Todavia, a *diátaxis* não podia levar em conta todos os imprevistos. Por um lado, o povo podia decidir por decreto, durante o ano, utilizar somas para outro objeto que não aquele previsto pela *diátaxis*, contanto que efetuasse uma regularização ulterior, o que garantia certa flexibilidade. Em seguida, a assembleia podia, durante o ano, decidir-se pelo recolhimento de uma *eisphorá** para fazer frente a despesas inabituais, sobretudo a guerra. Outras práticas eram possíveis, como os empréstimos* públicos e as subscrições* públicas, que podiam ser utilizados nas situações de urgência, mas também para realizar projetos. E, muitas vezes, as cidades-Estado se beneficiavam da generosidade dos evergetas*, aos quais faziam solicitações ou que contribuíam espontaneamente. ➤ APODECTAS, CONTAS (PRESTAÇÃO DE), FUNDAÇÃO, TESOUREIRO.

FLAUTA ➤ AULO.

FOME

Desconhecida pelos gregos, exceto em caso de cerco*. O que é conhecido é a miséria (*sitodeía*), a insuficiência de cereais*, em geral devido a más condições climáticas (seca) ou à incapacidade de armazenar a colheita em razão de incursões inimigas. ➢ Abastecimento.

FONTE

As fontes comuns são indispensáveis nas cidades* gregas: na maioria delas, poucas casas têm cisterna* ou poço, e os poços públicos não são suficientes. Para os antigos, a beleza de uma cidade* deve-se, em parte, às suas fontes. Diversos ritos exigem que a água seja retirada de uma fonte: em Atenas, a água do banho da noiva deve provir da fonte *Enneákrounos* e, em Teos, da fonte instalada em honra à rainha Laódice; desta fonte também se pega a água dos sacrifícios* oferecidos pelos sacerdotes* e pelas sacerdotisas. As fontes mais simples são bocas aplicadas contra um muro, muitas vezes em forma de cabeça de leão. Geralmente, a água cai em uma bacia, que costuma ser quadrada ou retangular. Com frequência, a fonte se apresenta como um pequeno edifício, com fachada de colunas *in antis*, usualmente jônicas. Pode ser monumental, como a da *agorá* de Magnésia do Meandro. Entretanto, a fonte grega não tem a suntuosidade das ninfeias da época imperial. Em Atenas, vale notar que o *epimeletés* das fontes era designado por eleição. ➢ Epimeletés.

FORTALEZA

1º A construção de fortalezas (*phroúrion*, plural: *phroúria*) e de uma parte das torres (*pýrgos*, plural: *pýrgoi*) vistas no campo responde à preocupação de defesa (*phylaké*) do território (*khóra*); muitas torres são asnas de telhado fortificadas. O caso mais conhecido é o das fortalezas na Ática: algumas foram construídas antes da Guerra do Peloponeso; outras, após a ocupação de Decélia pelos peloponenses; outras ainda no século IV. Algumas protegem a costa, como Oropos, Ramnonte e Sunião; outras protegem as passagens para a Beócia, como Decélia, Phylé, Oinoé ou Eleuteres; no século IV, acrescentaram-se novos fortes para proteger as estradas. Algumas fortalezas são muito importantes, como Ramnonte, na costa diante da ilha Eubeia, com uma muralha de 280 × 180 m, com torres, ou ainda a de Eleuteres, bem aparelhelhada, com doze torres quadradas. Outras são simples fortins. Ver Estradas, Guarnição. 2º Também existiram fortins temporários, como o que estabeleceu o estratego* ptolemaico Patroklos em uma pequena ilha, próxima da Ática, com um entrincheiramento feito às pressas e, no interior, acantonamentos em materiais leves. Trata-se de um *khárax*. Após designar a paliçada em madeira, esse termo tornou-se sinônimo de *phroúrion*.

FRATRIA

"Associação* de irmãos": os termos *phráter* e *phrátor*, que designam o membro da fratria, pertencem à mesma raiz que o latino *frater*, irmão. Em algumas cidades-Estado, como Delfos, a fratria é subdividida em *patriaí**. Não se sabe se, na origem, era uma associação de irmãos pelo sangue ou de vizinhos, camaradas que uniam as necessidades da defesa mútua e a preocupação de celebrar um culto comum. Em Homero, em que o homem sem fratria é um fora da lei, a fratria é uma subdivisão da tribo* e uma das bases da organização militar: na batalha*, os homens são alinhados por tribos e por fratrias. Em Atenas, a lei* de Drácon mostra que, ao final do século VII, ela é, com a pequena família, a base da sociedade: tem o direito de defender os interesses de seus membros perante a justiça da cidade-Estado; reúne, ao mesmo tempo, aristocratas e plebeus. A partir dessa época, uma lei antiga, cuja data ignoramos, prescreve às fratrias que admitam não apenas as associações de *orgeónes*, mas também os *géne**: essas são as subdivisões constitutivas da fratria. Na época clássica, a fratria ateniense é uma unidade cívica e de culto. Em Atenas, cada fratria celebrava, no mesmo dia de outono, a festa* das Apatúrias em honra a Zeus Fratrios e a Atena Fratria. No terceiro dia da festa, o pai biológico apresenta seu filho legítimo, fruto de um matrimônio* por dação, e o pai adotivo, o filho adotado: a apresentação à fratria é a afirmação pelo pai cidadão de que seu filho é seu conforme as leis e que, portanto, ele é cidadão. Em geral, a apresentação se faz por ocasião da primeira festa das Apatúrias, que segue o nascimento ou a adoção, mas pode ser mais tarde. É pela apresentação de seu filho bastardo à fratria que o pai o legitima: assim agiu Péricles em 429, após a autorização do povo. A apresentação à fratria concerne essencialmente aos meninos, mas a lei de algumas fratrias prevê a apresentação das meninas, sobretudo as que são suscetíveis de se tornar *epíkleroi**. O papel da fratria no estado civil dos cidadãos é muito grande. Segundo a lei, o marido devia dar a oferenda da *gamelía* aos membros de sua fratria em vista de um banquete*: eles eram informados da identidade da esposa e da existência de um matrimônio legal. Na maioria das cidades-Estado, a menção da fratria não faz parte do nome* oficial de um indivíduo; todavia, em Argos, uma pessoa geralmente é designada com sua fratria e sua *kóme* (circunscrição de origem territorial). Seja qual for a cidade-Estado, cada fratria tem seus regulamentos particulares, pode promulgar decretos*, possui bens e dignitários: toda fratria ateniense tem em seu comando um fratriarca e um sacerdote*. A fratria de Delfos tem *tagoí*; uma fratria de Quios, um sacerdote, hieropeus e *epimeletaí**.

FRISO

Parte do entablamento que se encontra sobre a arquitrave*. Na ordem dórica, compõe-se de métopas* e tríglifos*. Na ordem jônica, é contínuo: pode ser esculpido ou permanecer liso. ➤ FACHADA.

FRONTÃO

A fachada* principal de um edifício, por exemplo, a fachada menor de um templo*, comporta um frontão sobre o entablamento. O frontão surgiu do teto de duas águas. É constituído por uma parede retangular em recuo, o tímpano; é nu ou decorado com estátuas*; acima dele estão duas cornijas* oblíquas.

FRURARCO ➤ GUARNIÇÃO.

FUNDAÇÃO

1º Ver Colônia, Ktístes. 2º Os gregos conheceram o sistema das fundações perpétuas. O evergeta* doava um capital que devia render (empréstimo hipotecário a juro, investimento fundiário): o desejo do fundador era respeitado graças aos rendimentos anuais. Durante a maior parte do tempo, o fundador confiava a gestão do capital à cidade-Estado, que dele se encarregava através de magistrados. Muitos fundadores queriam assegurar a celebração de uma festa* periódica. Todos os anos, diversas fialas eram consagradas a Delos, graças às fundações: assim, em 239, o delíaco Górgias consagrou 6.730 dracmas a Héstia e, a partir do ano seguinte, vasos foram consagrados à deusa com base na receita desse capital. Reis* fizeram fundações desse tipo. Também foram instauradas fundações para assegurar o salário dos professores das crianças da cidade-Estado: em 204, Eudemo de Mileto fez uma fundação de dez talentos (60.000 dracmas) para assegurar o salário de quatro professores de letras e gramática e de quatro pedótribas*; a fundação escolar de Politrus de Teos levou a cidade-Estado a criar a função de pedônomo*. Na época imperial, as fundações asseguraram o fornecimento de azeite ao ginásio*. ➤ EDUCAÇÃO.

FUNERAL

Os gregos davam grande importância às homenagens fúnebres: pensemos na lenda de Antígona. A lei* só recusa a sepultura a certos criminosos. O vencedor sempre entrega seus mortos ao exército* vencido. Em toda parte, o filho deve aos pais as últimas homenagens. Leis suntuárias restringem o luxo do funeral e a riqueza do luto. Após a toalete fúnebre, ocorre a exposição (*próthesis*): em sua casa, o defunto é deitado em uma cama; vestido e envolvido em uma mortalha, tem o rosto descoberto e traz uma coroa*. É velado por seus familiares, mas também por carpideiras profissionais; todos se entregam às tradicionais manifestações de dor, bem conhecidas graças aos vasos: cabelos desgrenhados e cobertos de cinzas, faces sendo diaceradas, gemidos, cantos fúnebres (*thrênoi*) etc. A lei tenta atenuar o caráter de ostentação e proibir as carpideiras, ou, ao menos, limitar seu número. Os ginecônomos*, quando presentes, vigiam a participação das mulheres nos funerais e seu comportamento. Antes do nascer do sol, faz-se o transporte (*ekphorá*) ao cemitério: o corpo é incinerado ou, na maioria das vezes, sepultado. Depositam-se no túmulo* os objetos familiares do defunto, vasos e joias; quando se trata de crianças, são enterradas com seus brinquedos, sobretudo seus ganizes. Coloca-se uma estela sobre o túmulo; às vezes ela é ornada com um baixo-relevo representando o morto. A lei pode restringir o luxo dos monumentos funerários. Em Atenas, Demétrio de Falera proibiu toda representação figurada nas estelas. Fazem-se libações (*khoaí*) sobre o túmulo; após as purificações, o banquete* fúnebre ocorre na casa mortuária. Em toda parte, os mortos pela pátria recebem um funeral nacional: em Atenas, são enterrados juntos no túmulo público, e um orador* pronuncia seu louvor fúnebre em nome da cidade-Estado. Tende-se a ver neles heróis* que protegem a cidade-Estado além da morte: é o caso, em particular, dos *Agathoí* (Heróis) de Tasos. A partir da baixa época helenística, funerais solenes são consagrados a certos evergetas*: o decreto exorta o povo a participar do cortejo fúnebre, fornece o local da sepultura e presta consolo à família.

G

GÉNOS

1º Parentela. Para receber a herança de um defunto de maneira automática, é preciso estar em seu *génos*, sua parentela: ela engloba todos os seus parentes até os filhos dos primos-irmãos. Se o defunto não tem parentes em seu *génos*, a herança* fica sem herdeiros, a menos que haja um testamento. Muitas vezes, ele é mencionado nas defesas civis. 2º Subdivisão da fratria*. Segundo Filocore, as fratrias deviam aceitar como elementos constitutivos não apenas os grupos de *orgeónes**, mas também os *géne*, cujos membros traziam o nome duplo de *gennetaí* e *homogálaktes*. Discute-se a natureza do *génos* como subdivisão da fratria: ver as duas definições seguintes. 3º Segundo Aristóteles, alguns chamam os membros da aldeia (*kóme*) *homogálaktes*. Um *génos* seria então uma comunidade aldeã, formada por casas aparentadas. Isso implica que o *génos* não é aristocrático por natureza. 4º Família sacerdotal que tem o monopólio de um ou mais sacerdócios. Assim, em Atenas, o *génos* dos Eumólpidas fornece o hierofante de Elêusis, e o dos Eteoboutades que fornece a sacerdotisa* de Atena Polias. 5º Grande família aristocrática: enquanto o termo utilizado para designá-la até o século V é *oikía* (casa), o termo *génos* torna-se corrente a partir do século IV.

GÉRONTES ➢ Conselho de cidade-Estado, Gerousía.

GEROUSÍA

Conselho dos *gérontes** (anciãos). O Conselho do rei homérico é formado por *gérontes*, que estão longe de ser todos homens idosos. A *Gerousía* existe em várias cidades-Estado. Na época arcaica, Élis tinha um conselho de 90 *gérontes*, que pertencia a um número restrito de famílias. Esparta manteve sua *Gerousía* até 227. Esse Conselho comportava 30 membros, os dois reis e 28 membros eleitos para cargos vitalícios entre os espartanos com 60 anos completos: quando um *géron* morria, seu substituto era eleito pela assembleia do povo* (*ekklesía*), que votava por aclamação. Por um lado, se sabemos pouco das outras *Gerousíai* das épocas arcaica e clássica, por outro, temos informações sobre aquela de Esparta. Era a única a poder propor os decretos* que a assembleia devia votar sob a presidência dos éforos*: a assembleia podia sancionar ou rejeitar um projeto da *Gerousía*, mas não podia emendá-lo. A *Gerousía* tinha poderes judiciários. Um rei* podia ser acusado pelos éforos, que geralmente o submetiam a julgamento por um tribunal* constituído por eles próprios e pela *Gerousía*. Esta tinha uma função de primeira importância na vida política espartana, porém, em certos períodos, seu poder foi eclipsado pelos éforos. Como todos os Conselhos aristocráticos, as *Gerousíai* tiveram enorme importância na época imperial.

GINASIARCA

1º Magistrado que dirige um ginásio*. Esse magistrado cívico é um grande personagem. Existe na maioria das cidades-Estado. É responsável pelo estado do ginásio e se ocupa de trabalhos de manutenção e organização. Deve fazer com que o regulamento seja respeitado pelos usuários, pelos pedótribas* e pelas pessoas que ali vão dar cursos ou conferências. É responsável pela vigilância (*epiméleia*) do conjunto de jovens e, particularmente, dos efebos*, que se encontram sob sua autoridade. O ginasiarca deve velar por seu bom comportamento, seus esforços nos exercícios físicos, pela seriedade de sua preparação militar e, eventualmente, por seus estudos intelectuais. Também se preocupa muito com a classe etária seguinte, os *néoi**. Além disso, celebra a festa do deus ou do herói* ao qual o ginásio é consagrado, geralmente os *Hérmaia*. É superior do pedônomo* e um dos magistrados que, na baixa época helenística, fez mais despesas por conta própria no exercício de suas funções: a ginasiarquia torna-se uma magistratura-liturgia*. Frequentemente o ginasiarca oferece ex-votos que ornam o ginásio (estátuas*, hermas etc.). Por ocasião das *Hérmaia*, muitas vezes fornece o vinho para o banquete* e o azeite* para os atletas*. Um ginasiarca rico pode fazer construções ou reparos no edifício que dirige. Pode preocupar-se em desenvolver as capacidades dos jovens instituindo competições* e oferecendo prêmios para os vencedores. Mas a generosidade que mais impressiona seus concidadãos é o fornecimento de azeite para um grupo considerável de usuários e durante um período bastante longo. Já não se trata de uma liturgia, e sim de verdadeiras liberalidades. 2º Em Atenas, chama-se de "ginasiarca" o cidadão encarregado de uma liturgia e que, nas outras cidades-Estado, é conhecido como *lampadárkhes**.

GINÁSIO

O ginásio é um edifício público, destinado ao treinamento esportivo e militar, que os indivíduos realizam nus (*gymnós*). É dirigido por um magistrado da cidade-Estado, o ginasiarca* (*kosmetés**, em Atenas) e construído às expensas da cidade-Estado ou, como o *Ptolemaeîon* de Atenas, por um evergeta* (nesse caso, o rei Ptolomeu III), que o doou à cidade-Estado. Todo ginásio é consagrado a uma divindade ou a um herói*, geralmente Hermes e Héracles, embora outra autoridade possa ser sua proprietária, como, em Atenas, o herói Academo na Academia, e Apolo Liceios no Liceu. Isso implica a celebração de festas anuais, sempre dotadas de competições* esportivas, em geral as *Hérmaia*. Na época arcaica e clássica, os ginásios são sempre situados fora das cidades, na periferia, onde há água e árvores; é o caso dos três ginásios de Atenas, criados na época arcaica. O *drómos*, pista de corrida ao ar livre e com sombra, é o primeiro elemento do ginásio: os ginásios mais antigos constituem-se apenas de um parque e de um *drómos*; durante muito tempo, cidades-Estado pobres ou conservadoras se contentaram com eles. Quando passa a comportar construções, o ginásio tem sempre uma palestra*, que, no início, podia não ser construída em alvenaria, tal como o Liceu ainda no tempo de Platão. A partir do último terço do século IV, a palestra é de pedra. Tem em seu centro um pátio, geralmente quadrado, margeado por pórticos*, na maioria das vezes em todos os lados (peristilo*). Há salas que dão para alguns pórticos. O *apodytérion*, vestiário, era uma sala comum antes da época helenística. O *loutrón* servia para as abluções (com água fria); o *aleiptérion*, para as unções com azeite; o *sphairistérion*, para o jogo de bola; e o *konistérion*, para a luta. Após o desenvolvimento dos *exédrai** (salas abertas por uma colunata que dava para o pórtico e providas de bancos nos outros três lados) na época helenística, a sala mais frequentada pelos usuários deixa de ser o vestiário, e conferências tornam-se possíveis. Existe um local para o responsável (*epistásion*). Alguns ginásios comportam simplesmente a palestra e um *drómos*. Na época helenística, os ginásios são construídos dentro das cidades, o que coloca o problema da pista de corrida, necessariamente com um estádio* de comprimento. A partir do século IV, surge a pista de corrida coberta: ela pode ser uma galeria ou um pórtico. Em alguns ginásios, como os de Anfípolis ou de Pérgamo, a articulação da palestra e das pistas é nítida; em outros casos, um edifício que, no entanto, é chamado de "ginásio", como o de Delos no século III, não possui pista de corrida; o estádio*, muito distante, deve permitir esse treinamento, quando, em princípio, é reservado às competições. Conforme demonstra a importância do fornecimento de azeite* para os usuários, a principal função do ginásio, em todas as épocas, é o treinamento esportivo e militar dos efebos e dos *néoi* (jovens que acabaram de sair da efebia*) de estatuto livre, quer se trate de se manter apto a guerrear, de praticar esporte por prazer ou de se preparar para competições às vezes de nível internacional. Os pedótribas* são os professores de esporte; os *epistátes* treinam os atletas que vão competir. As meninas são excluídas do ginásio. Os meninos, *paîdes*, treinam esporte em uma palestra* (edifício diferente do ginásio), privado ou público, quando existente. No entanto, algumas cidades-Estado não têm palestras e, por conseguinte, os meninos vão ao ginásio, o que cria grandes problemas de coexistência: as cidades-Estado vigiam cuidadosamente para que os *paîdes* não sejam abordados pelos usuários mais velhos e estabelecem horários estritos a uns e aos outros; o fato é bem conhecido em Beroia, na Macedônia. Nenhum ginásio jamais abrigou ensino intelectual destinado às crianças, mesmo quando um evergeta instaurou uma fundação escolar. No ginásio, conferencistas de passagem, rétores*, filósofos, médicos* etc., bem como poetas e músicos em turnê podem dirigir-se a um público masculino que já tenha saído da infância; têm autorização para tanto, e até mesmo são

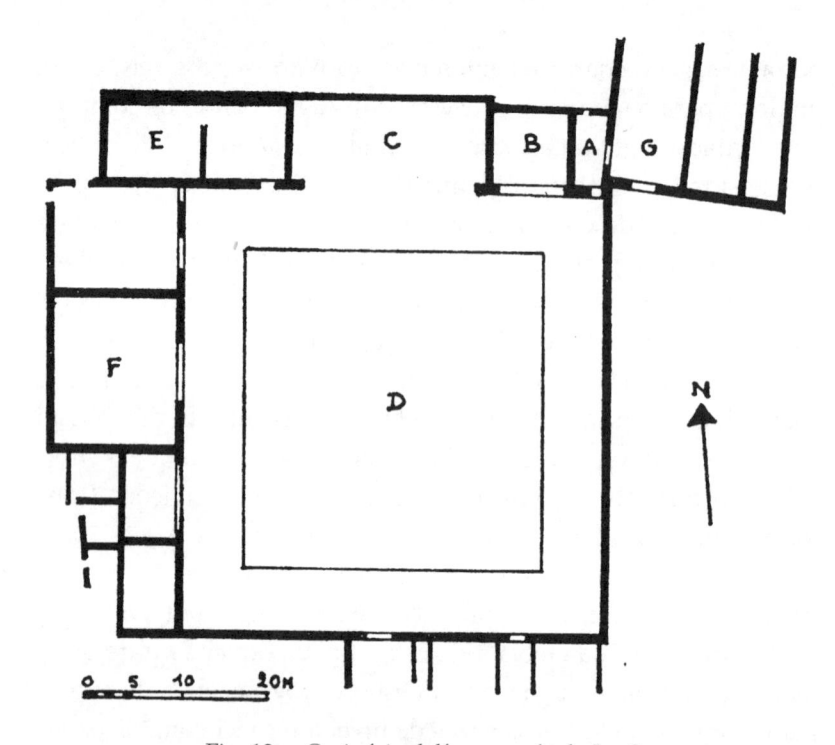

Fig. 13. – O ginásio delíaco no século I a.C.
A. Vestíbulo do *xystós*. – B. *Exédra*. – C. Grande *exédra*. – D. Pátio. – E. Loutrón. – F. *Apodytérion*. – G. *Xystós*.
Segundo Ph. Bruneau e J. Ducat. *Guide de Délos*. Paris, De Boccard, 1966, p. 128.

convidados pelo ginasiarca; a cidade-Estado (ou o ginasiarca, por generosidade) pode pagar-lhes honorários. Às vezes, um professor se estabelece por um período limitado ou longo, sempre com a permissão do ginasiarca e respeitando as leis relativas ao local, tal como Aristóteles que instalou sua escola* no Liceu de Atenas. Na época helenística, os ginásios de Atenas abrigam não apenas as escolas da Academia e do Liceu, mas também outros professores de letras ou de filosofia, que dão cursos regulares, sem esquecer os conferencistas de passagem. Isso explica o fato de bibliotecas* terem sido criadas nos ginásios, como em Rodes e em Atenas. Na época helenística, encontram-se ginásios em todo o mundo grego e helenizado, até Ai-Khanoun, no Afeganistão. ➢ ATLETA, CLASSES ETÁRIAS, EDUCAÇÃO, EFEBIA. Fig. 13.

GINECEU

Raramente é mencionado nos documentos escritos e não aparece nos restos arqueológicos. 1º Em Delos, um ateliê*, chamado de *gynaikonîtis*, pertence a Apolo e é alugado; pelo menos durante uma época, serviu para trabalhadoras, certamente escravas*; ignora-se sua especialidade. 2º Xenofonte fala de uma *gynaikonîtis* que, em uma residência rica, é o dormitório de mulheres escravas; ele recomenda fechá-lo a chave para evitar relações sexuais com os homens escravos e o nascimento de filhos. 3º Do ponto de vista de um marido, Lísias descreve uma pequena casa constituída de dois andares semelhantes: um é o *andronîtis*, e o outro, a *gynaikonîtis*. Esta última é o local onde dormem sua esposa, seu bebê e sua escrava. Trata-se, provavelmente, do que uma mulher chama de *thálamos* (termo usual), ou seja, o quarto da dona da casa, que também é o quarto conjugal. Conforme mostram todos os textos, a mulher grega não fica confinada nesse cômodo. 4º As outras menções ao "gineceu" dizem respeito a palácios*; é, sobretudo, a sala de audiências de uma rainha ou de uma grande dama.

GINECÔNOMO

Magistrado que controla o bom comportamento das mulheres (*gyné*, plural: *gynaîkes*) quando elas aparecem em público. Vigia, sobretudo, as cerimônias religiosas. Escolhe as moças que, em grupo, cumprem uma função em um rito, salvo raras exceções (em Teos, tal como os rapazes, elas são escolhidas pelo pedônomo*).

Por ocasião das celebrações reservadas às mulheres, sua presença às portas do santuário* impede qualquer intrusão masculina, sobretudo se houver uma vigília noturna (*pannykhís*). Em uma festa* grande que atraia as multidões, ele cuida para que as vestimentas das mulheres e das moças que desfilam na procissão* estejam de acordo com a lei sagrada e para que seu comportamento seja correto e reservado, mas não possui uma função religiosa. Intervém igualmente nas celebrações familiares que invadem o domínio público. Quanto aos funerais*, faz com que as leis suntuárias (que concernem tanto aos homens quanto às mulheres) sejam respeitadas, bem como aquelas que restringem as manifestações (femininas) de dor e, especialmente, as lacerações rituais. Também intervém por ocasião do banquete* de matrimônio*, cujo eventual luxo seja visível da vizinhança: em Atenas, ele pode entrar na casa para verificar se o número de convidados não é superior àquele autorizado pela lei*. Antes de tudo, é um guardião da moderação e da discrição. Sua função não é típica de um regime aristocrático, como durante muito tempo se acreditou: ela existe em cidades-Estado de todo tipo.

GORGÓNEION ➢ Égide.

GRAPHÉ ➢ Ação na justiça.

GRAPHÉ PARÁ NÓMON ➢ Lei.

GUARNIÇÃO

As cidades-Estado gregas instalam guarnições nos fortes que protegem seu território. Dependendo do caso, essas guarnições (*phrourá*) são formadas por cidadãos e mercenários*: no século IV, os jovens atenienses passam o segundo ano de sua efebia* em guarnições nas fortalezas* da fronteira. Quando uma cidade-Estado absorve outra cidade-Estado por *sympoliteía**, ela lhe envia uma guarnição para manter em ordem sua fortaleza e velar pela segurança do território: após sua *sympoliteía*, Mileto enviou a Pidasa um frurarco (chefe de guarnição). As medidas tomadas por Teos ao absorver Kyrbissos nos permitem conhecer melhor esses frurarcos das cidades-Estado. O frurarco enviado para o forte de Kyrbissos tem sob suas ordens ao menos vinte soldados, que recebem de Alexandre uma dracma cada um como soldo diário; em caso de desordem ou desobediência, ele pode suprimir esse soldo. Além disso, o forte dispõe de três cães comprados pelas cidades-Estado, mas que o frurarco deve alimentar. O frurarco recebe um soldo de quatro dracmas por dia e deve ter, no mínimo, trinta anos. Um frurarco ambicioso podia representar um grave perigo para a cidade-Estado a ser protegida por ele: Teos, por medo da tirania, estipula que o frurarco não pode permanecer na função por mais de quatro meses e prevê penas severas caso ele não se comporte como cidadão que respeita as leis*. Algumas vezes, a *sympoliteía* foi imposta à cidade-Estado mais fraca: nesse caso, a guarnição em seu forte assemelha-se muito a uma tropa de ocupação. Para toda cidade-Estado grega, a presença de uma guarnição estrangeira em seu território é uma injúria grave à sua independência e à sua autonomia. Entretanto, muitas cidades-Estado sofreram esse ultraje. O vencedor impõe uma guarnição ao vencido: após Queroneia, uma guarnição macedônia ocupa Cadmeia de Tebas. A potência que tem a hegemonia* não hesita em instalar uma guarnição no território de seus aliados e súditos. No século V houve um frurarco ateniense em Éritras, e harmostas* foram instalados por Esparta em múltiplas cidades-Estado de seu império no final do século V e início do século IV; assim, a carta da segunda liga ateniense (377) estipulava que nenhum membro receberia guarnição de ocupação em seu território. Na época helenística, os soberanos impuseram às cidades-Estado subjugadas guarnições que ocupavam alguns pontos de seu território (acrópoles*, fortins de fronteiras). Na própria Atenas, houve quase permanentemente guarnições até 229: ficavam instaladas nas fortalezas de *Mouseîon*, de Muníquia etc. Criaram-se vínculos complexos entre a guarnição ocupante e a cidade-Estado a ela submetida. Sob Demétrio Poliorcetes, em Atenas, os comandantes de guarnição, escolhidos pelo rei, geralmente são cidadãos atenienses: às vezes, a própria guarnição compreende, ao mesmo tempo, um corpo de mercenários comandados pelo *xenagós*; um frurarco como Dicaiarcos, cidadão ateniense e oficial assoldadado de Demétrio II, recebe as honras do panegírico e da coroa após um decreto promulgado pelos cidadãos do demo de Ramnonte e pelos soldados da guarnição, que eram cidadãos e mercenários; alguns desses mercenários receberam o título de *pároikoi* (➤ METECO).

GUERRA ➤ ARMAMENTO, BATALHA, CERCO, CLERUCO, EFEBIA, ESTRATEGO, EXÉRCITO, FALANGE, FORTALEZA, GUARNIÇÃO, HARMOSTA, HIPARCO, HIPPEÎS, HOPLITA, MARINHA, MÉDICO, MERCENÁRIO, MURALHAS, PEÃ, PIRATARIA, PRISIONEIROS DE GUERRA, REI, TRIERARQUIA, TRIERE, TROFÉU, XÉNOS.

H
h

HÁBITAT

1º Hábitat urbano: ver Casa e Cidade. 2º Hábitat dos proprietários de terras. Parte deles mora na cidade, seja porque seu domínio é pouco distante (os gregos caminhavam mais do que o homem moderno), seja porque o território rural (*khóra*) é pequeno. Por outro lado, existem aldeias (*kómai*) e propriedades agrícolas isoladas: as prospecções de superfície, geralmente chamadas de *surveys*, mostraram que, em alguns territórios cívicos como o de Tasos, havia na *khóra* hábitats ao mesmo tempo agrupados e dispersos. Essas questões suscitam debates sobre a demografia, a repartição da propriedade fundiária e a estrutura social. ➢ HILOTAS.

HARMOSTA

Oficial lacedemônio que, na maioria das vezes, comanda uma guarnição* em uma cidade-Estado estrangeira. Os primeiros foram criados durante a guerra do Peloponeso. A esfera de ação de alguns deles é uma região bastante vasta.

HECTÊMORO

Antes das reformas de Sólon, alguns camponeses atenienses são hectêmoros. Muito endividados e incapazes de liquidar suas dívidas, todo ano são obrigados a pagar a seu credor um sexto do produto de sua terra. Não são escravos* (*doûloi*), mas assim se tornam, eles e sua família, caso não paguem o tributo. Eles são *pelátai*, uma espécie de clientes. Os hectêmoros interessam muito aos autores modernos, na medida em que seu estatuto é intermediário entre a cidadania e a escravidão: essa instituição arcaica, que os atenienses do século IV já não compreendem muito bem, desaparece graças às reformas de Sólon. Por outro lado, os estudiosos se interrogam a respeito da situação jurídica da terra dos hectêmoros. O hectêmoro ocupa e cultiva sua terra ancestral, mas essa terra é "escrava"; marcos* são instalados nos campos; no entanto, é anacrônico falar de hipoteca. Enquanto mantinha seu estatuto, o hectêmoro conservava sua terra. Com a *seisákhtheia*, Sólon libertou os hectêmoros e suas terras do "fardo" que pesava sobre eles.

HEGEMONIA

Trata-se de um termo técnico: tem-se hegemonia quando se é portador do título de *hegemón*. Não há alianças* no mundo grego sem que o tratado* especifique a cidade-Estado que exercerá a hegemonia. A cidade-Estado *hegemón* terá a direção das operações militares, e é um de seus magistrados que comandará o exército* aliado no campo de batalha*. Por exemplo, o tratado de aliança entre Atenas e Esparta, em 369, previa que as duas cidades-Estado seriam *hegemón* alternadamente, durante cinco anos cada uma. Quando uma aliança une várias potências e uma cidade-Estado exerce a hegemonia de maneira permanente e exclusiva, os modernos falam às vezes de liga. A hegemonia é indispensável em uma aliança, e mesmo os gregos mais apaixonados pela liberdade não criticavam a hegemonia permanente. Criticavam o imperialismo que às vezes surgia quando a cidade-Estado *hegemón* tornava-se tirana* e a aliança (*symmakhía**) tornava-se império (*arkhé**).

HELANÓDICES

Literalmente, "juízes dos gregos". Em Olímpia, são dez eleatas que inscrevem os competidores nas categorias etárias e concedem a vitória. Na época imperial, estão presentes nas inúmeras competições* chamadas de Olímpia.

HELIAÍA

1º Instituição ateniense criada por Sólon, em 594. É uma corte de justiça competente em caso de *éphesis*, termo que designa a transferência de um caso judiciário de uma jurisdição a outra, se uma das partes apelar; não é possível se o caso for julgado em primeira instância por um magistrado, e não pelo Areópago*. 2º A partir da reforma de Efialtes, em 462/461, é estabelecida, provavelmente de modo progressivo, uma pluralidade de tribunais* populares, os *dikastéria*, que julgam em primeira instância. Todos os juízes desses tribunais são chamados de heliastas*, termo que deriva de *heliaía*. Entretanto, um dos tribunais conservou o nome de *Heliaía*; é o mais importante de todos e aquele que pode agrupar o maior número de juízes (1.500 ou até 2.500). É praticamente garantido que a *Heliaía* tivesse sede em um edifício situado na *agorá**, mas essa suposição não foi identificada com certeza.

HELIASTAS

"Membros da *Heliaía**." Em Atenas, chamam-se heliastas os juízes que presidem um tribunal* popular, seja ele qual for. A eles se recorre nas defesas, chamando-os de "juízes" (*dikastaí*). No total, são seis mil. São designados por sorteio* entre os cidadãos com trinta anos completos. Após sua designação, prestam o juramento* dos heliastas (*hórkos heliastikós*). Na época de Aristóteles, a cada dia são distribuídos de maneira diferente pelos diversos tribunais* (*dikastéria*), graças a um sistema complexo de sorteio. Os juízes recebem uma compensação pela função, o *misthós* heliastikós*.

HELLENITAMÓS

Etimologicamente, *hellenitamós* significa "tesoureiro dos gregos". Esse era o título dos tesoureiros* da aliança* ateniense no século V. Tal cargo foi criado junto com a aliança. Desde sua origem, era reservado aos cidadãos atenienses. Os *hellenotamíai* eram dez e cumpriam sua função durante um ano. Como os tesoureiros de Atena, talvez devessem pertencer à classe dos pentacosiomedimnos*; é possível que tenham sido designados por eleição. Tinham a função de receber, sob o controle da *Boulé**, o tributo* pago pelos aliados de Atenas e de registrar esses pagamentos; sob a vigilância dos inspetores, pagavam ao tesouro de Atena a sexagésima parte da soma total a título de *aparkhé* (parte arrecadada e oferecida à divindade) e mantinham uma lista desses pagamentos. Possuímos várias dessas listas que os *hellenotamíai* estabeleceram e mandaram gravar. Tinham a guarda do dinheiro recebido e o repartiam de acordo com as leis* e os decretos* do povo.

HERANÇA

Entre os gregos, o sistema de redistribuição dos bens não exclui nenhum descendente em linha direta, sejam eles meninas ou meninos, filhos mais novos ou mais velhos. Entretanto, existem diferenças importantes entre as cidades-Estado. Comecemos por Atenas e pelas cidades-Estado semelhantes a ela. Um ateniense não pode deserdar seus filhos legítimos. Havendo filhos ou descendentes dos filhos, as filhas não recebem herança. Todos os filhos herdam partes iguais, uma vez que não existe morgadio, o que implica uma divisão do patrimônio a cada geração. Por ocasião de seu matrimônio*, toda filha recebe de seu pai ou de seu irmão um dote* que é um substituto da herança; todas as irmãs têm um dote igual. Se, com a morte do pai, uma filha não tem irmão nem descendente de um irmão e se ela própria não tem filhos, a seu matrimônio cabem certas obrigações particulares em algumas cidades--Estado: em Atenas e Túrioi, ela é *epíkleros**, mas esse estatuto está longe de existir em todas as cidades-Estado e, em geral, as filhas sem irmão dividem a herança em partes iguais. Em outros tipos de cidade-Estado, as filhas com irmãos têm sobre a herança direitos que não se limitam a um dote. Em Gortina, em Creta, a lei* prevê a parte do patrimônio que o pai deve transmitir a suas filhas. Elas não têm nenhum direito sobre as casas da cidade nem sobre o gado, mas o têm sobre os bens vivos, as colheitas, as joias e os móveis; quanto à parte do patrimônio sobre a qual uma filha tem direitos, ela recebe apenas a metade da parte de um menino. O pai pode, segundo sua vontade, dar-lhe parte de sua futura herança sob forma de dote, cabendo-lhe o saldo com sua morte. O homem sem descendentes diretos pode criar um por adoção*: a pessoa adotada pode ser um menino ou uma menina. No mundo grego, a regra é a separação dos bens entre os cônjuges e, em muitas cidades-Estado, a esposa não recebe herança de seu marido. Entretanto, a prática das arras esponsalícias (bem do marido que, com sua morte, é destinado à sua esposa) existe em diversas regiões, como em Gortina, nas cidades-Estado da Itália meridional e no Egito. As arras esponsalícias são instituídas por um testamento feito pelo marido, inclusive quando há descendência direta. O testamento é praticado, sobretudo, em caso de ausência de herdeiros diretos. No mundo grego, o parentesco existe em linha masculina e em linha feminina, sendo que a primeira prevalece em relação à segunda. Em Atenas, um homem que morre sem ter feito testamento e sem descendência direta tem por herdeiros seus irmãos agnatícios (de mesmo pai) e os filhos destes, depois suas irmãs agnatícias e os filhos destas, seus tios paternos, seus primos-irmãos patrilineares e os filhos destes, depois suas tias paternas e seus primos-irmãos cruzados e seus respectivos filhos; na ausência destes, a herança cabe a seus parentes maternos seguindo a mesma ordem, a começar pelos irmãos de mesma mãe. Se o indivíduo não tiver descendência direta, pode fazer um testamento e escolher seus herdeiros. O direito de fazer testamento foi dado aos atenienses por uma lei de Sólon no início do século VI, e aos espartanos, no século IV (lei de Epitadeus). Só conhecemos os testamentos atenienses através dos textos literários. A presença de testemunhas era essencial; o testamento era confiado a uma particular ou a um magistrado. Testamentos feitos pelos gregos do Egito são conhecidos graças aos papiros. Os testamentos gravados em pedra são raros: geralmente, trata-se de doações (bens fundiários ou dinheiro) a um santuário ou a uma cidade-Estado. Um testamento pode compreender um inventário dos bens, os legados, as fundações de toda sorte, a designação de tutores dos herdeiros menores de idade, uma adoção póstuma, alforrias* de escravos*, a nomeação de executores testamentários etc. Em toda parte, os bens sem herdeiros tornam-se propriedade da cidade-Estado e, no Egito, do rei.

HERMA

Cabeça do deus Hermes, de barba, sobre um pilar quadrangular, que comporta em sua face anterior um sexo masculino em ereção. As hermas em pilares, consagradas por particulares ou magistrados, eram muito numerosas em Atenas na época clássica na entrada das casas e em locais diversos, como na *agorá**. Muito mais tarde, colocou-se sobre pilares a cabeça de outros deuses além de Hermes e até retratos humanos.

HERÓI

Um herói é um ser humano que, após sua morte, exerce um poder sobrenatural, mantido pelo culto que lhe é prestado. Frequentemente, é um personagem que, durante a vida, manifestou dons particulares ou realizou uma ação excepcional, quer se trate do fundador da cidade-Estado, como Battos em Cirene, quer do autor do sinecismo, como Teseu em Atenas, de soldados mortos pela pátria, como os *Agathoí* de Tasos, quer ainda de uma vítima do destino, como Édipo. Muitas vezes são personagens lendários, mas nem por isso deixam de ser criados: Teógenes, herói de Tasos, era um atleta* do século V. O culto heroico visa preservar além--túmulo os poderes excepcionais do herói, que tem um santuário* (*herôion*), como Hipólito, em Trezena. As pessoas oram por ele e celebram sacrifícios* em sua honra; sobretudo seu túmulo é um lugar de culto. De fato, o herói tem apenas um poder local, limitado no espaço, e é de seu túmulo que irradia sua influência. O herói é solidário com o solo onde repousa: na peça de Sófocles, Édipo escolhe repousar na Ática e proteger essa terra, apesar das reivindicações dos tebanos. Os heróis trazem fertilidade, afastam os inimigos e os agressores. Muitos heróis são conhecidos apenas em uma aldeia. Alguns, ao contrário, após uma longa evolução, receberam o nome de *theós* (deus): é o que acontece com Asclépio, que, no entanto, tem seu túmulo* na *Thólos* de Epidauro. Os heróis são extremamente numerosos. Há mais santuários dedicados aos heróis do que aqueles consagrados aos deuses. Na época imperial, a heroização dos defuntos tornou-se comum.

HETAÎROI

Os *hetaîroi* de um homem importante são seus "Companheiros". Trata-se de uma instituição presente nos poemas de Homero. Os *hetaîroi* de um herói têm a mesma idade que ele; são seus camaradas de combate. Esse companheirismo guerreiro cria fortes vínculos: tal como os pais, os *hetaîroi* devem vingar a morte de um dos seus. Na Macedônia, os *hetaîroi* do rei* são aristocratas que formam sua guarda e combatem a cavalo por ele; em contrapartida, recebem terras e privilégios; existem vínculos pessoais entre o rei e a cavalaria dos Companheiros. Filipe II criou os *Pez(h)étairoi*, os companheiros a pé, que constituíam uma infantaria. Nos meios aristocráticos das cidades-Estado, um chefe podia criar uma heteria* reunindo homens de sua idade, muitas vezes com um objetivo político: foi o que, segundo Heródoto, fez Cílon ao tentar tomar a Acrópole* de Atenas na segunda metade do século VII. Essa instituição perdurou em Atenas no fim do século V: a respeito da destruição sacrílega das hermas*, em 415, Andócides fala de seus *hetaîroi*, e sabemos que as heterias aristocráticas desempenharam papel considerável na derrubada da democracia, em 411 e em 404. Algumas heterias deviam estar menos implicadas na luta política e constituir grupos de sociabilidade na elite, que se reuniam especialmente por ocasião dos banquetes*.

HETERIA

1º Ver *hetaîroi*. 2º Subdivisão elementar do corpo cívico nas cidades-Estado cretenses. Em Gortina, o pai adotivo deve dar à sua heteria uma vítima e uma bilha de vinho*, manifestamente para o banquete*; o *apétairos*, homem sem heteria, é um excluído.

HIERODULO

Escravo* consagrado a um deus. Os *hieródouloi* cumpriam as tarefas mais diversas nos santuários* aos quais pertenciam. Em alguns santuários de Afrodite, havia cortesãs* sagradas.

HIEROFANTE

"Aquele que mostra as *hierá*, as coisas sagradas." Esse é o título do mais importante dignitário dos Mistérios* de Elêusis: pertence à família sacerdotal dos Eumólpidas.

HIEROMNÉMONES e HIEROMNÁMONES

Magistrados religiosos, encarregados de zelar pelos interesses materiais do culto. 1º Esses magistrados existiam em inúmeras cidades-Estado. Em Epidauro, dois *hieromnámones* eram encarregados de vigiar a construção do Afrodision. Em Tasos, o *hieromnémon* desempenha em relação aos rendimentos sagrados a mesma função que o apodecta* quanto aos rendimentos da cidade-Estado: embora cada santuário tenha renda própria e as contas* de gestão permaneçam independentes, o *hieromnémon* controla a totalidade dos fundos sagrados e os reparte de acordo com os decretos* do povo e com os regulamentos particulares de cada santuário. Em

Bizâncio, o *hieromnémon* é epônimo* da cidade-Estado. 2º Membros do conselho anfictiônico em Delfos (➤ ANFICTIONIA).

HIERÔNICO ➤ ATLETA.

HIEROPEU

Segundo a etimologia, os hieropeus procedem às cerimônias sagradas: assim, em Atenas, um colégio de dez hieropeus celebra os sacrifícios* ordenados pelos oráculos*. Porém, nas inscrições*, os hieropeus aparecem, sobretudo, como administradores dos bens de um santuário*. Os mais conhecidos são os de Delos, que definem sua magistratura (*arkhé*) como uma *dioíkesis*, um cargo administrativo. Inicialmente, esses magistrados eleitos são responsáveis por conservar as oferendas consagradas às diversas divindades honradas em Delos; devem fazer o inventário de todas as oferendas e de todos os objetos conservados nos templos* e nos depósitos. Além de tesoureiros* do deus Apolo, são cobradores e pagadores. Administram o banco* de empréstimo que funciona com fundos sagrados. Guardam a caixa pública depositada no santuário e são encarregados da manutenção dos santuários e dos monumentos sagrados; têm a incumbência de mandar realizar os trabalhos de construção e de reparo decididos pelo povo. Administram os bens de Apolo, domínios fundiários (*témene*) e casas. São administradores com atribuições importantes e complexas, que os ocupam totalmente durante um ano: isso explica por que o colégio que, quando completo, era constituído de quatro membros, na maioria das vezes reduzia-se a dois: faltavam voluntários.

HILOTAS

São dependentes na Lacônia. Não são livres e pertencem a um senhor (*despótes*), mas a cidade-Estado de Esparta tem direitos sobre eles: apenas ela pode libertá-los; tem o direito de recrutá-los para o exército*, e a lei* proíbe que sejam vendidos fora do território. Trata-se de uma mão dependente que se reproduz. Vivem em famílias, agrupados em um lugarejo ou até em aldeias maiores, o que lhes permite levar uma vida comunitária relativamente autônoma e facilita os matrimônios*; existe um direito da família (dotes*, heranças* etc.). As famílias trabalham a terra de seu senhor; o trabalho em família possibilita o recrutamento dos homens em idade de ir para a guerra; os hilotas devem pagar a seu senhor uma parte de suas colheitas, mas não temos elementos que permitam defini-la; seu bem-estar ou sua pobreza dependem da extensão e da fertilidade do domínio que exploram. Hilotas deixavam o campo para ir à cidade servir seu senhor ou a família deste: são os *oikétai*, servidores. Uma mulher vai para a casa da cidade fazer os serviços de fiar e tecer ou é ama de leite; um jovem vive junto de um dos filhos da família, do qual ele é, ao mesmo tempo, servidor e companheiro; um adulto acompanha seu senhor nas refeições* comuns ou lhe serve de valete quando ele parte para a guerra. Em uma expedição, os hilotas, em sua maioria, são combatentes armados de maneira sumária. Em 479, teria havido em Plateias, segundo Heródoto, sete hilotas para cada espartano. Na guerra do Peloponeso, puderam ser recrutados como hoplitas*, e os da expedição vitoriosa de Brásidas foram libertados.
➢ Armamento, Escravos.

HIMÁTION ➢ Vestimentas.

HINO

Oração* em forma de poema, cantada ou declamada solenemente por um coro*. Comporta, ao mesmo tempo, uma invocação e um elogio. Nos hinos declamados, como aqueles ditos "homéricos", o essencial é o elogio: trata-se de uma narração, às vezes bastante longa, das proezas e graças da divindade. Nos hinos cantados, geralmente a invocação é mais desenvolvida, com uma enumeração dos nomes e das qualidades do deus que se transforma em litanias nos hinos órficos; o elemento narrativo é reduzido. A execução do hino tradicional, às vezes com vários séculos de existência, era um elemento fundamental de certas cerimônias. Porém, muitas vezes, hinos novos eram encomendados para a festa*: o poeta Calímaco escreveu muitos. Algumas festas comportavam uma competição* de hinos, nas quais se recompensava o poeta ou o coro. Os gregos conheceram outros cantos rituais, como o *peã**.

HIPARCA

Comandante de cavalaria. Há hiparcas na maioria das cidades-Estado gregas: em Atenas, são dois, designados por eleição, que comandam a cavalaria, assim como os estrategos* comandam a infantaria. Os hiparcas eram personagens muito importantes em duas regiões célebres por seus cavalos: a Beócia e a Tessália. O segundo personagem de uma Confederação* frequentemente tem o título de hiparca; é o caso da Confederação aqueia, em que o hiparca é o adjunto do estratego. ➤ Hippeîs.

HIPOTECA

Conhecemos bem a hipoteca na Ática, no século IV, graças aos marcos* hipotecários e às defesas dos oradores*; em Tenos, graças a um registro do final do mesmo século; em Delos, graças às rubricas das contas* relativas aos empréstimos* do santuário de Apolo, que datam dos séculos III e II. A hipoteca consiste em garantir um empréstimo* sobre uma propriedade fundiária ou imobiliária: terreno (*khoríon*), casa* (*oikía*), ateliê (*ergastérion*). A operação sempre é feita perante testemunhas*; o contrato é conservado por um terceiro. O juro costuma ser de 12%. A duração do empréstimo é sempre limitada, geralmente de um ano. O empréstimo hipotecário tem duas funções: serve para pessoas abastadas ou ricas, que não possuem dinheiro em espécie ou devem fazer despesas excepcionais (dote*, liturgia*, pagamento de resgate). Também permite realizar negócios, quer se trate de especulações em uma sociedade rural, como em Tenos, ou de operações econômicas, quer se queira desenvolver uma empresa agrícola ou artesanal, ou ainda realizar uma operação especulativa. Distinguem-se a hipoteca simples (*hypothéke*), a venda sob condição de resgate liberatório (*prâsis epí lýsei*) e o *apotímema*. Na hipoteca simples, os bens dados em garantia têm valor bem superior à soma emprestada. Dois terços das hipotecas conhecidas em razão dos marcos e todas aquelas registradas pela inscrição* de Tenos são *prâsis epí lýsei*: um vendedor (devedor) vende a um comprador (credor) um bem fundiário ou imobiliário com a condição de resgatá-lo ao reembolsar o preço da venda (soma emprestada); enquanto durar o empréstimo, o "vendedor" conserva o usufruto do bem. Em Tenos, na metade dos casos, os empréstimos são consentidos por mulheres casadas que fazem transações sobre bens recebidos em dote ou herdados, ou por moças cujo pai ou cujo irmão investe as somas destinadas a seu dote* no mercado hipotecário. *Apotímema* significa "garantia estimada". Os gregos utilizam dois procedimentos para proteger o dote* da mulher, sobretudo o dinheiro em espécie. O primeiro, conhecido apenas pelos atenienses, é o *apotimema*: ao receber o dote, o marido fornece bens fundiários e imobiliários precisos e identificados, cujo valor foi estimado como sendo igual ao do dote, e que servem de garantia; o marido não pode vender nem hipotecar esses bens retirados do mercado enquanto durar o matrimônio*; um marco colocado no bem informa ao público seu estatuto; o *apotimema* dotal concerne apenas aos meios ricos, em que são dados dotes elevados. O segundo procedimento, conhecido em algumas ilhas do Egeu e no Egito, é a hipoteca geral, que se aplica a todos: a totalidade dos bens fundiários e imobiliários pertencente ao marido garante o dote da esposa; a alienação permanece impossível durante a vida conjugal, mas o marido deve obter o consentimento de sua mulher (em algumas sociedades, assistida por um homem de sua própria família). Na Ática, outro tipo de *apotímema* diz respeito aos bens dos órfãos menores.

HIPPEÎS

Os *hippeîs* são, ao mesmo tempo, guerreiros a cavalo (cavaleiros) e membros de uma classe social (cavalheiros). O cavalo é não apenas um instrumento de guerra, mas também a prova de que seu dono pertence a uma classe social: apenas os ricos têm condições de possuir, alimentar, manter e adestrar cavalos. Isso explica por que, em 594, Sólon chamou a segunda das quatro classes censitárias* atenienses de *hippeîs*. Os *hippeîs* solonianos não têm o monopólio do serviço na cavalaria, tampouco todos servem: a primeira classe, a dos pentecosiomedimnos*, tem tantos direitos e deveres nesse domínio quanto a dos *hippeîs*, e a idade e a aptidão física são critérios de base para o recrutamento. ➢ Exército, Armamento.

HOMOPOLITEÍA ➢ Sympoliteía.

HONRAS ➤ Decreto honorífico, Evergeta.

HOPLITA

Soldado de infantaria com armas pesadas. Ver Armamento, Batalha, Exército, Falange.

HOPLITÓDROMO

Atleta que participa da prova de corrida armada em uma competição* gímnica. Frequentemente chamado apenas de "hoplita*".

HOSPITALIDADE ➤ Amizade ritual.

HÝBRIS

"Desmesura." Na época arcaica, essa noção ocupa um lugar considerável no pensamento moral e religioso. A *hýbris*, desmesura arrogante daquele que esquece a condição humana, é o erro por excelência; é sempre punida duramente. Para Sólon, no início do século VI, o homem bem-sucedido e feliz experimenta a presunção (*kóros*) que se transforma em *hýbris*; esta se manifesta em atos, palavras ou pensamentos; sempre suscita o ciúme (*phtónos*) dos deuses, que punem duramente o culpado. Para Ésquilo, no início do século V, a *hýbris* acarreta a *áte*, o descaminho, ao mesmo tempo estado moral e punição divina: o culpado é, então, autor de sua própria ruína. Heródoto e Eurípides ainda concedem um lugar importante à *hýbris*; após o século V, ela tem apenas importância limitada à história dos indivíduos e das cidades-Estado.

I

IDADE ➤ Classes etárias, Efebia.

IMPOSTOS

Os impostos arrecadados pelas cidades-Estado gregas pertencem a duas categorias, as taxas (*téle*) e a *eisphorá**: as liturgias* não são arrecadações feitas pela cidade-Estado. Esta encontra nos impostos que arrecada o essencial de sua renda (*prósodoi*), embora Tasos, no início do século V, não arrecadasse taxas sobre os produtos agrícolas porque o rendimento de suas minas* lhe era suficiente. O equilíbrio entre as taxas e a *eisphorá* varia de acordo com a situação econômica, política e conjuntural das cidades-Estado. Em sua maioria, as taxas são recolhidas por cobradores de impostos designados por adjudicação*, os *telónai*, o que garante à cidade-Estado receitas regulares, mas algumas são recebidas diretamente. Para as cidades-Estado dotadas de porto, como Atenas ou, em escala bem menor, Delos, muitas vezes as taxas sobre o comércio com o exterior produzem o essencial de seus rendimentos regulares. Cidadãos e estrangeiros pagam a Atenas a *pentekosté*, a taxa do quinquagésimo, recebida na entrada e na saída das mercadorias no *empórion**. A taxa é recebida não quando um navio mercante entra no porto, mas quando a mercadoria é desembarcada no *empórion**: em Kiparíssia, o mercador deve então declarar aos *pentekostológoi*, arrecadadores da *pentekosté*, o valor das mercadorias e pagar-lhes a taxa; as mercadorias são novamente submetidas à taxa antes de serem carregadas para serem exportadas ou reexportadas. O imposto do quinquagésimo rende tanto para Atenas que existe na cidade-Estado uma associação de cobradores de impostos (*telónai*) com um chefe (*arkhónes*). Existem diversas outras taxas portuárias, como a do cabrestante ou a da sirgagem. Muitas cidades-Estado vivem de outros tipos de taxas. Inicialmente, taxas sobre a atividade econômica na cidade-Estado. Um acordo entre Teos, na Jônia, e uma pequena comunidade vizinha permite-nos conhecer toda uma série de taxas desse tipo, taxas sobre os bovinos (bois destinados aos sacrifícios e ao matadouro, bois utilizados na aragem e no transporte de cargas pesadas), sobre os carneiros e as cabras, sobre os porcos, taxas sobre as atrelagens que transportam os bois e sobre os escravos* lenhadores, taxas sobre a fabricação de mantos de lã milésia (de qualidade excepcional), taxas sobre as hortas e as colmeias: principalmente nesse caso específico, trata-se de taxas sobre a criação de animais, mas as cidades-Estado podiam taxar a produção agrícola. Em Delos, a cidade-Estado recebe (além da *pentekosté* sobre o comércio exterior) uma taxa de um décimo sobre os aluguéis de imóveis, uma taxa sobre a pesca e outra de um décimo sobre as vendas de trigo, além da taxa adicional sobre as vendas: trata-se de taxar principalmente as transações dentro da cidade-Estado. Portanto, o sistema fiscal das cidades-Estado é múltiplo. As isenções fiscais, muito raras no domínio do comércio exterior, respondem a objetivos econômicos e políticos. ➤ Atelia, Isótele.

IMPRECAÇÃO

A imprecação (*ará*) tem duas funções. Ora é uma pena que atinge um culpado (sacrílego, traidor, assassino, filho indigno etc.), ora é uma ameaça que protege a lei* contra o delinquente eventual, o juramento* contra o perjúrio, o túmulo contra aquele que violava as vontades do defunto. Diferentemente da oração, a *ará* não comporta uma invocação aos deuses: a palavra (*lógos*) tem, por si própria, um poder que pode ser aumentado pelo caráter daquele que a profere. Conforme mostra a lenda dos filhos de Édipo, a maldição de um pai é algo terrível. Muitas vezes, as imprecações políticas são proferidas por magistrados ou sacerdotes*. Na maioria dos juramentos*, a imprecação é simples e rápida. Às vezes, a fórmula é muito mais desenvolvida: para o culpado real ou eventual, a terra deve deixar de dar frutos, o gado deve tornar-se estéril, as mulheres devem dar à luz monstros, e ele próprio, sua família e sua raça devem ser aniquilados etc. São, sobretudo, os textos relativos às leis, os juramentos e as inscrições* funerárias que nos permitem conhecer essas fórmulas. ➢ Magia, Túmulo.

INSCRIÇÕES

No mundo grego, as inscrições não desempenhavam a função de nossos cartazes nem a de nossos arquivos*. Diferentemente das tabuletas de madeira pintadas de branco que os gregos expunham temporariamente à maneira dos cartazes atuais, as inscrições eram destinadas a durar: eram "monumentos" que as pessoas queriam transmitir à posteridade. Os gregos tinham arquivos*: era pela preocupação em divulgar informações que transcreviam em pedra a totalidade ou parte dos documentos públicos ou privados. Nem todos os decretos* eram gravados em uma estela; se as cidades-Estado ordenassem a transcrição em pedra de muitos decretos honoríficos era porque queriam garantir os privilégios concedidos, suscitar a emulação e mostrar que sabiam ser gratas. As inscrições gregas são muito variadas: encontram-se não apenas decretos de todo tipo, mas também tratados*, cartas régias*, leis*, contratos, dedicatórias, epitáfios etc. Possuímos centenas de milhares de inscrições gregas e estamos sempre descobrindo outras: graças a elas, nosso conhecimento do mundo grego evolui constantemente. As inscrições completam e esclarecem as narrações dos historiadores antigos sobre a história relativa a um acontecimento. São nossa única fonte, ou quase, em relação à história das instituições de outras cidades-Estado além de Atenas. Quanto à história econômica e social, as inscrições são insubstituíveis, quer se trate de contratos de arrendamento*, de contas*, inventários*, marcos de hipoteca*, documentos de alforria*, quer de decretos sobre uma fundação ou uma doação. Os regulamentos religiosos, os calèndários* dos sacrifícios, os hinos* gravados e os ex-votos permitem que conheçamos melhor o ritual e a vida dos santuários*. Muito se aprende sobre a vida privada, a sociedade e a mentalidade das pessoas com as inscrições funerárias, a lista dos vencedores nas competições agonísticas, os decretos para os médicos, os atletas*, os atores*, os músicos, os conferencistas etc.

INSPETOR ➤ Contas (prestação de).

INSTRUMENTOS AGRÍCOLAS

Os instrumentos agrícolas pouco evoluíram entre os gregos durante a Antiguidade. Em uma pequena propriedade, a parte em madeira dos instrumentos podia ser fabricada no local, mas sempre se era obrigado a comprar os elementos de metal com o ferreiro. O arado, composto de uma rabiça, de um timão e uma rabela, ao qual são presos o timão e a relha, era de madeira com uma relha de ferro; não permitia arar profundamente a terra; abria o solo sem revolvê-lo; geralmente era puxado por uma junta de bois ou mulas. Portanto, a pesada enxada de dois dentes, a *díkella*, que valia entre duas e três dracmas na época clássica, era indispensável, bem como o alvião. O sacho era necessário durante o período de crescimento dos cereais*, o período em que tudo estava em jogo. Como ainda não se conhecia a foice, a colheita era feita com o foicinho (*drepáne*), que valia cinco dracmas na Atenas clássica. Depois de prontos os feixes, eles eram levados para a eira; animais caminhando em círculos faziam a debulha; após o joeiramento feito com a pá de joeirar, um instrumento de madeira, o grão era conservado em *píthoi*, grandes jarros, que, no final do século V em Atenas, valiam de 31 a 51 dracmas cada um. As mós e, mais tarde, o moinho rotativo inamovível não eram instrumentos ligados à produção agrícola, e sim ao consumo: serviam para fornecer farinha para cozinhar. O vinhateiro precisava de tanchões (*khárax*) e de sachos para a poda das videiras e para a vindima; as prensas para vinho* se encontravam na cidade quando a produção era reduzida, como em Delos, ou nos vinhedos, quando a produção era importante, como em Tasos. Geralmente, as azeitonas eram espremidas em tinas (*lenós*) por homens que usavam sandálias de madeira. As primeiras mós verticais para a produção de azeite* foram utilizadas na Grécia na primeira metade do século IV. O instrumental agrícola não custava caro, à diferença dos animais utilizados para a aragem e a debulha e dos eventuais escravos* que faziam a colheita, vindimavam e recolhiam as azeitonas. ➢ AGRICULTURA, CRIAÇÃO DE GADO.

INTRODUTORES

Os *eisagogeís* são cinco magistrados judiciários atenienses, designados por sorteio*. Introduzem os casos a serem julgados nos meses, em particular os casos financeiros (empréstimos comerciais, casos de dote* etc.) e aqueles de trierarquia*.

INVENTÁRIO

Os gregos faziam inventários com regularidade, sobretudo no que se refere ao tesouro dos santuários*. Há dois tipos de inventário. A *parádosis* é um inventário descritivo dos objetos estabelecidos pelos administradores que passam a assumir o cargo perante aqueles que o estão deixando: eles mencionam os objetos, uns após os outros, de acordo com a ordem topográfica, com uma descrição breve do objeto e de seu peso. A *parádosis* é um processo verbal em que os novos magistrados assumem sua responsabilidade e o colégio anterior é liberado dela; é o tipo de inventário praticado pelos hieropeus* do santuário* de Delos durante o período de independência. O *exetasmós* é um inventário de controle realizado por autoridades superiores ou por uma comissão* extraordinária; geralmente visa descrever o estado atual da coleção e da classe e os objetos por categorias; opta-se por um *exetasmós* quando houve irregularidades na gestão, como ocorreu com a Calcoteca de Atenas, em 353/352, ou em caso de mudança de regime, como no santuário de Delos, quando a ilha passou para o domínio ateniense, em 166.

ISONOMIA

Igualdade perante a lei*. Não é um ideal próprio da democracia: existe uma isonomia aristocrática.

ISOPOLITEÍA

Privilégio concedido por uma cidade-Estado a outra, segundo o qual os cidadãos da primeira nela recebem o direito potencial de cidadania. Ambas as cidades-Estado permanecem distintas e conservam suas instituições, mas os cidadãos da primeira, instalados na segunda, nela desfrutam de alguns direitos. O direito de cidadania* só é concedido efetivamente àqueles que o solicitam de maneira expressa e se inscrevem nas subdivisões da cidade-Estado, mas o direito de possuir terras e casas (*énktesis* *gês kaí oikías*) e a isotelia* ou a atelia* geralmente são concedidos a todos. Esse privilégio costuma ser recíproco: assim, ao final do século III e no início do século II, por diversas convenções bilaterais, cidades-Estado de Creta se concederam mutuamente *isopoliteía* e epigamia*.

ISÓTELE

Estrangeiro que goza da igualdade com os cidadãos no que se refere a impostos* (*téle*). Com frequência, têm obrigações militares semelhantes às dos cidadãos. Seu estatuto é um privilégio concedido pela cidade-Estado: às vezes se vangloriam desse fato em suas estelas funerárias, orgulhosos de um estatuto pessoal que os distingue dos simples metecos*.

J

JOGOS

1º Termo impróprio para designar as competições*. 2º As crianças tinham brinquedos de toda sorte: pequenas carroças de terracota, bonecas, bolas, aros, piões, ganizes etc. Segundo o mito, os Titãs atraíram Dioniso, ainda criança, com brinquedos: um cone, um pião, ganizes, um espelho. Foram encontrados ganizes em muitos túmulos* de crianças e meninas. Muitas brincadeiras são as mesmas de hoje: pula-sela, balanço, amarelinha. Os gregos também conheciam os jogos de azar, como o jogo de dados, o jogo do ganso e o gamão. Os jogos de salão não eram ignorados: nos banquetes*, às vezes tentava-se adivinhar o nome de uma pessoa ou coisa; o cótabo consistia em lançar as últimas gotas de vinho de uma taça em uma vasilha, invocando o nome da pessoa amada: acertar o alvo era um presságio favorável. Os gregos também adoravam a briga de galos.

JÔNICA (ORDEM) ➤ Coluna.

JUÍZES ➤ Heliastas, Juízes estrangeiros, Tribunais.

JUÍZES ESTRANGEIROS

Acontecia de uma cidade-Estado pedir a outra estrangeira que lhe enviasse juízes para resolver casos em litígio. Recorria-se ao estrangeiro apenas em caso de crise grave: os conflitos entre as pessoas em processo, sobretudo entre credores e devedores, eram acirrados; não se confiava muito na imparcialidade dos juízes locais, os processos se acumulavam e a justiça se paralisava. Essa instituição era desconhecida antes de Alexandre. As primeiras cidades-Estado que recorreram a juízes estrangeiros situavam-se no arquipélago do mar Egeu ou na costa asiática: no final do século IV, com o intuito de restabelecer a ordem e a concórdia, reis* convidavam algumas cidades-Estado a se dirigirem a outras para liquidar os processos. Foi apenas ao longo do século III que os juízes estrangeiros apareceram na Grécia continental. Nem Atenas nem Rodes utilizaram juízes estrangeiros. A instituição ainda existia na época imperial. Geralmente, os juízes eram acompanhados por um secretário. Muitas vezes acontecia de a cidade-Estado apelar para várias outras cidades-Estado: Samos mandou resolver seus casos mediante um tribunal* composto de juízes vindos de Mileto, Mindos e Halicarnasso. Depois que os juízes cumpriam sua missão, a cidade-Estado promulgava em favor deles um decreto* honorífico: são conhecidos mais de duzentos textos desse tipo. Segundo as inscrições*, os juízes tentavam levar os adversários à conciliação (*sýllysis*); quando fracassavam, pronunciavam uma sentença (*krísis*); sempre eram elogiados por sua equidade.

JURAMENTO

O juramento (*hórkos*) é um compromisso em que se invocam divindades como testemunhas*: todo perjúrio seria uma ofensa a elas. As divindades mais invocadas são Zeus, Gê e Hélios, mas cada cidade-Estado tem sua fórmula oficial. Em Atenas, costuma--se jurar por Zeus, Apolo e Deméter; os efebos* atenienses tomam como testemunhas de seu juramento divindades guerreiras (Ênio, Eníale, Ares e Atena Areia, Hegemoné, Héracles), Héstia, bem como os marcos da pátria, o trigo, a cevada, as vinhas, as olivas e os figos. Pode-se prestar juramento em qualquer lugar. Os juramentos solenes são pronunciados em um santuário*, após um sacrifício*; jura-se em pé, com os olhos voltados para o céu, tocando as carnes queimadas dos animais sacrificados; é proibido consumir essas vítimas. Com muita frequência, o juramento é seguido de uma imprecação*, que às vezes se reduz à fórmula seguinte: "Se eu for fiel a meu juramento, que me aconteçam muitas coisas boas; se eu perjurar, o contrário." O juramento tem um lugar considerável na civilização grega. É praticado em todas as associações*: *thíasoi**, fratrias*, heterias* etc. Na justiça, o juramento é uma prova, quer se trate daquele das partes ou daquele das testemunhas. Na vida internacional, é o elemento fundamental do tratado*. Um tratado não é assinado, mas jurado: por ocasião da aliança* com Quios, em 384, Atenas envia cinco embaixadores para receber o juramento dos magistrados de Quios, enquanto a *Boulé**, os estrategos* e os taxiarcos* prestam juramento em nome de Atenas diante dos enviados da cidade-Estado aliada. Os juramentos cívicos são inúmeros. São obrigados a prestar juramento, ao entrar no cargo, os magistrados, os *bouleutaí* e os juízes; pouco depois do início de seu serviço, os efebos atenienses prestam um juramento ao mesmo tempo cívico e militar no santuário de Aglauros; os *demótai** prestam juramento antes de votar sobre a admissão dos novos efebos etc. Por ocasião da *homopoliteía** entre Cós e Kalymnos (que submete esta última à dependência de Cós) no século III, todos os cidadãos devem jurar permanecer fiéis ao regime democrático, às leis*, aos regulamentos da *homopoliteía*, à aliança com

Ptolomeu; conservar em sua integridade o território de Cós, aumentando-o, se possível; cumprir da melhor maneira seus deveres de juízes, eleitores etc. Trata-se de um acontecimento extraordinário, que fez com que toda a população decidisse prestar esse juramento. O mesmo se deu em todas as cidades-Estado após uma mudança de regime: em Atenas, após a revolução de 411, a população teve de prestar juramento de obediência à democracia e, após a de 404, um juramento de anistia.

K
k

KALÓS KAGATHÓS

Significa "bonito física e moralmente". Em geral, a beleza corporal é concebida como o complemento e o reflexo da nobreza moral. Essa fórmula da época clássica define o ideal grego. ➤ Areté, Qualidades.

KATÓPTAI ➤ Contas (prestação de).

KAUSÍA ➤ Penteado.

KHÁRAX ➤ Fortaleza.

KHITÓN ➤ Vestimentas.

KLÊROS

Etimologicamente, significa "lote atribuído pela sorte". 1º Lote de terra. Quando uma colônia* é fundada, divide-se o território rural devoluto à propriedade* fundiária em *klêroi*. Os clerucos* recebem lotes de terra, quer se trate de clerúquias atenienses, quer do Egito ptolemaico. Segundo uma lenda atribuída a uma miragem, os espartanos teriam recebido, originariamente, um *klêros* igual. 2º Patrimônio, herança*. O termo que designa o herdeiro é *klerónomos*.

KÓME

1º Aldeia, burgo não cercado por muralhas (➤ ÉTHNOS, SINECISMO). 2º Subdivisão territorial de uma cidade-Estado: em Argos, por exemplo, o nome oficial de um cidadão comporta a menção de sua fratria e de sua *kóme*.

KOSMETÉS

Magistrado ateniense encarregado da disciplina e da boa ordem dos efebos. É eleito por voto* à mão levantada entre os melhores cidadãos com pelo menos 40 anos; seu atributo é o bastão (*lýgos*); até o século III, é assistido pelos sofronistas*.

KÓSMOS

Magistrados supremos das cidades-Estado de Creta. São dez no tempo de Aristóteles. Seu poder estende-se às questões militares e civis. É uma instituição aristocrática, mas os *kósmoi* permanecem os principais magistrados na época democrática.

KOÛROS e KÓRE

Na língua grega corrente, um *koûros* é um menino, e uma *kóre*, uma menina, uma moça (uma deusa tem o nome de *Kóre*, a Moça). Os modernos chamam de *koûros* uma estátua* de rapaz nu, em pé e imóvel, que data do século VI. A estátua, muitas vezes maior que a estatura humana, não tem nenhum atributo particular, tanto que não se pode dizer se representa um deus (Apolo?) ou um ser humano. Entretanto, algumas dessas estátuas são certamente funerárias. Os modernos chamam de *kóre* a estátua de uma moça vestida, em pé e imóvel, no início vestindo o *péplos*, depois sobretudo o *khitón* e a *himátion*. A maioria foi encontrada em uma fossa na Acrópole de Atenas; as *kórai* atenienses datam de um período situado entre a instituição das Grandes Panateneias, em 566, e as guerras médicas; certamente, são jovens atenienses que cumpriram uma função religiosa. ➤ Vestimentas.

KÝRIOS

Um homem age como *kýrios* quando assiste, na qualidade de representante legal, uma pessoa, seja ela menor de idade ou mulher, que realiza pessoalmente um ato jurídico sem ter a capacidade plena para fazê-lo. Nem sempre a pessoa que intervém como *kýrios* é a mesma: uma mulher toma um empréstimo, compra ou empresta tendo seu marido como representante legal, mas a mesma mulher dá seu consentimento a seu marido, que toma um empréstimo com base em seus próprios bens, tendo como representante legal um de seus parentes, que pode ser o irmão ou outra pessoa. Ser *kýrios* não é um estado, e sim uma função desempenhada por um homem por ocasião de atos jurídicos pontuais. *Kýrios* não significa "tutor", que é chamado de *epítropo*; apenas os menores órfãos possuem *epítropoi*. Nenhuma mulher adulta (o que implica que ela é ou foi casada) tem *epítropo*.

L

LAMPADÁRKHES ➤ LAMPADODROMIA.

LAMPADODROMIA

Prova de corrida em equipes com estafetas, sendo o bastão um archote aceso (*lampás*). É praticada pelos efebos e pelos *néoi**. O treinamento e a manutenção da equipe geralmente dependem de um cidadão encarregado de uma liturgia, o *lampadárkhes*. ➤ CLASSES ETÁRIAS, GINASIARCA.

LAMPARINAS

A iluminação nas casas é feita por lamparinas a óleo; na Grécia, trata-se do azeite* de oliva. Embora se conheçam lamparinas de metal (as de bronze são objetos de luxo), a usual é de cerâmica*. É modelada à mão, do início da época arcaica até o início do século V. O torno é utilizado do século VI ao século I. As primeiras lamparinas moldadas surgem no século III. A forma variou. As primeiras eram taças abertas. Depois, surgiu uma borda que fechava parcialmente a abertura superior, o bico ficou maior, e uma alça permitia que se carregasse a lamparina. No século III, a parte superior da lamparina era fechada, e o bico, bastante alongado. Algumas lamparinas possuíam vários bicos.

LEI

A palavra que designa a lei varia segundo os lugares. É *rhétra* (que, muitas vezes, se aplica em outras localidades a um acordo entre duas cidades-Estado ou a um contrato entre uma cidade--Estado e um particular) em Esparta e Quios; *thesmós*, com sua variante *tethmós*, em Atenas (na lei de Drácon sobre o homicídio), na Lócrida, por volta do final do século VI (onde se especifica que essa lei, *tethmós*, será sagrada perante Apolo Pítio), na Tessália e talvez em Atrax, por volta de 475 (de onde o título é *tethmós* do povo); *nómion* em Naupacto e entre os lócrios hipocnemídios, por volta de 460-450, e *nómos* em Gytheion, na Lacônia, no início do século V, em Halicarnasso no primeiro quarto do século V, em Éritras pouco antes de 450, em Tégea antes de 450, e em Atenas na época clássica. O termo *nómos* impõe-se por toda parte no século IV e na época helenística. Significa "o que partilhamos", "o costume". Os teóricos políticos do século IV opõem a lei ao decreto* (*pséphisma*): a lei é considerada superior ao decreto e de aplicação mais generalizada. O conjunto das leis de uma cidade-Estado forma a base dessa cidade-Estado, criando seus costumes e sua alma; Heráclito teve ocasião de dizer que um cidadão deve combater pelas leis de sua cidade-Estado tanto quanto por suas muralhas*. A lei é durável sem ser intangível, pois pode ser modificada; o decreto, ao contrário, é uma decisão provocada pelas circunstâncias;

deve sempre estar de acordo com as leis existentes. Em Atenas, a *graphé pará nómon*, verificada pela primeira vez em 415, mas certamente mais antiga, é uma ação* na justiça que todo cidadão pode intentar contra qualquer pessoa que proponha um decreto contrário a uma lei: é uma instituição que protege a democracia. Em outras cidades-Estado, geralmente aristocráticas, magistrados especiais, *nomophýlakes**, *thesmophýlakes* ou *teoros**, são encarregados de velar pelo respeito às leis fundamentais. Entretanto, quer se trate de estabelecer uma lei ou um decreto, geralmente o procedimento é o mesmo: é a *ekklesía** ateniense que votou as leis de Clístenes, em 508/507, e a de Péricles sobre a cidadania, em 451/450. Somente depois do restabelecimento da democracia, em 403, é que apareceu em Atenas, com a criação dos nomótetas*, um procedimento particular para instituir ou revogar as leis. Com efeito, no século IV, os atenienses se esforçaram para distinguir nitidamente as leis que eles queriam que se tornassem permanentes e gerais dos decretos que tratavam de fatos particulares; distinções nítidas, de tipo institucional, existem em outras cidades-Estado, como Megalópolis, Magnésia do Meandro e Cnido no final do século III, todas com a instituição dos *nomográphos**. Em muitas cidades-Estado existem leis não escritas: em Atenas, a primeira lei escrita foi a de Drácon (por volta de 620) e, a partir de 403, nenhuma lei não escrita (*ágraphos*) pode ser invocada. Possuímos inúmeras leis gravadas em pedra. Em geral, os textos indicam apenas as disposições, sem especificar o processo legislativo nem os motivos. Algumas são muito longas, como as célebres leis de Gortina; outras se reduzem a uma única cláusula. Embora nenhuma cidade-Estado jamais tenha redigido uma Constituição no sentido moderno do termo, existem leis constitucionais, como a de Quios sobre o controle dos magistrados ou as leis de Gortina e de Dreros, em Creta, contra a iteração do cargo de *kósmos**. As leis sagradas e gravadas que chegaram até nós são extremamente numerosas. As leis de Gortina estabelecem os direitos das pessoas pertencentes a cada classe sociopolítica, as regras sobre os matrimônios*, os divórcios, as heranças*, as partilhas relativas às sucessões, as adoções*, as penas merecidas para os diversos crimes e delitos. Provavelmente, com as regras sagradas, o direito penal foi o que suscitou a maioria das leis: grande parte das leis penais atenienses é conhecida pelos discursos dos oradores*.

LÉSKHE

Edifício de reuniões, cujo exemplo mais célebre é a Léskhe dos cnídios no santuário* de Delfos.

LIBAÇÃO

1º A libação (*spondé*) consiste em verter um pouco de líquido. Para fazer uma libação, o indivíduo se levanta e, em pé, com a taça na mão, os olhos voltados para o céu, asperge algumas gotas de líquido. Em seguida, diz uma oração, com as mãos estendidas para o céu, e depois bebe. Em geral, o líquido é uma mistura de água e vinho*. Fazem-se libações em todos os lugares, e, dependendo do caso, o líquido cai sobre um altar* ou no chão. O indivíduo que se encontra sujo não pode fazer uma libação. Não há refeição sem libação: esta é feita após a refeição sólida e antes do *sympósion* propriamente dito (➤ BANQUETE): trata-se de uma marca de deferência aos deuses. A libação também tem papel apotropaico: visa atrair a benevolência dos deuses em todas as situações difíceis. Tem uma função propiciatória: faz-se uma libação antes de um combate ou de uma viagem*. Por fim, ela consagra a trégua* ou o tratado* de paz: não há tratado sem libação, e o termo que designa o tratado é *spondaí* (literalmente, as libações). 2º As *khoaí* são libações feitas sobre o túmulo*: o líquido inteiro é vertido e ninguém o bebe. Geralmente, trata-se de água.

LIGA ➤ ALIANÇA, HEGEMONIA.

LIMENARCAS

Magistrados encarregados de administrar o porto (*limén*), de vigiá-lo e receber as taxas* portuárias (*elliménia*). Em Téspias, esses magistrados são chamados de limenarcas (comandantes de porto); em Caristos, de *limenofýlax* (vigilantes de porto); no Bósforo, de *ellimenistaí* (fiscais alfandegários do porto).

LIRA

A lira é um instrumento de sete cordas que tem muitos pontos em comum com a cítara*. Sua caixa é uma carapaça de tartaruga ou imita essa carapaça. Seus braços são longos e curvos. Existem variantes da lira, entre elas, uma lira grande, que se chama *bárbiton*. O professor de música ensina as crianças a tocar lira. As mulheres gostam de tocá-la: nos vasos, frequentemente elas são representadas entre amigas, tocando lira (às vezes, a lira chamada de "elegante", cujo nome grego possivelmente é *pektís*) ou dançando.

LITURGIA

Etimologicamente, uma liturgia é um serviço público. Nunca uma cidade-Estado grega pede ao Tesouro público que este provenha a todas as suas necessidades: ela se dirige aos cidadãos mais ricos para garantir certas tarefas. A liturgia é a prestação de um particular, que faz funcionar às suas expensas o serviço público. O cidadão encarregado de uma liturgia não apenas custeia; ele também é responsável pelo bom funcionamento: o trierarca não se contenta em pagar; ele comanda pessoalmente sua triere*. Assim, a liturgia é sempre um serviço pessoal: os menores são isentos das liturgias militares. Em Atenas, distinguem-se as liturgias extraordinárias, como a trierarquia*, e as liturgias ordinárias, em que se trata de organizar este ou aquele evento de uma festa* religiosa: o corego* deve equipar e preparar um coro* que entrará em competição; o ginasiarca* ateniense, a equipe que representará sua tribo* na corrida com archotes; o *hestíasis* consiste em organizar às suas expensas um banquete* que reunirá os membros da tribo; a *arkhitheoría*, em assumir o comando de uma embaixada religiosa e pagar seus custos (ver Teoros). Geralmente, o cidadão encarregado de uma liturgia é designado por um magistrado. Alguns ricos tentam subtrair-se a esse encargo, dissimulando uma parte de sua fortuna; o cidadão designado pode até intimar outro cidadão que ele julgue mais rico para substituí-lo em caso de recusa e intentar um processo para pedir a troca (*antídosis*) da fortuna de ambos. Outros cidadãos, ao contrário, fazem mais do que a lei exige: o esforço do corego e do trierarca não é sancionado por uma competição*? Às vezes, alguns cidadãos particularmente dedicados cumprem uma liturgia voluntariamente, sem terem sido designados. Outros não invocam nenhum motivo de isenção, quando teriam direito a fazê-lo: assumem duas liturgias no mesmo ano ou a mesma liturgia ordinária por mais dois anos. O sistema das liturgias existiu em inúmeras cidades-Estado gregas: era um dos fundamentos do regime político de Rodes. Mantém-se na baixa época helenística: assim, em Priena, três das liturgias mais caras são a trierarquia*, o cargo de *neopólos* (que consiste em conservar os edifícios) e a *proeisphorá* (adiantamento de fundos); são menos caros os encargos do *lampadárkhes**, do agonóteta*, do *arkhithéoros*, a *hippotrophía* (manutenção de um cavalo de guerra) e a ginasiarquia.

LIVRO

O livro era bastante difundido no primeiro decênio do século V por ser utilizado pelos professores nas escolas*, conforme se pode ver na pintura de um vaso. O uso do livro tornou-se corrente na segunda metade do século V, quando se podiam comprar, em Atenas, as obras de Anaxágoras por apenas uma dracma em uma livraria. Não obstante, os gregos não se tornaram grandes leitores: a cultura continuava essencialmente oral, e as pessoas ricas e abastadas possuíam um número limitado de livros, que eram lidos repetidas vezes, conforme mostram as bibliotecas* particulares dos gregos no Egito helenístico. A história da edição das *Leis* de Platão nos ensina que o autor compunha sua obra em tabuletas de cera, que um copista transcrevia em seguida em rolos de papiro (um produto que o Egito exportou para todo o mundo grego). O mais antigo livro grego que chegou até nós é uma cosmogonia órfica em versos, que data de Filipe II e foi encontrada na Macedônia, o que é excepcional. Temos vários livros copiados na época helenística, especialmente o *Dýskolos*, de Menandro, e a *Constituição dos atenienses*, de um discípulo de Aristóteles. O livro grego é uma longa faixa, feita de fibras de papiro coladas umas ao lado das outras, em duas espessuras: de um lado (frente), as fibras são dispostas horizontalmente e, de outro (verso), verticalmente. Dois talos de madeira são fixados em cada extremidade da faixa, que se enrola nesses talos. Em geral se escreve apenas na frente. O texto é disposto em colunas paralelas: é escrito com letras maiúsculas, sem separação entre as palavras. Para ler, desenrola-se aos poucos o rolo com a mão direita; a mão esquerda segura a parte que vai sendo enrolada à medida que é lida. Esse sistema apresenta um sério inconveniente: para reler um livro, é necessário desenrolá-lo completamente antes de enrolá-lo no ponto certo; é uma tarefa maçante e que pode deteriorar um material que já é frágil. É compreensível que, muitas vezes, os antigos tenham preferido citar de memória a buscar o texto de um verso ou de uma frase. Em geral, os rolos eram conservados em caixas com divisões triangulares. Durante algum tempo, na época helenística, em Pérgamo utilizou-se o pergaminho (este termo vem, justamente, do nome da cidade), mas o papiro continuou sendo o material mais usado na época romana.

LOGÓGRAFO

Rétor que redige uma defesa para alguém. O pleiteante paga os honorários e lê o discurso perante o tribunal*.

LOJA

O comércio varejista é feito na *agorá**, o mercado, ou seja, nas lojas. O varejista é o *kápelos*, em oposição ao *émporos**, que exerce o comércio internacional; o termo *kápelos* designa, de maneira mais estrita, o taberneiro, muitas vezes mal considerado. A mesma palavra, *ergastérion*, designa o ateliê e a loja. Fabrica-se e vende-se no mesmo local. As lojas, salvo alguma exceção, não são agrupadas por atividade, como se acreditou durante muito tempo. Entretanto, o Cerâmico, em Atenas, é o bairro dos oleiros. Muitas vezes, as lojas se encontram no térreo de uma casa* residencial; outras tendas não têm andar em cima; por fim, nos pórticos* mercantis, pequenos cômodos situados no fundo da galeria são lojas que a cidade-Estado aluga para varejistas. Ia-se ao lojista para comprar, averiguar os preços ou conversar em seu estabelecimento: Sócrates gostava de conversar com os lojistas, como com o sapateiro Simon, cuja loja foi encontrada perto da *agorá*. ➤ ARTESANATO.

LUTA

Uma das principais provas gímnicas e o elemento mais importante do *péntathlon*. Para vencer, é preciso derrubar três vezes o adversário de costas ou pelos ombros. O atleta tem o corpo ungido de azeite* e salpicado de pó. A vitória *akonití* é particularmente gloriosa: o adversário não precisou salpicar-se de pó porque ninguém ousou competir com ele. A luta (*pále*) é um dos exercícios mais praticados pelos meninos e pelos rapazes. Deu seu nome à palestra*.

LUTRÓFORO

1º Vaso grande, de gargalo alto, dotado de duas asas altas e que serve para transportar a água do banho nupcial ou fúnebre. 2º Mulher que carrega esse vaso. 3º Com frequência, coloca-se um lutróforo de mármore sobre o túmulo* de uma pessoa que morreu jovem demais para se casar.

M
---
m

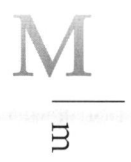

MÁCULA

A mácula (*míasma*) é uma impureza. Se não se está puro (*katharós*), não se pode frequentar os santuários*, aproximar-se dos altares* dos deuses nem participar dos ritos religiosos: a mácula concerne à esfera do sagrado. Lugares podem ser maculados: assim, após a batalha de Plateias, os gregos, de acordo com o oráculo* de Delfos, tiveram de apagar todas as lareiras, pois o fogo havia sido maculado pelos persas, e reacendê-las com o fogo puro do pritaneu* de Delfos. Purificações anuais ocorrem através da expulsão ritual de um *katharmós*, de um bode expiatório: esse rito é realizado em Atenas por ocasião das Targélias, festa* celebrada na primavera em honra a Apolo, o deus das purificações. Tudo o que se refere à morte, ao sangue e à procriação é impuro. As leis* sagradas estabelecem os prazos que as pessoas impuras devem respeitar antes de poder penetrar em um santuário. Se a pessoa tem um membro da família que morreu, se tocou um cadáver, se entrou em uma casa mortuária, se participou de um funeral*, tem de lavar-se ritualmente e respeitar os prazos de evicção. A casa fúnebre deve ser purificada. O contato com uma parturiente torna impuro; a própria mãe volta a purificar-se quando são celebradas as Anfidromias (cerimônia na qual o recém-nascido é integrado à família). Por outro lado, é sacrilégio não apenas morrer e dar à luz em um santuário, mas também nele fazer amor; além disso, é preciso lavar-se após as relações sexuais antes de entrar em um santuário. A questão da mácula causada por homicídio é a mais delicada. Nas tragédias, o homicídio provoca máculas com efeitos desastrosos, que envolvem toda uma cidade-Estado, uma epidemia, por exemplo, mas sempre se trata de homicídios entre ascendentes ou descendentes ou cometidos em um santuário, o que é o mais grave dos sacrilégios. Contudo, não há exemplo histórico em que uma cidade, atingida por penúria ou epidemia, tivesse obtido de um oráculo o conselho de se livrar de um homicida. Entretanto, ainda que o homicida (*androphónos*) só possa ser perseguido na justiça por um parente da vítima, ele é excluído, antes de seu julgamento, de todos os lugares sagrados, da *agorá*, das libações* e da água lustral. Além disso, seu processo é presidido em Atenas pelo Rei*, que preside todos os processos de natureza religiosa. Ritos catárticos (de purificação) livram o homicida, sobretudo aquele involuntário, de sua mácula. A noção de uma mácula moral surgiu nas tragédias do final do século V. Todavia, é apenas do século I, antes ou após nossa era, que data a inscrição do templo* de Asclépio em Epidauro, segundo o qual é preciso ser puro para nele entrar e que ser puro é ter pensamentos *hósia*, em conformidade com as normas estabelecidas pelos deuses.

MAGIA

1º Os gregos usavam de procedimentos de magia referentes a determinada técnica. A medicina popular utilizava os gestos e os encantos mágicos; os amuletos foram comuns durante toda a Antiguidade. Conheciam-se os encantos (*epoidaí*) maléficos, os sortilégios (*epagogé*), as poções, os bonecos de cera ou de lã, que eram atravessados com pregos e depositados diante da porta de um inimigo ou no túmulo de seus parentes. Nos túmulos*, encontramos inúmeras tabuletas de *defixio* (*katádeseis*); a *defixio* é o fato de amarrar, acorrentar alguém. Trata-se de tabuletas de chumbo, enroladas ou dobradas, com escritas cursivas em sua face interna. O texto de encantamento é redigido na primeira pessoa e geralmente comporta a fórmula "eu amarro" (*katadesmó*). Muitas vezes se especifica que se "amarram" as mãos, os pés, a alma, a língua, a boca da vítima; outras vezes, seu discurso de defesa ou seu ateliê*. A vítima acorrentada é, então, destinada às divindades infernais, a Deméter e Kóre, ou ainda Hécate, Gê, Hermes Ctônio. Em época tardia, invocavam-se divindades egípcias ou anjos e demônios judaicos. Buscava-se vingança contra ladrões, caluniadores, rivais no amor ou adversários em um processo. A maioria das tabuletas áticas do século IV diz respeito a processos. Os procedimentos de magia eram proibidos pela lei. 2º Com frequência os gregos utilizaram em seus ritos uma magia totalmente diferente, que não reconheciam como tal, a magia que repousa no princípio da simpatia e da ação simbólica.

MAGISTRADO

➢ Abastecimento, Agonóteta, Agorânomos, Aisymnétai, Apodecta, Arconte, Astínomos, Atlóteta, Beotarcos, Comissão, Conta, Contas (prestação de), Damiurgo ou Demiurgo, Démarkhos, Éforos, Empórion, Epimeletés, Epískopoi, Epônimo, Estefanéforo, Estratego, Ginasiarca, Ginecônomo, Hellenotamíai, Hieromnêmones e Hieromnâmones, Hieropeus, Hiparcas, Introdutores, Kosmetés,

Kósmos, Limenarcas, Metronómoi, Naopoiós ou Neopoiós, Nomofýlax, Nomográphoi, Onze, Pedônomo, Polemarca, Poletés, Prítane, Próbouloi, Prostátes, Rei, Secretário, Sitofílaces, Sofronista, Taxiarcas, Teoros e Tearós, Tesmóteta, Tesoureiro, Theorikón, Thesmofýlax, Timuco.

MAR ➤ Abastecimento, Alimentação, Ânfora, Batalha, Empórion, Émporos, Empréstimo para a grande aventura, Exército, Farol, Impostos, Marinha, Naúkleros, Navarco, Pirataria, Porto, Triere, Trierarquia.

MARCO

Os marcos (*hóroi*) são pedras às vezes brutas, frequentemente talhadas em estela; muitas vezes, a parte inferior, plantada no solo, é apenas desbastada de modo rudimentar. Os gregos delimitavam com marcos a fronteira entre duas cidades-Estado, os limites de um santuário*, os das propriedades privadas, dos domínios públicos e dos bairros: a *agorá** de Atenas era demarcada, e nela se encontrou, por exemplo, um *hóros* do final do século IV (1,20 m × 0,31 m × 0,19 m) com a inscrição*: "Sou um marco da *agorá*." A demarcação da fronteira podia resultar de uma arbitragem*. A *asylía** de um santuário necessitava de uma demarcação: quando a extensão da *asylía* era modificada, deslocavam-se os marcos. Outros marcos delimitavam o ponto de partida de uma estrada para Tasos, por exemplo. Havia, por fim, marcos que indicavam que uma propriedade fundiária estava hipotecada. Este último tipo de marco encontra-se apenas na Ática e em certas ilhas do mar Egeu. O *hóros* visava à divulgação: informava as aquisições de terras hipotecadas e os empréstimos em segunda hipoteca*. A retirada do marco, por ocasião do pagamento, era feita perante testemunhas. Foram encontrados mais de cem marcos hipotecários; os mais antigos datam do final do século V. No entanto, a tradição diz que a reforma de Sólon teve como efeito a destruição dos marcos que se encontravam plantados nas propriedades dos hectêmoros*: provavelmente, eles indicavam que parte dos frutos dessas terras pertencia ao credor.

MARINHA

1º Marinha de guerra. É formada por navios compridos (*ploîon makrón*), à diferença dos navios mercantes. A embarcação de guerra homérica, sem ponte, tem mastro único e irremovível com uma vela quadrada; também conta com cerca de cinquenta remadores. Na época arcaica, as cidades-Estado marítimas, como Corinto, utilizam a *pentekóntoros*, que é um aperfeiçoamento do navio homérico: é mais manejável e rápido, e aberturas são feitas no alcatrate para os remos. O navio da época clássica por excelência é a triere*. Em 398 aparecem na Sicília as primeiras *tetréreis*, um navio maior que a triere. Em 325/324, a Marinha ateniense conta com mais de 400 unidades, das quais 43 são *tetréreis* (de quatro ordens de remadores) e sete são *pentéreis* (de cinco ordens de remadores). Os diádocos, sobretudo Demétrio Poliorcetes, interessam-se pelas embarcações gigantescas: por ocasião de sua vitória, em 306, em Salamina de Chipre, Demétrio tinha embarcações de sete e de oito ordens de remadores; em 301, possuía embarcações de dez, onze e até uma de 13 ordens de remadores. Não se trata de aumentar as ordens de remadores sobrepostas. Colocam-se mais remadores por remo: na *pentéres*, os remos da ordem inferior e superior são acionados por dois homens, enquanto aqueles da ordem mediana contam apenas com um remador, como na triere. Algumas das maiores unidades puderam ser catamarãs. Entretanto, nos séculos III e II, assiste-se a um retorno das unidades mais leves. Os *lémboi* são pequenos navios utilizados de maneira ofensiva pelos piratas. São muito rápidos e manobráveis, com no máximo cerca de cinquenta remadores. A marinha de Rodes, que luta contra a pirataria*, utiliza contra os *lémboi* excelentes navios extremamente rápidos, a *hemiolía* e a *triemiolía*, uma embarcação que escoltou navios de comércio. ➤ Exército, Liturgia, Trierarquia, Triere. 2º Marinha mercante. É formada por navios chamados de "redondos" (*ploîon strongýlon*), à diferença dos navios de guerra: possuem um casco largo e profundo para abrigar a carga, geralmente em ânforas* que devem ser bem estivadas para não desestabilizar a embarcação. São navios pesados; quando viajam sem mercadorias, são obrigados a embarcar lastro. Navegam à vela, mas carregam alguns remadores, que são escravos*. Na época arcaica e clássica, segundo as imagens dos vasos, têm um único mastro com uma vela quadrada, que pode ser orientada em função do vento. Os destroços de um naufrágio do final do século V, encontrados no mar Egeu, continham 1.200 ânforas*, ou seja, cerca de 125 toneladas. Na época helenística, a tonelagem aumenta consideravelmente. ➤ Ânfora, Empórion, Êmporos, Naúkleros.

MATRIMÔNIO

O matrimônio grego não é uma união de dois cônjuges: é um matrimônio por dação (*ékdosis*), no qual a noiva é dada ao noivo por seu pai ou, na falta deste, pelo representante do pai (filho, portanto, irmão da esposa, pai, irmão). O pai, ao qual a mulher deve sua vida e seu estatuto, tem o poder soberano de dispor de sua mão. Em algumas cidades, como Atenas, existe um termo técnico para designar a dação, o *engýe*: o pai coloca a mão de sua filha naquela do noivo e pronuncia uma fórmula do tipo: "Eu te dou

minha filha para que a fecundes e tenhas com ela filhos legítimos."
A subordinação da mulher é manifesta. Apenas um matrimônio feito por dação e conforme as leis* da cidade-Estado assegura legitimidade e cidadania aos filhos dele nascidos. O noivo é legalmente independente e cumpre sozinho o ato jurídico do matrimônio; todavia, se seu pai for vivo, precisa de sua ajuda para começar a vida de casado, pois a residência dos esposos é virilocal (moram na casa do noivo) e neolocal (a residência conjugal é distinta daquela dos pais). O pai da noiva fornece um dote* à filha, que dele terá posse por toda a vida. A escolha dos esposos leva em conta principalmente as vantagens materiais e simbólicas que a aliança pode trazer. Geralmente, uma moça com dote se casa com um homem que tem uma fortuna equivalente à de seu pai, enquanto uma herdeira presuntiva (por não ter irmãos) costuma ser procurada por pretendentes mais ricos; as leis sobre as *epíkleroi**, quando existem, têm por objetivo evitar a concentração de riquezas. Na época arcaica, os matrimônios nos meios elevados podem ser feitos entre membros de cidades-Estado diferentes, mesmo que a aliança mais comum, aquela entre os aristocratas, ocorra entre compatriotas. Em Atenas, a lei de Péricles, de 451/450 (renovada após uma interrupção durante a guerra do Peloponeso, em 404/403), já não permite a um cidadão ou a uma cidadã casar-se com um estrangeiro: a dação só é possível entre concidadãos. Ao longo do século IV, são cada vez mais numerosas as cidades-Estado a adotar essa regra, e, na época helenística, muito poucas cidades-Estado têm uma prática diferente. Apenas um acordo de isogamia (direito de matrimônio) entre duas cidades-Estado ou entre todas as comunidades constitutivas de uma Confederação permite matrimônios entre seus habitantes. Se naturalmente existir um entendimento prévio entre o pai da noiva e o noivo, o noivado é inexistente. O matrimônio comporta, ao mesmo tempo, o ato jurídico de dação, um ato particular, e o casamento (*gámos*), com um sacrifício seguido pelo banquete* nupcial e, depois do anoitecer, a

transferência solene da noiva de sua casa paterna para aquela de seu esposo: o cortejo, iluminado pela luz de archotes, avança em meio a cantos e danças. Os gregos são monogâmicos. O matrimônio é dissolvido tanto pelo divórcio, que é frequente e pode ser iniciado por um ou outro cônjuge, quanto pela morte de um deles. O viúvo e a viúva, o divorciado e a divorciada podem casar-se novamente. É frequente que tanto a mulher quanto o homem tenham tido dois ou até três cônjuges sucessivos. ➤ Ginecônomo.

MÉDICO

A medicina é uma *tékhne*, uma arte que se aprende. Não existem escolas de medicina a serem frequentadas pelo futuro médico. A formação médica se faz de prático a futuro prático. Originariamente, o filho é formado pelo pai: a *tékhne* é transmitida em família. Na época clássica, o mestre pode aceitar alunos fora de sua família mediante remuneração, e os filhos de seu próprio mestre são dispensados de qualquer pagamento. Pode-se, portanto, escolher como mestre um médico de renome. A formação dura vários anos: por um lado, é prática, uma participação graduada nos cuidados que se sucedem em um período de observação; por outro, é teórica, uma vez que o mestre transmite conhecimentos. O médico também se forma com a leitura de tratados de medicina, que se multiplicam a partir do século V; muitos foram conservados e chegaram até nós no *Corpus hipocrático*. Algumas cidades-Estado são célebres devido à qualidade de seus médicos, principalmente Cós, a pátria de Hipócrates, maior médico grego. Os médicos se deslocam ao longo de sua carreira. Com frequência, seus epitáfios mencionam que viajaram muito por mar e por terra. O médico (*iatrós*) dispensa seus cuidados no gabinete médico (o *iatreîon*) e faz visitas em domicílio. Dá remédios e realiza atos cirúrgicos (tratamento de fraturas e luxações, extração de pólipos, colocação de drenos em pulmões infectados etc.). As cidades-Estado preocupam-se em dispor de um médico. Se conseguem, contratam um "médico público", que, em troca de uma remuneração paga pela cidade-Estado, compromete-se a residir no local e a cuidar da população, inclusive em tempos de guerra ou de epidemia. Como seus colegas, esse médico recebe uma remuneração do doente. Ao deixar a cidade--Estado, beneficia-se de um decreto* honorífico que comprova seu zelo, sua dedicação e sua competência; esse testemunho é importante para ele, caso ele queira instalar-se em outra cidade-Estado, uma vez que os diplomas não existem. Os elogios levam em conta o fato de que o médico enfrentou o perigo por ocasião de uma epidemia ou de um cerco*. Os exércitos* precisam de médicos especializados no tratamento de ferimentos de guerra.

MEDIDAS

Cada cidade-Estado tem seu sistema metrológico. 1º Nas medidas de capacidade, a unidade de base é o cótilo (*cotýle*), tanto para os líquidos quanto para os sólidos. Dependendo das cidades-Estado, o valor do cótilo varia de 0,20 l a 0,33 l; na Ática, vale 0,27 l. Quanto às medidas líquidas, a ártaba, que é utilizada no Egito ptolemaico, valeria 39,39 l. O quadro abaixo é o das medidas áticas.

SÓLIDOS	LÍQUIDOS
Cótilo = 0,27 l Quênico = 4 cótilos = 1,09 l *Hemíekton* = 16 cótilos = 4,37 l *Hékton* = 32 cótilos = 8,75 l Medimno = 192 cótilos = 52,53 l	Ciato = 1/6 cótilo = 0,045 l Oxibafo = 1 cótilo = 0,068 l Cótilo = 0,27 l *Khoûs* = 12 cótilos = 3,28 l Metreta = 144 cótilos = 39,39 l

2º Nas medidas de comprimento, a unidade de base é o pé (*poús*). Ele mede 29,6 cm na Ática, 33,3 cm em Egina e 32 cm em Olímpia; na Pérgamo helenística, o pé de Filétero é de 33 cm. Existem inúmeros múltiplos e submúltiplos do pé. O estádio (600 pés) vale 177,6 m na Ática e 192,27 m em Olímpia; a parasanga, medida de origem persa, vale 30 estádios. O quadro abaixo apresenta as principais medidas áticas.

Dedo **(dáctylos)** = 1/16 pé = 0,018 m	Órguia **(órguia)** = 6 pés = 1,776 m
Côndilo **(kóndylos)** = 1/8 pé = 0,037 m	Acena **(ákaina)** = 10 pés = 2,96 m
Palmo **(spithamé)** = 3/4 pé = 0,222 m	Pletro **(pléthron)** = 100 pés = 29,50 m
Pé **(poús)** = 0,296 m	Estádio **(stádion)** = 600 pés = 177,60 m
Côvado **(pêkhys)** = 1 1/2 pé = 0,444 m	

Na Ática, o pé quadrado vale 87 cm²; a acena quadrada (100 pés quadrados), 8,76 m²; o pletro quadrado, 8,70 ares. ➤ Metronómoi, Pesos.

MEDIMNO ➤ Medidas.

MÉGARON

Em Homero, o grande salão do palácio* recebe o nome de *mégaron*. Assim, os arqueólogos dão esse nome a um cômodo do palácio micênico que parece ser a sala do trono: uma sala retangular, dotada de uma lareira fixa de formato redondo, diante da qual fica o trono; seu teto, sustentado por quatro colunas, é aberto na vertical da lareira. Esse salão é precedido por uma antecâmara e um pórtico com colunas, que dá para um pátio. ➢ CASA.

MÊNADE ➢ BACANTES E ORGIAS.

MERCENÁRIO

A definição precisa do termo "mercenário" no mundo grego é delicada. Dois termos gregos designam os mercenários: os *misthóphoroi*, aqueles que recebem um *misthós* (soldo), e os *xênoi*, os estrangeiros. Os cidadãos que servem no Exército* ou na Marinha* recebem um soldo a partir de uma data que, em Atenas, é anterior ao cerco de Samos, em 440. Os mercenários são combatentes que não são mobilizados por uma cidade-Estado ou por um rei*, nem como cidadãos ou habitantes do reino, nem como aliados convocados a servir em virtude de um acordo militar. Engajam-se a serviço de uma cidade-Estado, de um diádoco* ou de um rei*: ainda que possam ser obrigados a isso pelas circunstâncias, são definidos, ao mesmo tempo, como estrangeiros que aceitam combater por uma potência da qual não dependem e como assalariados que devem receber um soldo e têm direitos sobre o butim. Portanto, o termo tem um sentido restrito. No século V, as cidades-Estado recorrem a mercenários para expedições distantes por via terrestre, como a que o espartano Brásidas conduziu na Calcídica, em 424. Isso continua no século VI em relação às expedições distantes e as longas campanhas, o que contraria Demóstenes. Na época helenística, as cidades-Estado que têm condições de contratar mercenários possuem particularidades excepcionais, como Rodes, que, desse modo, reforça suas tropas terrestres; um caso interessante é o de Mileto, que, querendo aumentar seu território à custa de seus vizinhos, contrata mercenários cretenses e os estabelece conferindo-lhes o direito de cidadania e, sobretudo, estabelecendo-os no território de Mios, que acabara de anexar ao seu. Muitas vezes, os exércitos* dos diádocos são definidos pelos modernos como exércitos de mercenários. Isso se deve ao fato de não serem estáveis, pois os macedônios e os asiáticos que se encontram em cada exército, após as mobilizações, não são necessariamente leais com seu chefe, e os mercenários, no sentido preciso do termo, que se engajaram por dinheiro, desertam facilmente em benefício de outro diádoco. Os exércitos reais, antigonenses, selêucidas e lágidas contam essencialmente com os macedônios do reino e, quando necessário, com seus indígenas mobilizados: em Ráfia, em 217, os mercenários no exército selêucida são 7.500 de 62.000 homens da infantaria, ou seja, 12% e, no exército ptolemaico, 11.000 de 68.000, ou seja, 15%; na cavalaria ptolemaica, de 5.000 cavaleiros, 2.000 são mercenários, o que é uma proporção muito maior.

METECO

A partir do início da época clássica, nas cidades-Estado gregas distinguem-se os simples estrangeiros (*xénoi*) dos estrangeiros domiciliados. O termo que designa estes últimos varia de acordo com as cidades-Estado. Etimologicamente, o termo *métoikos*, verificado em inúmeras delas, como Atenas, Mégara, Delos, Rodes ou Colofonte, significa tanto "aquele que habita com os cidadãos" quanto "aquele que transferiu sua habitação para outra cidade-Estado". Em algumas delas, como Cós, os estrangeiros residentes recebem outro nome, *pároikoi** (etimologicamente, "aquele que habita ao lado dos cidadãos"). Em Atenas, ao final de um período estabelecido pela lei (um mês?), o estrangeiro torna-se meteco e deve obrigatoriamente inscrever-se em um demo*, graças à intervenção de seu *prostátes**, e pagar uma taxa válida para a permanência de um ano, o *métoikon* (12 dracmas para um homem adulto e sua família, 6 dracmas para uma mulher sozinha). Naturalmente, essa inscrição como meteco em uma cidade-Estado estrangeira nada muda em seu estatuto de cidadão em sua própria cidade-Estado. Em algumas delas, como Atenas, reúne-se no mesmo estatuto de residente estrangeiro, que só tem sentido para a cidade-Estado que o acolheu, o membro de outra cidade-Estado e o escravo liberto. Em outras, eles são distintos: em Cime, na Eólida, distinguem-se os metecos dos libertos, e o termo *pároikoi* agrupa uns e outros; em Cós, os *pároikoi* são distintos dos *nóthoi*, os bastardos dos cidadãos. Com efeito, os metecos pertencem a dois grupos: os que, tendo o estatuto, permanecem um curto período na cidade-Estado (o que deve ser o caso dos marinheiros) e aqueles que estabeleceram sua residência em outro lugar que não sua própria cidade-Estado por um longo período, seja qual for a causa. Nota-se que em Mileto os estrangeiros naturalizados são casados em 50% dos casos com uma mulher de uma cidade-Estado diferente da sua, em uma época em que a dupla filiação civil é a regra: o estrangeiro residente que contrai esse tipo de matrimônio* sabe que não poderá voltar à sua pátria. O estrangeiro que é um habitante tem realmente os direitos e os deveres ligados ao estatuto de residentes estrangeiros. Em sua situação, ele participa de grande parte das cerimônias religiosas e cívicas; participa da defesa em casos de guerra, sobretudo no Exército territorial e na Marinha*, mas, às vezes, também no exército ativo em terra. Através dos impostos*, especialmente da *eisphorá**, contribui com as despesas. Os metecos ricos são submetidos a uma parte das liturgias*, sem poder jamais exercer a trierarquia*. Mas ele não é um cidadão: não participa da vida política e não tem acesso aos encargos religiosos e cívicos. ➢ Isótele.

MÉTOIKON ➤ Impostos, Meteco.

METONOMÁSIA

Mudança de nome de uma cidade-Estado, que, em geral, assume o nome derivado daquele de um rei* ou de uma rainha. Costuma corresponder a uma nova fundação* da cidade-Estado, quer o rei reconstrua a cidade*, a restaure ou melhore com novas construções, quer mude seu estatuto. Foi assim que Alabanda, na Cária, tornou-se Antioquia dos crisaorianos sob Antíoco II. Muitas cidades-Estado dotadas de um excelente porto* viram seu nome ser mudado, sob Ptolomeu II, em Arsínoe, tal como ocorreu com Korésia de Ceos; outro exemplo é o de Methana, que mudou para a Argólida, ou ainda Patara, que se tornou Lícia.

MÉTOPA

Placa que no friso* dórico alterna-se com triglifos*. Pode ser esculpida ou não. As métopas mais célebres são as do tesouro* de Sifnos em Delfos, dos templos* de Selinunte, do templo de Zeus em Olímpia e do Pártenon.

METRETA ➤ Medidas.

METRONÓMOI

Inspetores de pesos* e medidas*. Em Atenas, esses magistrados são dez, um por tribo*, escolhidos por sorteio. Nas cidades-Estado em que essa magistratura especializada não existe, essa função é realizada pelos agorânomos*.

METRÓPOLE ➤ COLÔNIA.

MINA

1º *Mnâ*. ➤ MOEDA (ESTALÃO E UNIDADES DE) e PESO. 2º *Métallon*.

A mina, como o subsolo em sua totalidade, é de propriedade da cidade-Estado: o proprietário do terreno não tem nenhum direito sobre a jazida situada no subsolo. As minas de chumbo argentífero do Láurion foram a principal fonte de prosperidade de Atenas e de seu domínio sobre parte do mundo grego na época clássica. A cidade-Estado aluga as minas a empreendedores privados. Uma reforma ocorreu pouco depois de 377. Distinguem-se as minas em atividade (adjudicadas pelos *poletaí** por três anos) e as minas atribuídas pela primeira vez, adjudicadas por dez anos (pois se ignora sua riqueza). Por um lado, a cidade-Estado extraía das minas os aluguéis pagos pelos empreendedores e, por outro, o metal que ela podia transformar em moedas*. Os empreendedores utilizavam escravos* como mão de obra: a maioria era de escravos arrendados de proprietários, como o célebre estratego* Nícias, cujos rendimentos provinham de uma massa servil que eles adquiriam para obter uma renda.

MISTÉRIOS

Os gregos chamam de mistérios os cultos oficiais que comportam, além de uma cerimônia pública, ritos secretos, com uma revelação; o fiel que, por escolha pessoal, é introduzido no culto é um *mýstes*. Os mistérios mais célebres são os de Deméter e Kóre em Elêusis. Os *mýstai* devem falar grego, mas podem ser livres ou escravos*, homens ou mulheres, adultos ou crianças. O primeiro grau do que os modernos chamam de "iniciação" é designado em grego pela palavra *teleté*, que significa "realização": os mistérios nada têm a ver com as iniciações dos ritos de passagem. São ritos e revelações que devem assegurar ao *mýstes* a felicidade após a morte. O segundo grau é o epoptismo, "a contemplação". Os principais dignitários que celebram os mistérios são o hierofante* (aquele que faz aparecer os *hierá*, os objetos sagrados), o daduco* (que carrega o archote) e o *hierokêryx* (o arauto* sagrado); o primeiro pertence ao *génos** dos Eumólpidas, e os outros dois, àquele dos Quêrices. Existem outros mistérios, especialmente os de Despoina em Licosoura, na Arcádia, e os dos Cabiros na Samotrácia. ➢ Orgias.

MISTHOFORÍA ➢ Misthós.

MISTHÓS

1º Esse termo geralmente designa a remuneração paga a um trabalhador pelo trabalho prestado. Pode ser pago pela tarefa executada, pela unidade produzida, pela jornada ou por mês. 2º Soldo pago pela cidade-Estado ou pelo rei* aos soldados dos exército* terrestre ou da Marinha*. Sobretudo a partir da época helenística, distingue-se do *siterésion*, as rações de comida ou seu equivalente em dinheiro. O soldo para os soldados e os marinheiros foi introduzido em Atenas após as guerras médicas, em uma data que não é possível especificar com exatidão. No século V, o *misthós* costumava ser de três óbolos por dia, embora seu montante pudesse chegar ao dobro por ocasião de certas expedições (Potideia, Sicília). 3º No domínio político, *misthós* designa a indenização de função paga pelo Tesouro público ou sagrado para compensar o cidadão pelo tempo dedicado ao serviço da cidade-Estado, sobretudo como membro de um tribunal* popular ou ainda como alguém que exerceu uma magistratura de tipo administrativo. A *misthoforía*, ou seja, o pagamento do *misthós*, é característica do regime democrático, pois permite aos cidadãos pobres exercer um papel político ativo. Em Atenas, é provável que o *misthós dikastikós*, a indenização dos juízes, tenha sido instituído imediatamente após a reforma de Efialtes, em 462/461: de um montante de dois óbolos no início, passou a três nos anos 420. O *misthós bouleutikós* foi instituído por Péricles. Nos anos 320, era de cinco óbolos para o conselheiro não prítane e de seis para o prítane*. Magistrados designados por sorteio* recebiam igualmente um *misthós*, sobretudo os arcontes*. O *misthós ekklesiastikós*, a indenização para os que chegaram primeiro às sessões da *ekklesía**, foi criado pouco depois de 403. Inicialmente, era de um óbolo, depois passou a dois e, em seguida, a três. A *misthoforía* não era uma particularidade ateniense; existiu em Rodes ainda no começo do principado. Em Delos, na alta época helenística, os membros de três tribunais* eram remunerados em um óbolo por sessão: o tribunal dos 31, os *epitimetaí* (inicialmente 70, depois 101 juízes) e a *Heliaía**, que contava com 500 e depois com 600 membros. Mesmo o *misthós* mais controverso, aquele que indenizava o cidadão que participava da assembleia do povo, existiu fora de Atenas: foi verificado, por exemplo, em Iasos. ➢ MOEDA (ESTALÃO E UNIDADES DE).

MOBILIÁRIO

É conhecido por nós graças às pinturas nos vasos e às descobertas arqueológicas. Em regra geral, o marido deve fornecer a casa e o mobiliário à sua esposa, mas acontece, nos meios ricos e abastados, de a noiva ter móveis de valor em seu dote*. O mobiliário dos pobres sempre foi sumário. A partir da época clássica, os ricos possuem um mobiliário de valor. Assim, o mobiliário do célebre Alcebíades valia 1.517 dracmas: móveis, tapetes, tapeçarias, almofadas, caldeirões de bronze. O mobiliário é de madeira, um produto caro, de metal (bronze, chumbo, ferro), de pedra, cerâmica, osso e vime. As camas (*klíne*) são feitas de uma armação de madeira, às vezes incrustada de marfim ou bronze, sobre a qual são estendidas correias recobertas com uma esteira e cobertas; há camas para dormir, dotadas de cabeceira, e camas para comer; as almofadas são indispensáveis como travesseiros e apoios para os braços. À diferença das mesas grandes e sólidas dos ateliês e das lojas, as mesas (*trápeza*) para as refeições são na altura da cama, pequenas e portáteis; o tampo, retangular ou circular, é sustentado por três ou quatro pés, ou ainda por duas placas de pedra, verticais e paralelas. Usam-se como assento* ora os banquinhos, simples cubos, dobráveis ou com pés, ora as cadeiras com encosto, ora as poltronas (*thrónos*) com encosto alto e braços. Os pés de todos esses móveis podem ser torneados, ornados com figuras, entalhados ou emoldurados; alguns imitam pés de animais, sobretudo do leão. As roupas de cama, mesa e banho e as vestimentas* são conservadas em baús de madeira, com tampo plano; existem caixinhas para objetos frágeis ou preciosos; também se utilizam cestos de vime para a lã, as frutas etc. Para se lavar, utilizam-se às vezes banheiras ou bacias de terracota, mas também cubas e tinas; também há penicos. A louça de cozinha compõe-se de caldeirões de metal, sustentados por tripés*, mas também de panelas (*khýtra*), com uma ou duas alças, de tamanho e altura variados, em metal ou cerâmica, às vezes com tampa. Existem grelhas, redondas ou retangulares, e fornos portáteis, feitos de cerâmica e constituídos de uma campânula colocada sobre um elemento baixo, com pés e *réchaud* na base, em terracota, que servem tanto para aquecer quanto para cozinhar. Para a louça de mesa, ➤ CERÂMICAS.

MOEDA

As primeiras moedas foram cunhadas na Ásia Menor, em uma liga de ouro e prata, o eletro, por um rei* não grego da Lídia e por várias cidades-Estado da Jônia. Mas a cunhagem de moedas gregas é essencialmente feita em prata, metal de que o mundo grego tem três jazidas: a de Sifnos, exaurida em muito pouco tempo, mas que permitiu a cunhagem de Egina; o monte Pangeu, na Macedônia; e a do monte Láurion, na Ática. São moedas garantidas pela potência emissora: as peças são contadas, e não pesadas, quando se trata de moedas da cidade-Estado ou da Confederação*. A cidade-Estado cunha a moeda com seu nome e seu tipo: impõe sua marca na moeda, certificando, assim, a qualidade e a quantidade do metal e impondo o curso legal da moeda cívica em seu território. Por conseguinte, a partir de meados do século V, o meio de pagamento generalizado é a moeda de prata, quer se trate de impostos*, do soldo militar, quer de compras e vendas na *agorá** e no *empórion**. Atenas cunha "corujas", moedas que trazem no verso a cabeça de Atena e, no reverso, a coruja e o nome (muitas vezes abreviado) "dos atenienses". A segunda Confederação beócia emite moedas que, no verso, têm o escudo beócio e, no reverso, a ânfora com o nome abreviado de um ou dois beotarcas: são os magistrados monetários, ou seja, os responsáveis pela emissão. Cunham-se moedas pelo fato de que mais de mil cidades o fazem; quando uma cidade importante se recusa a emitir moedas, como era o caso de Esparta até o século III, isso significa que ela quer o mínimo de contato possível com o exterior. A numismática contribui muito com a história política. Uma cidade-Estado que emite com seu nome e seu tipo tetradracmas de prata é sempre independente: sabemos pelas moedas que Abidos, por exemplo, tornou-se independente após o tratado de Apameia, de 188. Uma cidade que cunha pequenas moedas de prata e de bronze não é necessariamente livre, mas, ao menos, goza de um regime preferencial, outorgado pelo rei: esse é o caso de inúmeras cidades-Estado do Império Selêucida. Quando um rei cunha moedas com seu nome e seu tipo, ele manifesta sua soberania e sua independência em relação aos outros: foi apenas em 297, após a morte de Cassandro, que Lisímaco cunhou moedas com seu nome e seu tipo (no verso, Alexandre com os cornos de Ámon e, no reverso, Atena sentada, apoiando-se em um escudo). Muitas vezes, os tipos ou os símbolos monetários mostram as riquezas ou a principal atividade econômica de uma cidade-Estado: o tipo da espiga de trigo em Metaponte, do sílfio em Cirene, o símbolo do atum em Cízico (onde a pesca e a produção de peixe seco são relevantes). Um dos fatos mais importantes é a cunhagem, após as conquistas de Alexandre, de milhares de toneladas de ouro e prata, acumulados pelo rei da Pérsia: isso permitiu uma grande quantidade de emissões, principalmente por Alexandre e seus sucessores, de tetradracmas de prata, por um lado, e de *khrysoí*, estáteres de ouro de aproximadamente 8,6 g, de outro. Uma das consequências foi que as espécies monetárias, que até então costumavam ser insuficientes, tornaram-se abundantes, provocando efeitos sobre a atividade econômica e sobre o nível dos preços. A história econômica deve muito ao estudo dos tesouros e das moedas encontradas nas escavações: ela permite conhecer melhor a dispersão das emissões de uma cidade-Estado, a circulação monetária e as relações comerciais. A escolha do estalão determina os princípios monetários de cada região. O reino selêucida, onde os tesouros comportam moedas estrangeiras como se fossem moedas selêucidas de estalão análogo, tem uma economia aberta; a partir de uma data controversa do reino de Êumenes II, o reino de Pérgamo passa a ter uma economia monetária fechada, pois o cistóforo é a única moeda desse reino, e a conversão não é permitida nem possível (o cistóforo é uma moeda com a cista: no verso, traz um cesto entreaberto, do qual escapa uma serpente, com uma grande coroa de hera ao redor do cesto). As moedas também são uma documentação preciosa sobre a iconografia religiosa e a história dos cultos: retratam os principais cultos das cidades-Estado, as lendas locais, os atributos divinos etc. Dão-nos uma ideia das obras de arte desaparecidas e ajudam a identificar as cópias. O estilo das moedas informa sobre a arte de uma época ou de uma região, ou ainda sobre sua evolução. Algumas são verdadeiras obras-primas: moedas de Siracusa ou de Acragas são assinadas pelo gravador. ➢ ESTEFANÉFORO E MOEDA (ESTALÕES E UNIDADES DE).

MOEDA (ESTALÕES E UNIDADES DE)

Um estalão é um sistema em que as moedas têm uma relação de peso matematicamente simples e que é utilizado por vários ateliês. O estáter é uma unidade de base, quando ela existe, pois os nomes variam segundo os estalões. Outra unidade de base, a dracma, surgiu nos textos no primeiro quarto do século V; ela se divide em seis óbolos; o trióbolo (moeda de três óbolos) também é uma *hemídrakhmon* (metade de uma dracma). O tetradracma (moeda de quatro dracmas) é a unidade utilizada pela cidade-Estado ou pelo rei* para as despesas militares, especialmente o soldo, e permite aos particulares regular suas grandes compras. A maior moeda de prata emitida na Grécia é o decadracma (que vale dez dracmas), e raras são as cidades-Estado que a emitiram. A cunhagem das pequenas moedas divisionárias de prata, de módulo bastante fraco, custava muito caro, e a fabricação de moedas de bronze, surgida em meados do século V, generalizou-se no século IV: trata-se de uma fabricação fiduciária. A mina e o talento são unidades de conta. A mina eginética vale 35 estáteres (ou seja, setenta dracmas), e a ática, cem dracmas. O talento vale seis mil dracmas. Um dos estalões mais antigos é o estalão monetário milésio, criado no século VI, com moedas de eletro: o estáter pesava 14,30 g, o *hemistatér*, 7,15 g, a *tríte* (um terço de estáter), 4,75 g, a *hékte* (um sexto de estáter), 2,40 g, e o *hemíekton* (um doze avos), 1,20 g, com subdivisões que iam até um dezesseis avos de estáter (0,15 g). No primeiro quarto do século V, surgiu o estalão eginético, uma vez que Egina cunhava moedas de prata com um estáter de 12,60 g, uma dracma (nesse sistema, a metade do estáter), de 6,30 g, o trióbolo, de 3,15 g, e o óbolo, de 1,05 g. Em razão do dinamismo de Egina, o estalão eginético difundiu-se amplamente, sobretudo na Grécia central (Tebas; Delfos, que, por volta de 480, cunha *trídrakhmos*, ou seja, um estáter e meio, de 18,50 g), no Peloponeso (Élis, Sicíone, cidades-Estado árcades) e em Creta. Desde suas primeiras cunhagens, Atenas adota um estalão baseado em uma dracma de 4,30 g, subdividida em seis óbolos, com múltiplos, especialmente o tetradracma, de 17,20 g. Como Atenas, por dispor das minas do Láurion, emitia uma enorme quantidade de moedas e o Pireu desempenhava papel dominante nas trocas comerciais, a moeda ateniense tornou-se, após as Guerras Médicas, uma verdadeira moeda internacional. Filipe II da Macedônia e seu filho Alexandre escolheram cunhar as moedas com base no estalão ático: um tetradracma de Alexandre tem o peso de um tetradracma ateniense. Fala-se, então, do estalão de Alexandre. Os reis selêucidas adotaram o estalão de Alexandre, e o mesmo ocorreu com as cidades--Estado da Ásia, que inicialmente cunharam alexandres, depois, moedas cívicas; Atenas nunca cessou de cunhar segundo seu estalão (com interrupções esporádicas de cunhagem e emissões no século III). Portanto, havia uma verdadeira moeda internacional na época helenística. Entretanto, existem outros estalões, como o rodiense, nos séculos II e I, com uma dracma de cerca de 3 g. Sobretudo, Ptolomeu I adotou, a partir de 305, o estalão fenício e cunhou tetradracmas de peso mais leve; o tetradracma lágida pesa 14,25 g até o final da dinastia, o que implicou uma economia monetária fechada. Do mesmo modo, em uma data controversa sob Êumenes II, os reis de Pérgamo renunciaram ao estalão ático para emitir cistóforos de 12,60 g: esse peso corresponde a três dracmas áticas ou a quatro dracmas rodienses, mas implica a instauração de uma economia monetária fechada. ➤ Moedas e Pesos.

MOSAICOS

O mosaico é uma invenção grega. Trata-se, inicialmente, de mosaicos feitos de seixos brancos e pretos: os mais antigos remontam ao início do século IV. Realizaram-se mosaicos geométricos ou figurados (com fundo preto). O mosaico de seixos aperfeiçoou-se e perdurou. Os mosaicos de tessela foram inventados no século III; tesselas são fragmentos talhados pelo artesão em forma de cubos; isso permite uma arte pontilhista, com uma gama de cores muito ampla e complexa. O *opus vermiculatum* utiliza tesselas minúsculas e permite realizar cenas figurativas, que tendem a imitar a pintura contemporânea; esses quadros formam o tema central do mosaico. O *opus tessellatum*, composto de cubos de tamanho maior, forma igualmente quadros, mas também o conjunto do tapete, tendo eventualmente no centro um painel em *opus vermiculatum*.

MULHER ➤ Adoção, Amphithalés, Bacantes, Canéfora, Cidadania (direito de), Cortesã, Demo, Dote, Educação, Epíkleros, Epigamia, Escravidão, Evergeta, Fratria, Funeral, Gineceu, Ginecômono, Herança, Hierodulo, Hipoteca, Koûros e Kóre, Kýrios, Lira, Lutróforo, Mácula, Matrimônio, Meteco, Mistérios, Pedônomo, Procissão, Propriedade fundiária e imobiliária, Sacerdote, Toalete, Vestimentas.

MULTA ➤ Penas judiciárias.

MURALHAS

Na época clássica e helenística, não se concebe uma cidade* sem muralhas. O caso de Esparta, que só começou a construir uma muralha parcial na época helenística, é excepcional. As estátuas* das cidades geralmente trazem a coroa torreada. Houve muralhas urbanas no Ocidente a partir da época arcaica, às vezes a partir da primeira parte do século VI; a Jônia também começou cedo. As cidades beócias têm muralhas a partir do final do século VI ou início do século V, embora muitas cidades da Grécia continental e das ilhas não as tenham no século V ou sejam mal fortificadas. Os atenienses são exceção, com a construção de muralhas para Atenas e o Pireu logo após a segunda Guerra Médica e a construção dos Longos Muros, que unem ambas as cidades. Em geral, como em Tasos ou Alea, a muralha se une ao cume da acrópole*, depois se alarga para englobar os declives e a cidade que se estende a seus pés. O traçado concêntrico, com uma acrópole interna, é mais raro. Nas cidades com planta em forma de tabuleiro de damas, o traçado da muralha é independente da planta urbana: é o caso de Mileto. Em toda parte, a eficácia da defesa é a preocupação essencial: as fortificações de Gortys na Arcádia se unem às bordas do cume de uma montanha e dominam a sudeste um despenhadeiro onde corre o Gortynios. As muralhas são de adobe sobre uma base de pedra ou são feitos de dois silhares com preenchimento de terra e materiais diversos, segundo a técnica do *émplekton*. Muitas vezes (não é o caso de Atenas), a superfície compreendida nos muros é mais ampla do que a construída: isso depende da localização, da preocupação de cercar uma área de culturas e do desejo de fornecer um refúgio para a população rural. No século IV, Epaminondas suscitou a constru-

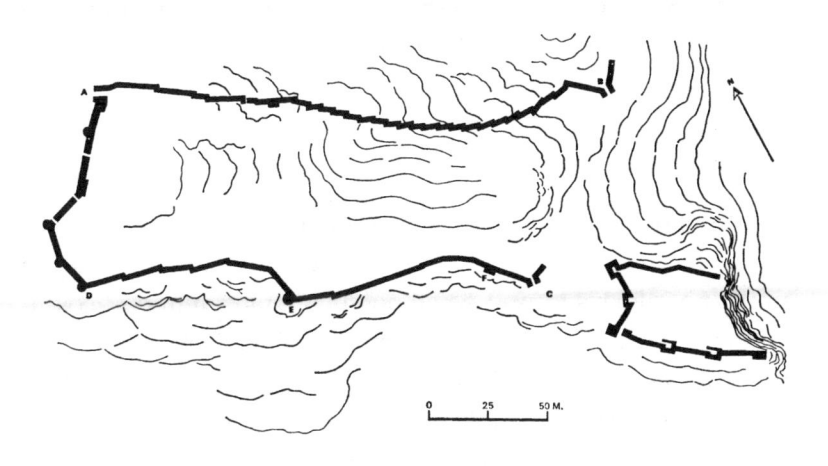

Fig. 14. – As muralhas de Gortys na Arcádia

Segundo R. Martin, "Les enceintes de Gortys d'Arcadie", *Bulletin de Correspondance hellénique*, 1947-1948, pl. XIII.

ção de grandes muralhas urbanas na Arcádia e em Messênia. Nessa época, as muralhas são construídas por engenheiros que querem opor-se ao progresso da poliorcética (a arte dos cercos), muito evidente no século IV. Elas deixam de ser retilíneas e se tornam denteadas. Aumenta-se o número de torres (frequentemente mais quadradas do que redondas), que podem receber máquinas de artilharia, e o de poternas para facilitar as saídas. A cidade de Mantineia, situada na planície, tem 120 torres em sua muralha. O parapeito pode ser contínuo ou ameado. Cuida-se particularmente do dispositivo de proteção da porta principal. Em caso de invasão do território cívico, as muralhas urbanas são vigiadas dia e noite: a população rural retirada do campo pode ajudar os hoplitas a garantir a vigilância. Na época dos Diádocos, as cidades-Estado realizaram grandes trabalhos em suas fortificações para se protegerem dos poderosos chefes de guerra: em 302, Éritras, que realizou trabalhos enormes, utilizando o sistema da subscrição* pública, conseguiu resistir ao cerco imposto por Seleuco. As cidades-Estado não deixam de manter suas muralhas durante a época helenística. ➤ CERCO.

MUSEU

Santuário* das Musas. O *mouseîon* por excelência é o de Hélicon, no território de Téspias. Como muitos museus, situa-se no campo, no vale das Musas, e não possui templo*; tem pórticos* e um teatro* rústico. Nele são celebradas competições* *thymelikoí* (musicais), as Mouseia, que se tornam *stefanítai* por volta de 225. O museu de Alexandre foi fundado por Ptolomeu II. Como a Grande biblioteca*, situa-se no bairro real. Trata-se de um local de culto; seu diretor é o sacerdote* das Musas. Não há templo. O museu comporta jardins, pórticos*, *exédrai**, o que permanece no espírito do Hélicon. Mas é também um centro de pesquisas, uma instituição, cujos membros são estudiosos (matemáticos, médicos*, geógrafos etc.), além de poetas e eruditos diversos: residem no museu, são isentos de impostos* e recebem a *sítesis* (a alimentação) às expensas do rei. Têm acesso à biblioteca.

MÚSICA ➤ AULO, CÍTARA, CORO, EDUCAÇÃO, LIRA, ODEÃO.

N

NAOPOIÓS ou NEOPOIÓS

Etimologicamente, são as pessoas responsáveis pela construção de um templo* (*naós*). 1º Quando uma cidade constrói um templo, uma comissão* extraordinária de especialistas, os *naopoioí*, é encarregada de conduzir e acompanhar os trabalhos: por ocasião da reconstrução do templo de Apolo, no século IV, a anfictionia* délfica encarrega uma comissão de *naopoioí* de todas as relações com os empreendedores (orçamento, qualidade dos materiais e do trabalho, respeito ao calendário* etc.). 2º Em algumas cidades-Estado, sobretudo na costa da Ásia Menor, os *neopoioí* são magistrados permanentes, encarregados de administrar os bens de um santuário*. É o caso de Samos e de Halicarnasso: nesta última cidade--Estado, o epônimo* é o presidente do colégio dos *neopoioí*.

NATURALIZAÇÃO ➤ Cidadania (direito de).

NAÚKLEROS

O *naúkleros* é o proprietário de um navio mercante. Ele pode utilizar seu navio para exercer, ele próprio, o comércio internacional e unir-se ao *émporos**. Em geral, mesmo sendo proprietário de parte da carga, recebe em seu navio um ou mais *émporoi*, que pagam o frete. A bordo, é o capitão, ainda que seja assistido por um piloto. Pode acontecer de o mesmo homem ser proprietário de vários navios, tal como Fórmion, escravo liberto do banqueiro Pásion. Ele não navega em suas embarcações: esse *naúkleros* é um verdadeiro armador. Às vezes chama-se igualmente de *naúkleros* o capitão do navio mercante, caso o proprietário não esteja a bordo. Esse capitão pode ser um escravo*. ➢ Empréstimo para a grande aventura.

NAVARCO

Comandante de uma frota de guerra.

NEÓCORO

1º Pessoa encarregada de manter o templo* (*naós*). Dependendo do caso, é um simples sacristão encarregado de limpar, varrer, decorar etc. ou um magistrado responsável pela conservação de um edifício e da boa ordem que nele deve reinar. Em Delos, o neócoro de Apolo é um magistrado desse tipo. 2º Cidade-Estado que se consagra particularmente ao culto de um deus, ao qual ela erigiu um templo. Éfeso foi neócora de Ártemis. De fato, as cidades-Estado são, sobretudo, neócoras dos imperadores. Quando a divindade não é especificada, trata-se sempre de imperadores. É uma honra rara e invejada obter do Senado o título de neócoro. Pérgamo foi três vezes neócora: obteve sua primeira *neokoría* sob Augusto; a segunda, sob Trajano; e a terceira, sob Caracala.

NÉOI ➤ Classes etárias.

NOME

Alguns dias após o nascimento, a criança recebe um nome pessoal: o nome oficial de um indivíduo comporta seu nome pessoal, o nome de seu pai (patrônimo) e, em algumas cidades-Estado, o de seu demo* (demótico), de sua fratria*, de sua *kóme** etc. O nome completo de Demóstenes (nome aportuguesado, pois se trata de um personagem muito célebre) é Demóstenes filho de Demóstenes do demo de Paiânia. Muitas vezes, o filho mais velho traz o nome de seu avô paterno, e o segundo filho, o de seu pai. O rico Kallias é filho de Hipônico, ele próprio filho de Kallias. Um dos filhos de uma moça herdeira traz o nome de seu avô materno. Muitas vezes ocorre de, em uma mesma família, os nomes formarem uma série: dois irmãos de Tasos chamam-se Antípatro e Antípapo, e sabemos que Temístocles deu a três de suas filhas os nomes de Siris, Síbaris e Ásia; a série tem um significado e prova o interesse do pai por essas regiões distantes. Os nomes de origem aristocrática evocam a vida militar, a força, a glória, os cavalos: nomes terminados em -*makhos* (*mákhe*, a batalha*), como Lisímaco, em -*stratos* (exército*), como Calístrato; nomes feitos a partir de *níkhe* (vitória), como Nícias, de *krátos* (força), como Polícrates, de *arkhé* (comando), como Poliarco, de *áristos* (o melhor), como Aristóteles ou Aristarco, de *híppos* (cavalo), como Xantipo ou Hipônico. Muitos nomes são formados com base em nomes de divindades (nomes *theóphoroi*): por toda parte encontram-se Apolodoros e Dionisos. Alguns desses nomes são típicos e demonstram um culto; de certo número de nomes iniciados em *Ptoi*-, como Ptoiôn, Ptoiodoros ou Ptoikleis, dois terços pertencem aos cidadãos de Acraifia, que possuía um célebre santuário a Apolo *Ptóios*. Há nomes de origem variada: nomes feitos a partir de nomes de animais, como Moskhos, Moskhas, Moskhion (de *móskhos*, o vitelo); de nomes de profissão, como *Boúkolos* (o vaqueiro); de qualidades, como Callias (o Belo) ou Mikos (o Pequeno); de pedras preciosas, como o jovem ateniense Zmaragdos (esmeralda) ou a jovem Onychion (ônix); de perfume, como a ateniense Myrô etc. Alguns nomes, como Leôn, são difundidos em todo o mundo grego, mas cada região tem sua onomástica própria: estudar a onomástica de uma cidade-Estado ou de uma região ensina muito sobre o povoamento (nomes trácios em Tasos, nomes jônicos em Laodiceia do Lico), os cultos, as relações políticas e comerciais com as outras cidades. A onomástica também demonstra a helenização dos indígenas: frequentemente se encontram na época helenística, em regiões como a Capadócia, pessoas de nome grego, cujo pai tem um nome indígena. Muitas vezes, também, uma pessoa tem, ao mesmo tempo, um nome grego e outro indígena, como Artemidoro de Orchoi, na Babilônia, que também se chama Minnanaios. De resto, essas alcunhas aparecem em todas as classes sociais; sempre foram utilizadas no interior das famílias, mas só aparecem em grande número nas inscrições* no século II: A filho de B, também chamado de C.

NOMO

Principal subdivisão do território egípcio. Tem caráter administrativo, fiscal, econômico e religioso.

NOMOFÝLAX

"Aquele que zela pelas leis*." Os *nomophýlakes* têm por primeira função zelar para que as leis* sejam respeitadas. Tal é papel dos *nomophýlakes* criados em Atenas por Demétrio de Falera: eles vigiam os diferentes magistrados e, junto com os proedros, assistem a todas as sessões do Conselho* e da assembleia do povo*.

Em Mesêmbria, esses magistrados têm a mesma função de controle: o nome dos cidadãos culpados de um delito lhes é assinalado. Por outro lado, os *nomophýlakes* costumam ser encarregados do registro de documentos: é o que fazem os colegas que, na época imperial, existem em inúmeras cidades-Estado da província da Ásia. ➤ THESMOFÝLAX.

NOMOGRÁPHOI

1º Redatores de leis*, encontrados especialmente em Megalópolis, Magnésia do Meandro e Cnido. 2º Pessoas encarregadas de registrar as leis, especialmente em Hermioné e na Confederação* etólia.

NOMÓTETA

"Aquele que estabelece as leis*." Os nomótetas são bem conhecidos em Atenas no século IV. Não é um cargo que existe permanentemente. O povo decide a designação dos nomótetas em dois casos: 1) após a revisão das leis*, à qual procedem todos os anos os tesmótetas*. Se encontram uma lei contrária à outra, uma lei que caiu em desuso ou outra com dupla aplicação, devem mandar afixar o texto da lei contestada e pedir aos prítanes* que convoquem a *ekklesía* e coloquem essa questão na ordem do dia. A assembleia decreta, então, a nomeação de nomótetas, que deverão decidir por meio de um voto* a manutenção ou a ab-rogação da lei. 2) O outro procedimento institucional que pode levar à nomeação de nomótetas é o voto de confirmação, com a mão levantada (*epikheirotonía*), das leis pela *ekklesía*: esse voto ocorre por ocasião da primeira sessão do *Hekatómbaion*. Se uma lei existente não obtiver um voto favorável, os prítanes colocam a questão da designação dos nomótetas na ordem do dia da última sessão da primeira pritania; entre as duas reuniões, o primeiro cidadão que chegar pode propor uma lei destinada a substituir a que desagrada ao povo; os nomótetas devem decidir. Eles são designados entre os heliastas*; o povo decide o número de seções que formarão a comissão*. Já se ouviu falar uma vez de 500 nomótetas e, outra vez, de 1.001. Em outras regiões, o título de nomóteta pode ter um sentido menos técnico e significar "legislador": Adriano recebeu esse título em Atenas, em Cirene e Plateias.

O

ODEÃO

Sala de concerto onde podiam ocorrer as provas musicais das competições* *thymelikoí*; a partir da época helenística, nela os artistas também davam recitais ou audições. O primeiro odeão foi construído em Atenas por Péricles, perto do teatro* de Dioniso: era uma sala coberta, de forma quadrada, dotada de um estrado e teto sustentado por colunas internas. Outros odeões eram dotados de um auditório semelhante ao dos teatros, mas são sempre edifícios cobertos, cuja forma externa é retangular ou quadrada. Expandiram-se, sobretudo, na época imperial (odeões construídos pelo rico Herodes Ático, por exemplo).

OIKISTÉS ➤ Colônia.

OLIGARQUIA

Regime político em que o poder pertence a um pequeno número de homens (*olígoi*). O melhor exemplo é o regime dos Trinta em Atenas, em 404/403. ➤ ARISTOCRACIA.

ONZE

1º Magistrados atenienses responsáveis pela prisão e pelas execuções capitais e dotados de algumas funções judiciárias. 2º Comissões* extraordinárias ou tribunais* extraordinários verificados em Tânagra, na Beócia, em Esparta em 411, em Zeleia, perto de Bizâncio, e em Delos.

OPISTÓDOMO ➤ TEMPLO.

ORÁCULO

Certo número de santuários* é a sede de oráculos. Alguns têm apenas uma notoriedade local, como o de Anfiarau, em Oropos, ou o de Trofônio, em Lebadeia. Outros têm renome internacional: o oráculo de Zeus em Dodona, de Zeus Ámon em Siwah, na Líbia, de Apolo, em Claros, em Didima e, sobretudo, em Delfos. O fenômeno oracular na Grécia é notável ao mesmo tempo por seu ritualismo e pela intensa fé dos sacerdotes*, dos conselheiros e do povo grego na palavra divina. Os procedimentos oraculares são diversos. Em Dodona, os *Selloí* interpretam o murmúrio produzido pelo vento ao passar por entre as folhas de um carvalho que se encontra em um *témenos**, ao ar livre; em Claros, o profeta* ou o *thespioidós* (não se sabe) bebe a água sagrada no *ádyton** antes de proclamar o oráculo; em Delfos, a Pítia se purifica com a água da Castália, bebe a de Cassiotis, queima folhas de louro, entra no *ádyton*, onde, sentada no tripé*, perto da estátua* de ouro do deus, em um entusiasmo* extático, torna o oráculo (*khresmós*) verídico. Os conselheiros não entram no *ádyton* nem em Didima, nem em Claros, nem em Delfos. Só têm acesso ao oráculo depois de realizarem ritos preliminares e terem pago diversas taxas. Em Delfos, por exemplo, deve-se, entre outras coisas, fazer um sacrifício a Atena Pronaia e outro a Asclépio; também é necessário pagar o *pelanós** e a taxa da pele (*dérma*) para o sacrifício a Apolo, que os délficos oferecem em nome de todos os conselheiros. Não se pede ao oráculo que prediga o futuro, solicitam-se seus conselhos: o fundador de uma colônia*, o legislador, a cidade-Estado prestes a entrar em guerra, o homem que tem em vista um matrimônio* ou uma viagem*, o sacerdote preocupado com um fenômeno estranho pergunta ao deus o que é "preferível e melhor" fazer, a qual deus é preciso sacrificar-se para ter êxito, que culto é necessário estabelecer. O intérprete do deus acredita sinceramente no oráculo, quer se trate da Pítia, que vive na solidão e em jejum, aguardando o momento de cumprir os ritos que a tornarão *éntheos*, quer do profeta de Didima, que na época imperial consulta o deus sobre problemas pessoais. Apesar do oportunismo político de Delfos, que o povo ateniense vê com desconfiança nos séculos V e IV, Apolo permanece o *arkhegétes** da colonização, o organizador da legislação, o deus que sabe indicar as purificações e as expiações: Platão reconhece em Apolo délfico o guia do povo grego no domínio da religião e da moral. Possuímos inúmeros oráculos, forjados ou autênticos, graças aos textos literários. As inscrições* também nos forneceram alguns. Em Didima, onde os conselheiros eram, sobretudo, particulares, inúmeros oráculos foram gravados no santuário: a inscrição ainda comporta o nome do conselheiro, a pergunta feita (em nome de quem cumprir o sacrifício? A quem suplicar?) e a resposta, muitas vezes em versos. Claros e Delfos são muito consultados pelas cidades-Estado. Seus oráculos não são gravados no santuário. São as cidades-Estado que erigem uma estela que conserva a lembrança da palavra divina: Magnésia do Meandro via Apolo como seu *arkhegétes*, consultava-o e preocupou-se, por exemplo, em gravar o oráculo que lhe prescrevia consagrar um santuário a Dioniso e criar um culto báquico à imagem daquele de Tebas. ➤ EPIFANIA.

ORADOR

A palavra (*lógos*) desempenha papel importante na civilização grega. Em Homero, aparece a ideia de que a *areté** compreende não apenas o valor guerreiro, mas também a capacidade de dar um bom conselho. Nos regimes aristocráticos, um membro do Conselho deve saber persuadir seus colegas. Nos regimes democráticos, a eloquência é a primeira qualidade do político: no século IV, a única palavra para designar o político é *rhétor*, o orador. Se Péricles pôde dirigir a democracia ateniense foi porque sabia impor pela palavra suas ideias à *ekklesía**, modificar segundo seu desejo as paixões da multidão. Seu poder vinha menos da função de estratego*, que exerceu repetidas vezes, do que de sua ascendência sobre o povo. A importância dos oradores aumenta no século IV: o rei da Macedônia tem por principal adversário Demóstenes, orador ateniense que não ocupa nenhuma magistratura. Segundo Demóstenes, o orador é o conselheiro (*sýmboulos*) do povo. Para ele, o orador ideal deve ser um patriota dedicado à sua pátria; um homem informado, que conheça os fatos e tenha refletido sobre os motivos do adversário; um homem precavido, que saiba o que convém fazer; um homem responsável, que tome a palavra diante da assembleia e proponha decretos*. O orador político não morreu com Demóstenes em 322. Com frequência, as cidades-Estado gregas tiveram de fazer escolhas cruciais na época helenística: os oradores deviam ajudar a assembleia a tomar uma decisão da qual dependia o futuro da cidade-Estado e, às vezes, a conservar a linha de conduta escolhida, apesar das dificuldades. Foi o caso, em Antioquia do Meandro, de Diótrefes, que, ao longo da primeira guerra de Mitrídates, conseguiu convencer o povo a resistir ao rei e permanecer fiel a Roma: após a vitória romana, recebeu o título de "salvador e benfeitor". Não se devem esquecer os inúmeros embaixadores que souberam defender a causa de sua cidade-Estado junto aos reis* helenísticos, ao Senado romano, às outras cidades--Estado e, mais tarde, junto a imperadores. Pérgamo concedeu uma série de estátuas* honoríficas a Diodoros Pasparos, que obtivera do Senado romano um abrandamento de sua sorte. A eloquência judiciária é igualmente importante: perante os tribunais* atenienses, o acusador e o acusado devem defender, eles próprios, sua causa. Muitas pessoas, como o filho do banqueiro Pásion Apolodoros, são os autores das defesas que pronunciaram. Outras, menos cultas ou menos seguras de si, pedem a um logógrafo* para escrever um texto que recitarão. Os Anciãos contam entre os grandes oradores áticos dos metecos*, como Lísias e Iseu, que compuseram, sobretudo, discursos para outras pessoas. Por fim, a eloquência solene não deve ser negligenciada: elogio tradicional dos soldados mortos na guerra; discurso panegírico, pronunciado perante os gregos reunidos em Olímpia para as competições*; discursos fictícios de todos os gêneros. Às vezes, o orador é bem próximo do rétor*.

ORGEÓNES

Os *orgeónes* são pessoas que cumprem as *órgia* (atos sagrados). Se *thíasos** corresponde a *thiasótes*, e *éranos** a eranistas, não há nenhum nome para designar o grupo dos *orgeónes*: diz-se tanto "os *orgeónes*" quanto o "*koinón* de orgeões". 1º Na época clássica, os grupos de *orgeónes* são, com os *géne**, as subdivisões da fratria*. Um grupo de *orgeónes* é, essencialmente, uma associação* de culto; costuma prestar um culto a um herói*, tal como o Herói Médico, ou a divindades menores; muitas vezes, possui bens fundiários. 2º Ao final da época clássica, existem *orgeónes* não cidadãos. Um dos mais antigos é o grupo dos *orgeónes* trácios do Pireu, que prestam um culto à deusa Bendis; foi criado no início da Guerra do Peloponeso.

ORGIAS

As *órgia* (plural de *órgion*) são "as coisas que são realizadas". Trata-se dos ritos cumpridos nos cultos de tipo definido. O termo é empregado pelos antigos, inicialmente a respeito dos mistérios*, a começar por aqueles de Deméter em Elêusis, dos cabiros na Samotrácia e de Cibele: trata-se de ritos organizados, previstos pela lei* sagrada, ainda que sejam secretos, pois constituem mistérios. Também se empregava esse termo a respeito dos ritos das bacantes*, que conheciam o êxtase e o entusiasmo* por ocasião de uma festa* organizada e periódica; ritos da mesma ordem são encontrados em festas em honra a outras divindades, como Apolo, em Magnésia do Meandro. O mesmo termo remete igualmente aos ritos órficos, um culto celebrado na periferia da cidade-Estado. ➢ ORGEÓNES.

OSTRACISMO

Instituição ateniense que funcionou de fato de 488/487, com o exílio de Hiparco, que era parente dos pisistrátidas, até 418/417, com o exílio de Hipérbolo. Todo ano, por ocasião da oitava pritania*, o povo decidia levantando as mãos se haveria ou não ostracismo. Se a decisão fosse positiva, a assembleia se reunia, excepcionalmente na *agorá*, e cada cidadão inscrevia em um *óstrakon* (fragmento de louça) o nome do cidadão que queria ver exilado. Para que isso fosse válido, era necessário que o número de fragmentos inscritos ultrapassasse seis mil. O homem que reunisse o maior número contra si devia deixar Atenas em dez dias por dez anos, sem perder seu título de cidadão nem seus bens. A instituição foi criada após a queda da tirania dos pisistrátidas para impedir um retorno da tirania. Na prática, serviu, sobretudo, para afastar da vida política os homens importantes, cujas ideias o povo se recusava a seguir. Foram encontrados inúmeros *óstraka*, com o nome e, às vezes, o patrônimo e o demótico*; alguns acrescentavam uma observação injuriosa.

P

PAIDEÍA ➤ Educação.

PALÁCIO

Os únicos palácios do mundo grego encontrados datam da época micênica e daquela helenística. 1º O palácio micênico é fortificado. Nele, o rei* abriga sua família e seus bens durante suas expedições guerreiras. O palácio comporta um *mégaron**, inúmeros cômodos de habitação e depósitos. É um local de produção e estocagem. 2º O palácio helenístico é chamado de *basileía* (substantivo plural) ou, para utilizar o nome de um de seus elementos, de *aulé*, pátio. O palácio de Aigai, na Macedônia, que talvez date do final do século IV, tem em seu centro um peristilo* de 2.000 m², cercado de cômodos por todos os lados, alguns de 300 m², e uma fachada, a leste, constituída por um pórtico* de um andar. Em Alexandria, existe um bairro do palácio que, na época de Augusto, ocupa um quarto da cidade. É conhecido não pela arqueologia, mas pelos textos literários. Comporta uma série de edifícios (residências, casernas etc.), dos quais os mais célebres são o Museu* e a Biblioteca*. Um elemento importante do palácio é um grande peristilo*, para o qual se abre a sala de audiências.

PALESTRA

Etimologicamente, palavra derivada de *pále*, luta*. 1º Do ponto de vista arquitetônico, parte do ginásio*. 2º Pode ser um edifício independente. Na época helenística, a palestra é o local onde ocorre o treinamento esportivo das crianças (*paîdes*), enquanto os efebos* e os *néoi* frequentam o ginásio. Na época arcaica e clássica, a distinção parece menos nítida. A palestra da Atenas clássica era um edifício privado, pertencente a um pedótriba*, que também o dirigia. Na época helenística, muitas cidades-Estado têm uma palestra pública, em geral chamada de "a palestra dos *paîdes*"; a existência dessa palestra frequentemente implica a existência de um pedônomo*.

PANCRÁCIO

Espécie de luta* em que todos os golpes são autorizados. Esse esporte violento é praticado em todas as competições* gímnicas. Os pancraciastas são os atletas* pesados por excelência: sua musculatura era particularmente desenvolvida. Muitos pancraciastas também praticavam boxe*.

PANEGÍRIA

1º A palavra designa toda reunião importante, sobretudo por ocasião das grandes festas. 2º De modo mais técnico, feira organizada por ocasião de uma grande festa* religiosa e que tem a mesma periodicidade. O comércio não se limita à compra e venda ligadas diretamente à festa (alimentos e bebidas para os participantes, vítimas para os sacrifícios* dos devotos). A feira dura vários dias. É realizada em um terreno próximo ao santuário*, onde os vendedores instalam tendas de junco ou madeira. Magistrados exercem um poder de polícia, geralmente confiado ao agorânomo* da panegíria, que zela pela utilização dos pesos* e das medidas* de acordo com os estalões públicos e pela honestidade nas transações comerciais; na época imperial, tende a ser substituído pelo panegiriarca. A feira traz rendimentos fiscais para a cidade-Estado ou para a Confederação* que celebra a festa; os impostos* são a *pentekosté* e taxas sobre as vendas. As transações comerciais geralmente se baseiam nos escravos e no gado, aos quais podem ser acrescentadas vestimentas* e joias. É o momento em que os camponeses podem arranjar bois e escravos* para os trabalhos agrícolas, assim como as joias para o dote* das filhas; eles próprios vendem seu excedente. 3º Às vezes o termo designa uma festa de primeiro plano (a parte significando o todo).

PAPIRO

1º Ver Livro. 2º Os papiros encontrados no Egito conservaram um grande número de textos literários. Mas compreendem, sobretudo, documentos oficiais ou particulares: contas* públicas, relatórios às autoridades, contratos diversos, arquivos* de tabeliães, testamentos, cartas pessoais. Um dos conjuntos de documentos mais interessantes são os arquivos de Zenão, que, em meados do século III, administrava um domínio concedido (*doreá*) para o *dioiketés* (ministro) Apolônio e o transformava profundamente. Todos esses documentos nos fornecem muitas informações sobre o

Egito, do século III a.C. até o início do século VII de nossa era: eles nos ensinam muito sobre a organização administrativa e militar, sobre o direito, a economia (fiscalização, métodos agrícolas, monopólios régios, abastecimento), a vida religiosa e privada.

PARAMONÉ ➤ Alforria.

PÁROIKOI

Termo difícil, que não pode receber uma explicação única. 1º Em algumas cidades-Estado, nome dos estrangeiros residentes. ➤ Meteco. 2º Em Rodes, que tem metecos, aparentemente são chamados de *páraoikoi* os estrangeiros residentes de estatuto diferente, sobretudo os mercenários*. 3º Em Atenas, que tem metecos, no século III são chamados de *páraoikoi* os soldados que formam as guarnições instaladas pelo rei da Macedônia. 4º Em algumas cidades-Estado da Ásia Menor, indígenas que exploram a terra do reino puderam ter acesso ao estatuto de *páraoikoi*, um estatuto que não é igual ao dos cidadãos na cidade-Estado grega vizinha: foi o caso dos *pedieîs* de Priena.

PÁROIKOS ➤ Meteco, Pároikoi.

PASTORES

Na maioria das vezes, os pastores são escravos*; com frequência, vende-se o pastor com seu rebanho. Mas existem pastores assalariados no Egito ptolemaico, e na Tessália sabe-se da presença de pastores cidadãos que testemunharam sobre delimitações de fronteira entre cidades-Estado. O pastor tem um cão de guarda e de defesa contra os ladrões e os animais selvagens. Muitas vezes, pastoreiam-se as ovelhas e as cabras juntas, mas um rebanho confiado a um guardador de cabras costuma ser menor do que um rebanho de ovinos. ➤ CRIAÇÃO DE GADO.

PÁTRA e PATRIÁ

Subdivisão do corpo cívico, que reúne os filhos do mesmo pai. Subdivisão de base em Tasos (*pátre*). Em Delfos (*patriá*), subdivisão da fratria*. Existe em Tenos.

PATRÓIA ➤ EPÍKLEROS.

PEÃ

O peã é um canto de guerra*. Inicialmente, trata-se de um canto de marcha para um exército* que avança rumo ao combate, sobretudo entre os lacedemônios, mas também entre outros dórios: permite avançar perfeitamente em linhas ao som do aulo*. O peã também pode ser cantado no momento em que se está bem próximo do inimigo: o exército entoa esse canto, que invoca Apolo pelo grito de "Iê peã!", para marcar sua coesão, aumentar seu ardor e espantar o inimigo. É igualmente cantado nas batalhas* navais: o de Salamina permaneceu célebre. Mais tarde, o peã foi cantado por outras multidões além dos exércitos e honrou outras divindades além de Apolo. Permanece um canto coletivo, que une uma comunidade e invoca o mesmo deus. O peã entoado por uma multidão é um canto tradicional. Todavia, são conhecidos peãs compostos por poetas: o do coríntio Aristônico foi gravado em Delfos.

PEDAGOGO

Escravo* encarregado de levar a criança (*paîs*) à escola*, à palestra* ou para o citarista*.

PEDÔNOMO

Magistrado encarregado da educação* das crianças (*paîdes*). 1º Segundo Xenofonte, em Esparta é um dos altos magistrados cívicos. Tem poder sobre os *paîdes* e manda punir com chicote toda criança que comete erros (➤ AGOGÉ). 2º Em outros lugares, é um magistrado de segunda categoria, geralmente subordinado ao ginasiarca*. Com frequência, existe quando a cidade-Estado possui uma palestra* pública, "a palestra dos *paîdes*": enquanto vigia o edifício e os meninos que o frequentam, seu superior, o ginasiarca, vigia o ginásio* e seus usuários. Pode haver não um pedônomo, mas um colégio de pedônomos, tal como em Téspias, na Beócia, e em várias cidades-Estado da Jônia, de Mileto, Priena e Magnésia do Meandro. No século II, criou-se um pedônomo em Teos, quando um evergeta* criou uma fundação para o ensino infantil; ele escolheu não apenas os meninos (*paîdes*), que deviam participar de uma festa, mas também as meninas (*parthénoi*), que nela deviam cantar um hino*, provavelmente porque tinha sob sua autoridade alunos dos dois sexos que frequentavam a mesma escola. O mesmo fenômeno foi encontrado em Notion. ➤ EDUCAÇÃO, GINECÔNOMO.

PEDÓTRIBA

Professor de educação* física. Etimologicamente, tem por alunos as crianças (*paîdes*), em geral na palestra*, mas também são encontrados pedótribas no ginásio*, onde se ocupam dos efebos* e dos *néoi**. Ensina os exercícios tradicionalmente praticados nas competições*. Seu atributo é bastão bifurcado, o *rhábdos*.

PELANÓS

Originariamente, o *pelanós* é uma oferenda em espécie, inteiramente consagrada ao deus: com frequência, trata-se de um bolo, que é todo consumido no altar* (holocausto) e, às vezes, de um líquido, que é vertido. Mais tarde, o *pelanós* tornou-se uma taxa sacrificial, paga em dinheiro, como ocorria, por exemplo, no santuário* oracular de Apolo em Delfos. Possuímos inúmeras tarifas privilegiadas, concedidas por Delfos: o conselheiro de Skiathos paga um estáter de Egina se interrogar o deus em nome de sua cidade-Estado, dois óbolos se se tratar de um simples particular.
➢ ORÁCULO.

PENAS JUDICIÁRIAS

Nos tempos mais antigos, o culpado podia receber a pena de morte ou a atimia*, ou seja, ser considerado fora da lei. Para evitar essa sorte, o assassino só podia se exilar; os outros pagavam uma compensação à parte ultrajada. A partir da época arcaica, o direito de vingança é retirado dos particulares e reivindicado pela cidade--Estado: no final do século VII, as leis* de Drácon demonstram essa evolução em Atenas. A cidade-Estado se contenta em transformar aos poucos as penas primitivas. A pena de morte existe por toda parte. Muitos delitos são passíveis dela: assassinato voluntário, sacrilégio, impiedade, crimes políticos de todos os gêneros etc. Os métodos de execução variam segundo as cidades-Estado. Na Antiguidade, para os crimes religiosos e ainda na época clássica para os vis malfeitores (*kákourgoi*), em Atenas se utilizava o *apo-*

tympanismós: o condenado é preso com ganchos a uma tábua, e nela fica estendido até morrer. Na época clássica, a maioria dos condenados é autorizada, como Sócrates, a beber a cicuta, que proporcionava, por assim dizer, uma morte sem dor. Os Onze* eram responsáveis pelas execuções; ajudavam a realizá-las. O tribunal* pronuncia penas de exílio (*phygê*) em alguns casos: o assassino involuntário é banido* segundo a lei de Drácon ("diminuindo", assim, sua mácula). O acusado tem a possibilidade de se exilar voluntariamente para evitar um processo em que possa ser condenado à morte: foi o que fez o historiador Tucídides. A atimia é apenas uma privação de alguns direitos civis e religiosos. Existem penas de ordem religiosa: privação de sepultura, maldição (*ará*) solene, exclusão dos santuários e da *agorá*. Às vezes, infligiam-se penas infamantes: passeio ou exposição ignominiosa, inscrição* em uma estela de infâmia do nome do culpado e de seu delito. As penas pecuniárias são as mais frequentes: trata-se de confiscos (*démeusis*) ou de multas (*zemía*) mais ou menos elevadas. Em Atenas, os *poletaí** procedem ao leilão dos bens confiscados. O denunciante recebe uma parte muitas vezes importante da multa ou do preço dos bens confiscados. As penas pessoais, excetuada a pena de morte, são muito menos frequentes. No direito ático, a servidão penal é prevista somente para aqueles que usurparam o título de cidadão; a servidão por dívidas, abolida por Sólon em Atenas, permanece em vigor na maioria das cidades-Estado. O aprisionamento quase não é utilizado como pena: em Atenas, mantêm-se na prisão (*desmotérion*) somente os devedores do Tesouro* público; na Ática, a detenção preventiva só se aplica aos não cidadãos. A flagelação só é infligida aos escravos*. A ideia fundamental é que o cidadão não é responsável por sua pessoa (*sôma*): o mesmo não se pode dizer em relação aos estrangeiros e, menos ainda, em relação aos escravos. As penas são imprescritíveis. Originariamente, a pena visava apenas à vingança. Aos poucos, nasceu a ideia de que a pena infligida ao criminoso podia contribuir para o bem comum: ela seria um exemplo que intimidaria os eventuais imitadores. Platão, por fim, considerou a pena um meio de corrigir o culpado.

PENTACOSIOMEDIMNO

Membro da primeira classe censitária* soloniana. Conforme o nome indica, ele recolhia, no mínimo, quinhentas medidas de produtos secos ou líquidos: apenas mais tarde se consideraram os rendimentos não agrícolas. A classe dos pentacosiomedimnos era a única a tirar seu nome de uma quantidade. Sólon recusou a tradição, segundo a qual as classes superiores deviam ser designadas por nomes laudatórios (eupátridas etc.). Os pentacosiomedimnos tinham acesso a todas as magistraturas. Eram os únicos que podiam ser tesoureiros* de Atena. Ignora-se se, originariamente, o arcontado lhe era reservado ou se também era acessível aos cavaleiros (*hippeîs**). Seus privilégios políticos desapareceram na época democrática. Serviam no Exército* como cavaleiros ou como hoplitas. Eram submetidos às liturgias*.

PENTATLO

Prova das competições* gímnicas que comportava cinco (*pénte*) disciplinas: corrida* no estádio*, salto a distância, lançamento de disco, lançamento de lança, luta*. Era praticado por homens adultos. Duas das disciplinas existiam apenas como elementos do pentatlo: o lançamento de disco, que muito inspirou os artistas, e o salto a distância, que utilizava halteres de forma diferente e um peso muitas vezes de aproximadamente 2 kg. O lançamento de lança não existia como prova isolada nas competições gímnicas, mas era praticado pelos efebos* e pelos *néoi** nas competições de tipo militar. O atleta* do pentatlo era considerado um atleta completo e de corpo perfeito. O vencedor devia superar três das cinco provas, das quais a luta era a mais importante.

PENTEADO

Na época arcaica, os homens têm os cabelos longos: usam coques na nuca ou tranças enroladas na cabeça. Na época clássica, apenas os deuses têm o penteado tradicional (como a estátua* de Posêidon, encontrada nas ruínas de um naufrágio no cabo Artemísio). Exceto em Esparta, os homens têm os cabelos bem curtos, mas não raspados; costumam utilizar uma faixa muitas vezes estreita. Em geral, não usam nenhum acessório na cabeça. Os acessórios masculinos para cobrir a cabeça mais encontrados são o *pîlos*, de feltro, de forma cônica e sem abas, e o pétaso (um dos atributos de Hermes), chapéu bastante raso, com abas largas; a *kausía*, boina larga, é característica dos macedônios e foi usada por seus reis*; ornou a cabeça de muitos jovens greco-macedônios no Egito. As mulheres geralmente usam os cabelos longos. Muitas vezes se diz que as moças usavam os cabelos na altura das costas e que as mulheres casadas os mantinham presos; porém, essa regra parece não se aplicar à vida cotidiana. A *kóre** do século VI tem os cabelos longos, com mechas que caem sobre o busto, como as canéforas* e as moças nas procissões*; contudo, nas cenas privadas, pintadas nos vasos, é difícil dizer se a mulher era ou não casada. Na maioria dos casos, dentro de casa elas usavam os cabelos presos, geralmente em coque baixo, amarrado por uma fita; às vezes os cabelos eram envolvidos por um *sákkos*, uma touca tecida de forma alongada, ou pelo cecrífalo, uma rede. Fora de casa, algumas vezes colocavam sua *himátion* na cabeça e, em outras, usavam um chapéu, como a *tholía*, chapéu largo e raso, cujo centro era encimado por um elemento cônico elevado. ➤ Vestimentas.

PEPLO ➤ Vestimentas.

PERAÍA

Território continental de uma cidade-Estado insular. Em geral, trata-se da região situada na frente da ilha. Tasos, Samotrácia, Mitilene, Quios, Samos e Rodes têm uma *peraía*. A de Rodes comporta duas partes distintas. A primeira é a *"peraía* integrada", que é incorporada à cidade-Estado de Rodes e participa da divisão em demos*, o que permite aos cidadãos exercer deveres e cargos como todos os rodienses. A segunda é a *peraía* subjugada. Antes de 188, compreendia as cidades-Estado de Estratoniceia da Cária e de Caunos. Em 188, Roma a estendeu a todas as cidades-Estado da Lícia e a grande parte daquelas da Cária. Na época, Rodes tinha um comandante militar (*hegemón*) encarregado na Lícia e outro na Cária. Em 167, Roma deu a liberdade aos lícios e aos cários.

PERIECOS

"Aqueles que habitam ao redor." 1º Na Lacônia, junto com os espartanos, os periecos formavam o povo dos lacedemônios. Pertenciam a comunidades cívicas que eram chamadas de *póleis*, cidades-Estado. Não participavam em nada da política externa lacedemônia, que era assunto dos espartanos. Todavia, deviam prestar serviço militar, fora do Peloponeso, apenas até 370 e, posteriormente, em toda parte. A partir do início do século IV, formavam a maioria do exército lacedemônio e podiam tornar-se oficiais. É provável que as cidades-Estado periecas resolvessem seus assuntos internos sem a intervenção espartana. Os burgos pareciam pouco desenvolvidos, com exceção de Gytheion. Os periecos tinham propriedades* fundiárias e imobiliárias e, com exceção das expedições militares mais frequentes, levavam a mesma vida que os povos vizinhos. 2º Existiram na Grécia continental diversos periecos ligados a um povo mais poderoso. Os mais importantes eram os periecos da Tessália: os perrebos tornaram-se membros com pleno direito da Confederação tessália antes da metade do século IV. Também existiram periecos em Argos, Élis (onde eram integrados ao corpo cívico eleata por volta de 370). 3º Na Lícia, são conhecidas comunidades periecas que, provavelmente, eram rurais. Foram anexadas a cidades-Estado com um estatuto inferior, por volta do final do século IV e durante a primeira parte do século III. Os decretos têm fórmulas de sanção do tipo: "Agradou à cidade-Estado de Limyra e a seus periecos"; fórmulas desse gênero também existem em Xantos e em Telmessos. A partir da metade do século III, os periecos de uma cidade-Estado lícia são plenamente incorporados ao corpo cívico.

PERIEGESE

Obra que é um guia de viagem*, uma descrição detalhada de um itinerário. A mais célebre é a Periegese da Grécia por Pausânias.

PERIODONÍKES ➢ Atleta.

PERÍODOS

Conjunto das quatro competições* de Olímpia, Delfos, Nemeia e Istmo.

PERÍPTERO ➢ Peristilo.

PERISTILO

Um edifício peristilo ou períptero é cercado de todos os lados por uma colunata. Um peristilo é um pátio com um pórtico* de colunas nos quatro lados.

PERSONIFICAÇÃO DE ABSTRAÇÕES ➢ Abstrações personificadas.

PESO

Cada cidade-Estado tem seu próprio sistema. As unidades ponderais e monetárias têm os mesmos nomes no que se refere aos mais importantes (talento e mina; estáter, que, no sistema ponderal, vale duas minas e, no monetário, duas dracmas); porém, os estalões são diferentes. Acreditava-se que Sólon tivesse estabelecido a dracma ponderal em 105 vezes a dracma monetária, mas ele não pôde tomar essa medida porque a moeda não existia em Atenas na sua época. Em todo caso, os pesos (*stathmoí*) de metal encontrados na *agorá** de Atenas provam que o estalão 105 durou até a época helenística: no século IV, a dracma ponderal pesava 4,54 g; a mina, que é de cem dracmas, 454 g; o talento, que é de 60 minas e 6.000 dracmas, 27,240 kg. Na *agorá* de Atenas foram encontrados pesos de bronze que são aproximadamente do ano 500; neles estão inscritos, ao mesmo tempo, *demósion* (peso público) e o nome do peso, além de um símbolo. O estáter (duas minas), cujo símbolo é o ganiz, pesa 795 g; o quarto de estáter, cujo símbolo é o escudo, pesa 190 g; e o sexto de estáter, cujo símbolo é a tartaruga, pesa 126 g. Em Atenas, os pesos eram controlados pelos *metronómoi** e, em outros lugares, pelos agorânomos*. Por volta de 112, Atenas decretou uma lei que prescrevia a um magistrado especial mandar fabricar pesos e medidas conforme a definição legal. Ela fazia com que o valor da mina comercial, ou seja, ponderal, passasse de 138 a 150 dracmas de prata em moedas de estalão ático. Isso mostra que, anteriormente, já houvera um aumento de estalão ponderal: sobretudo, com o estalão 150, uma mina ponderal ática vale cerca de duas libras romanas. Desse modo, facilitava-se a conversão entre os pesos atenienses e os romanos. ➤ MOEDA (ESTALÕES E UNIDADES DE).

PETALISMO

Instituição siracusana que é uma imitação do ostracismo* ateniense. Essa medida foi tomada durante o período de democracia moderada que Siracusa conheceu a partir da metade do século V: como em Atenas, a instituição visava prevenir todo retorno da tirania. Assim como o ostracismo tira seu nome do fragmento de louça (*óstrakon*), o petalismo tira seu nome da folha (*pétalon*) de oliveira que servia de cédula de voto*. O ostracismo implicava um exílio de dez anos, e o petalismo, de cinco. Essa instituição não durou muito tempo.

PÉTASO ➤ PENTEADO.

PHÍLOI

1º A princípio, os *phíloi* de uma pessoa são "os seus", os membros de sua família. 2º São os amigos de uma pessoa, quer eles sejam de sua cidade-Estado (muitas vezes, homens da mesma idade, vizinhos, membros da mesma subdivisão cívica), quer sejam estrangeiros (ver Amizade ritual). 3º Os *Phíloi*, os Amigos de um rei* helenístico, formam sua corte: são seus conselheiros, seguem-no aonde ele for, combatem a seu lado. O rei confia a alguns deles postos distantes, militares e administrativos. ➤ Áulico.

PHYLÉ ➤ Tribo.

PIRATARIA

Segundo Aristóteles, com a caça e a guerra, a pirataria é um modo de aquisição como o é o comércio. Não existe vocabulário diferenciado para designar o pirata, o bandido ou o ladrão: *leistés* e *peiratés* têm, ambos, esse sentido. De fato, parte da pirataria é uma forma de guerra. Os heróis* de Homero se glorificam de seus atos de banditismo ou de pirataria, que lhe renderam grande butim. Na época clássica, geralmente se qualificam como pirataria os sequestros feitos pelo inimigo. Ninguém jamais fez a distinção moderna entre corsários e piratas. Forças peloponenses comportam-se como piratas no início da Guerra do Peloponeso, matando todos os marinheiros dos navios mercantes, dos quais se apoderam, sem fazer distinção entre inimigos e neutros. Demétrio Poliorcetes tem inúmeros navios piratas em sua frota quando ataca Rodes, em 305-304. Os navios piratas, rápidos e manobráveis, especialmente os *lémboi*, são muito úteis aos reis* helenísticos, cujas marinhas* são constituídas por unidades grandes. No entanto, cidades-Estado e reis sabem muito bem que os piratas não passam de ladrões. Ao final do século III, piratas desembarcam à noite em Aigiale de Amorgos e levam "moças, mulheres e outras pessoas, livres e escravas", que só são libertadas contra resgate. Vítimas dos piratas eram vistas em mercados de escravos*. Na alta época helenística, muitas vezes os piratas são etólios e cretenses; mais tarde, são cilícios. A luta contra esse flagelo foi conduzida pelas grandes cidades-Estado marítimas. Atenas teve êxito no século V e tentou novamente enfrentá-lo em 314. Rodes tomou a direção da luta na segunda metade do século III. Roma decidiu muito tardiamente lutar contra os piratas. ➢ MARINHA.

POLEMARCO

"Chefe de guerra" (*pólemos*). Era uma magistratura que existia em inúmeras cidades-Estado. Podia haver um único ou vários polemarcos. Tratava-se ora de um comandante militar, ora de um magistrado de primeiro plano. De acordo com a etimologia, as funções originais do *polémarkhos* eram militares. Em Esparta, os polemarcos eram oficiais que, no comando de uma *móra* (batalhão), auxiliavam o rei no campo de batalha. Em Tasos, cada um dos cinco polemarcos comandava um dos cinco batalhões (*táxeis*) do Exército*. Na época arcaica, em Atenas, o polemarco era, ao mesmo tempo, chefe supremo dos exércitos e general supremo. Essas pessoas tinham funções religiosas ligadas a seu papel militar: os polemarcos tásios, bem como os atenienses, presidiam as cerimônias em honra aos soldados mortos na guerra e às divindades guerreiras (Héracles em Tasos, Eniale e Ártemis Agrotera em Atenas). Além de seu papel militar e religioso, na época arcaica o polemarco ateniense ocupava-se de tudo o que concernia aos estrangeiros (*xénoi*) e aos metecos*. Essa magistratura evoluiu de maneira diferente de acordo com os lugares. Algumas vezes, de chefes militares os polemarcos tornaram-se chefes políticos. Nas cidades beócias, três polemarcos, eleitos e reelegíveis, exerceram o Poder

Executivo na época clássica e helenística. Convocavam a assembleia, presidiam-na alternadamente, propunham decretos*, desempenhavam papel importante nas questões financeiras. Todas as cidades-Estado da Beócia tiveram polemarcos. Ao entrar para a Confederação* no final do século IV, Erétria nomeou três polemarcos, contrariamente a suas tradições institucionais. Em outros lugares, o polemarco via sua importância declinar em benefício de um colégio de estrategos*. Raramente se encontra em uma mesma cidade-Estado um colégio de estrategos e outro de polemarcos. Pode-se encontrar, como em Atenas, um colégio de estrategos no papel político e militar importante, ao lado de um polemarco que perdeu o essencial de suas competências. A transformação ocorreu em Atenas entre as duas Guerras Médicas, quando o sorteio* substituiu a eleição para a designação dos arcontes*. No século IV, o polemarco desempenhava apenas papel religioso e judiciário. Quando se tratava de metecos, ele iniciava as ações que seriam introduzidas pelo arconte, caso se tratasse de cidadãos.

POLETÉS

"Vendedores." Magistrado encarregado das adjudicações* e vendas públicas. Pode ser único, como em Halicarnasso, ou pode haver um colégio, como em Atenas, que tem dez *poletaí*, um por tribo*. Em Atenas, eles procedem ao leilão das propriedades sem herdeiros ou que foram confiscadas em benefício do Tesouro público e redigem a lista em tabuletas de madeira caiadas. Participam da adjudicação* das concessões de minas do Láurion, embora seja a *Boulé** que designa o adquirente por um voto. Adjudicam igualmente a cobrança dos diferentes impostos*, em presença da *Boulé*, e com a assistência de dois tesoureiros*, o dos fundos militares (os *stratiotiká*) e o do *theorikón**. ➢ MINAS.

POLÍADE

Uma divindade políade tem por função proteger a cidade-Estado (*pólis*) como unidade política e assegurar sua salvação. Na maioria das cidades-Estado, a divindade políade não se confunde com a divindade principal. Assim, em Delos, as divindades políades são Atena Polias e Zeus Polieus, enquanto a divindade principal é Apolo. Do mesmo modo, em Magnésia do Meandro, o deus políade é Zeus Sosípolis (que salva a cidade-Estado), e a divindade principal, Ártemis Leucofriena (de sobrancelhas brancas). O caso de Atenas, em que Atena Polias é a divindade políade e principal, ao mesmpo tempo, é bastante raro. Encontram-se dois tipos de *epíklesis* para as divindades políades. Umas são feitas com base no termo *pólis*; assim, Polias (feminino), *Poliâtis* (feminino), *Polieús* (masculino), *Polioûkos* (unissex) ou Sosípolis; é o caso mais frequente. Outras se baseiam no nome da cidade, e, geralmente, também se trata da divindade principal: é o caso de Hera Argeia, em Argos, e de Atena Ílias, em Ílion.

POLIORCÉTICA ➤ Cerco e Muralhas.

PÓLIS ➤ Cidade-Estado.

POLITEÍA

1º Regime político, instituições de uma *pólis* (cidade-Estado). O termo não corresponde à noção moderna de Constituição, uma vez que as cidades-Estado gregas nunca foram dotadas de uma lei fundamental que definisse os diferentes órgãos políticos, suas funções e suas interações. A escola aristotélica redigiu uma série importante de *Politeíai*. A única que chegou a nós é a *Athenaîon Politeía*, que significa "as instituições atenienses". 2º Direito de cidadania*, cidadania. 3º O sentido de "corpo cívico" aparece três vezes no *Athenaîon Politeía*; o termo usual é *políteuma*.

POLÍTES ➤ Cidadania (direito de).

PÓRTICO

Uma *stoá* é uma galeria coberta, que tem um dos lados fechados por um muro inteiriço e o outro aberto por uma colunata que dá para uma rua* ou para uma praça. Possui um entablamento formado por uma arquitrave e um friso, às vezes esculpido. Os pórticos mais largos têm uma colunata mediana. Alguns possuem dois andares sobrepostos, de ordem diferente, geralmente dórica para as colunas* de baixo e jônica para aquelas de cima. A partir da época arcaica, muitas vezes pórticos simples se encontram na orla dos santuários*. Na época clássica, os pórticos se multiplicam nas *agoraí*: pórticos simples, pórticos em ângulo reto, pórticos com alas simétricas. A partir dessa época, as *agoraí* retangulares das cidades jônicas, em forma de tabuleiro de damas, são delimitadas por pórticos que as cercam de todos os lados. O pórtico é um edifício utilitário, que se tornou o elemento de base de um urbanismo que busca criar conjuntos geométricos. Alguns pórticos da *agorá** têm funções políticas: na *agorá** de Atenas, a *stoá basíleios* é a sede do Rei* (*basileús*). Muitos tribunais* atenienses têm sede sob pórticos: o *Poikilé*, a *Stoá Poikilé* (um pórtico que deve seu nome às pinturas em painéis de madeira que se encontravam na parede do fundo) chegou a abrigar um tribunal algumas vezes. Outros pórticos têm função comercial, como as 42 salas situadas no fundo das duas galerias sobrepostas da *Stoá* de Átalo: essas salas são pequenas lojas*. Tais pórticos comerciais foram construídos em inúmeras cidades gregas, bem como o pórtico oferecido a Mileto pelo futuro rei Antíoco I. Geralmente, os aluguéis das lojas instaladas no fundo dos pórticos públicos retornam à cidade-Estado, que é sua proprietária. Além disso, os pórticos protegem contra a chuva, o vento e o sol; aqueles que são situados perto de teatros* abrigam os espectadores em caso de chuva. Alguns pórticos serviram aos ensinamentos filosóficos: a *Stoá Poikilé* serviu à escola* estoica em Atenas. Em um ginásio*, o pátio da palestra* é rodeado de pórticos por todos os lados. Em um santuário, muitas vezes os pórticos servem para o descanso dos fiéis, embora geralmente seja proibido alojar-se neles. Alguns têm funções religiosas, tal como o pórtico de incubação, o *ábatos**, nos santuários de Asclépio e dos heróis milagreiros.

PORTO

Ainda que o ancoradouro seja medíocre, toda ilha e toda cidade-Estado costeira tem um porto (*limén*). Algumas ilhas e cidades-Estado marítimas têm baías naturais muito bonitas, como Korésia de Ceos, Minoa de Amorgos; o Pireu tem três enseadas naturais, Cântaros, Zea e Muníquia. A descida das cidades rumo ao mar é um fenômeno importante do século IV, que prova a importância dos rendimentos tirados do mar, especialmente da pesca, e do comércio* marítimo. Cidades-Estado como Tenos ou Cós abandonaram sua cidade*, situada no interior (a mais de 10 km, no caso de Tenos) para construir uma cidade nova, dotada de um porto, à beira-mar. Outras unem por longas muralhas a cidade ao porto, tal como Kythnos, que tem uma cidade situada no alto, a algumas centenas de metros do mar, e que constrói um sistema de longas muralhas e um porto fortificado. Mais de um século antes, Atenas escolheu outra opção: construiu uma cidade portuária, o Pireu, que uniu por longas muralhas à cidade (*ásty*), situada a 6 km, no interior; a estrada* entre as duas aglomerações é transitável. Os gregos realizaram trabalhos para tornar seus portos naturais mais seguros ao mesmo tempo contra o vento e as incursões inimigas ou piratas: quebra-mares (como o que protege do vento o porto aberto de Tasos), fortificações com molhes, muralhas e torres (como no caso do porto fechado de Tasos). Com efeito, existem portos fechados, que são bastante numerosos: provavelmente podia-se fechar sua entrada com correntes. Os portos têm função comercial: o *empórion** é uma zona situada perto do *limén*, onde se pratica a totalidade do comércio com o exterior sob o controle da cidade-Estado. As cidades-Estado preocupam-se com essa função do porto: Tasos interdita o acesso do porto aberto aos barcos de menos de 11 toneladas e do porto fechado àqueles de menos de 18 toneladas. Os outros são acolhidos ao sul do porto fechado. O Cântaros, parte leste da maior das três bacias do Pireu, é destinado ao comércio, com cais onde acostam os navios mercantes, salvo os maiores, que são descarregados por barcos de tamanho inferior. Alguns portos têm função militar: as bacias de Zea e de Muníquia desempenham apenas essa atividade e são ladeadas por calas secas para as trieres* da Marinha de guerra ateniense. Muitas vezes, as grandes cidades marítimas têm vários portos com uma orientação diferente. Um bom exemplo é fornecido pelos portos de Cízico, dispostos de ambos os lados do istmo que une ao continente a península na qual está construída a cidade: provavelmente, o porto oeste é aquilo que se chamava de "o Grande Porto". Dois canais atravessam o istmo a leste e a oeste e terminam no centro, onde se escavou uma bacia; dessa maneira, os navios não precisavam contornar a península, o que era perigoso, e dispunha-se de um porto central fechado. Em Alexandria, um aterro, o Heptastádio (sete estádios de comprimento, ou seja, 1,4 km), une a cidade à ilha de Faros, que tem o farol*: de cada lado do Heptastádio encontra-se um porto, o Eunostos, a oeste, e o Grande Porto, a leste. ➤ Limenarcas.

PRESTAÇÃO DE CONTAS ➤ Contas (prestação de).

PRISIONEIROS DE GUERRA

Trata-se tanto de combatentes capturados em uma batalha* quanto da população de uma cidade tomada. Combatentes ou os homens adultos capturados após um cerco* podem ser executados. Na maioria das vezes, os prisioneiros são vendidos como escravos*, geralmente na praça, por atacadistas que acompanham a expedição: após a tomada de Tebas, Alexandre vende 30.000 prisioneiros por 440 talentos, o que perfaz 88 dracmas por cabeça, uma soma pequena. Os comerciantes transportam suas aquisições para um mercado de escravos. Às vezes, o vencedor prefere libertá-los mediante resgate, a preço fixo ou após uma avaliação que leve em conta sua fortuna. Outras vezes, salvadores obtêm a libertação dos prisioneiros, seja pagando seu resgate (*lýtron*) ao vencedor, seja comprando-os em um mercado de escravos ou dos particulares que os haviam adquirido; muitas vezes, a cidade-Estado dos prisioneiros libertados concede ao salvador um decreto* honorífico.

PRÍTANE

Prýtanis significa "primeiro". 1º Em inúmeras cidades-Estado da Ásia Menor, o prítane é o primeiro magistrado cívico e epônimo*, como em Colofonte, Magnésia do Meandro e Priena. Sem ter papel político, ele ocupa um cargo cívico e religioso eminente, como o arconte* em muitas ilhas do Egeu. Sua sede é o pritaneu*.

Ao longo da época helenística, os decretos* chamam de estefanéforo* o prítane, que sempre exerceu a *stephanephoría* de uma ou várias divindades, dentre as quais Héstia. 2º Seção do Conselho. Em Atenas, os prítanes são os cinquenta *bouleutaí** enviados à *Boulé** por uma das dez, depois doze, tribos*, nas quais são divididos os cidadãos; essa seção forma o escritório do Conselho e da assembleia do povo*, durante um décimo e, posteriormente, um doze avos do ano (a pritania*). A sorte decide a ordem na qual cada tribo desempenha essa função. O papel principal dos prítanes é convocar o Conselho e a assembleia e estabelecer a ordem do dia. Presidem as sessões em torno de seu *epistátes** (sorteado todos os dias) até uma data situada após 402/401; em seguida, a presidência retorna aos proedros*. Além disso, asseguram uma permanência: fazem suas refeições juntos na *Thólos**, perto do *bouleutérion**, e nela parte deles passa a noite. Na época da *Constituição dos atenienses* aristotélica, recebem uma indenização de uma dracma por dia.

PRITANEU

Centro da cidade-Estado: é o santuário* de Héstia. O magistrado que representa a unidade da cidade-Estado, quer seu nome seja prítane, quer outro, nela reside. Assim, em Delos, o arconte* tinha por sede o edifício que abrigava Héstia: ele celebrava regularmente sacrifícios* no *prytaneîon* de Héstia, participava de banquetes* na sala destinada a essa finalidade (*hestiatórion*), presidia e depositava seus arquivos* no *arkheîon* (gabinete do magistrado). Alguns cidadãos tinham o privilégio de jantar no pritaneu enquanto exercessem sua função ou a título honorífico. Em Atenas, a *sítesis* no pritaneu era uma das mais elevadas honras que a cidade-Estado podia conferir àqueles que lhe haviam prestado serviços excepcionais e era transmitida a seus descendentes para sempre;

em muitas cidades-Estado, a *sítesis* era conferida aos cidadãos vitoriosos nas grandes competições* internacionais. A cortesia internacional exigia que se convidasse para um jantar no pritaneu os embaixadores* e os juízes* estrangeiros. Foram identificados alguns pritaneus, como os de Delos e de Magnésia do Meandro. Não se identificou o pritaneu de Atenas (que não é a *Thólos** da *agorá*), mas se sabe com certeza em que bairro se situava graças a uma inscrição* encontrada no santuário de Aglauros, que ficava bem próximo: encontrava-se a leste da Acrópole*.

PRITANIA

1º Período durante o qual os cinquenta *bouleutaí** de uma mesma tribo* cumpriam a função de prítanes. Na época da *Constituição dos atenienses* aristotélica, esse período era de 36 dias para as quatro primeiras tribos e de 35 para as outras seis. De 307 a 223, depois novamente no século II, Atenas tinha doze tribos; em geral, a duração da pritania era de trinta dias. 2º Chama-se de pritanias a soma que as duas partes devem entregar, a título de despesas jurídicas, em caso de *díke*: as pritanias são de três dracmas quando o objeto do litígio valer de cem a mil dracmas, de trinta dracmas quando valer mais.

PRÓBOULOI

É uma instituição tipicamente aristocrática, segundo Aristóteles: reduzem o poder do Conselho (*Boulé**) quando as duas instituições são concorrentes. Foi o que aconteceu em Atenas no outono de 411, quando foram designados dez *próbouloi* com pelo menos 40 anos de idade: sua existência facilitou a revolução oligárquica. Como disse Tucídides, tratava-se de uma magistratura (*arkhé**). Outros colégios de magistrados com esse nome eram conhecidos em Locri Epizefiri, que possuía um colégio de três *próbouloi*, ou ainda em Erétria, onde os *próbouloi* eram os principais magistrados da cidade-Estado e tinham o direito exclusivo de propor os decretos* sozinhos ou com os estrategos*. Em Corinto, tratava-se de uma seção do Conselho com oito membros, que pertencia aos órgãos legislativos.

PROCESSO JUDICIÁRIO

Em Atenas, o demandante presta queixa ao magistrado competente em presença da parte adversa que ele convocou por citação (*prósklesis*). Se o magistrado julga a queixa aceitável, procede à instrução (*anákrisis*), após ter recebido consignações, em caso de *díke*. O magistrado instrutor deve reunir todos os elementos do caso: por ocasião do processo, não se pode invocar um elemento que não tenha sido mencionado durante a instrução. Com efeito, as partes indicam ao magistrado seus meios de defesa: fornecem a cópia das leis* que invocarão, as peças escritas nas quais se apoiarão, produzem seus testemunhos, pedem que alguns escravos* sejam submetidos à questão (*básanos*) judiciária, prestam juramento* (*hórkos*) a pedido da parte adversa. Ao final da instrução, o magistrado insere em duas urnas seladas as peças fornecidas pelos dois adversários. Em caso de *díke*, o caso é transmitido a um árbitro* público. Caso se trate de uma *graphé* ou se um reclamante apelar contra a sentença do árbitro, o magistrado instrutor introduz (*eiságein*) o caso perante o tribunal* que ele preside. Cada adversário pronuncia por si mesmo sua defesa: em geral, um logógrafo* é o autor do discurso. Algumas vezes, um *synégoros** presta sua colaboração a um dos reclamantes. Cada um dispõe de um tempo limitado para falar, que é medido pela clepsidra*. O reclamante se interrompe para pedir ao escrivão (*grammateús*) que leia peças e testemunhos que ele forneceu à instrução. Não há debate.

O voto* é secreto: cada juiz deposita em uma urna uma ficha perfurada, se acredita que o defensor é culpado, e uma ficha inteira, se acredita que é inocente. Nos processos sem avaliação (*atímetoi*), a pena é estabelecida pela lei. Nos processos com avaliação (*timetoí*), os juízes têm autoridade para estabelecer a pena: em caso de veredito de culpabilidade, devem proceder a um segundo voto para escolher entre a avaliação (*tímema*) do acusador e a contra-avaliação (*antitímema*) do acusado. ➤ Ação na justiça.

PROCISSÃO

Não há festa* sem procissão (*pompé*): as vítimas são conduzidas de modo solene até o altar*, onde são sacrificadas. Os participantes que carregam a coroa* e usam a vestimenta de festa são mais ou menos numerosos, dependendo da importância da cerimônia. Um regulamento sagrado sempre estabelece a ordem em que avançam os participantes. Geralmente, os sacerdotes* caminham na frente, seguidos pelos responsáveis oficiais e – a menos que se trate de uma pequena festa em que a comunidade cultual é representada por algumas pessoas – pela massa de fiéis, homens e mulheres (solteiras e casadas), a não ser que a lei exclua estas últimas. A cerimônia ocorre dessa forma, quer se trate da festa de uma cidade-Estado, quer daquela de uma subdivisão da cidade-Estado ou de uma associação. Por ocasião da festa de Zeus Sosípolis (a divindade políade*), pelo qual a cidade-Estado de Magnésia do Meandro sacrifica um touro, o estefanéforo*, que é o primeiro magistrado cívico, conduz a procissão; em seguida vêm o sacerdote do deus homenageado e a sacerdotisa da deusa principal da cidade-Estado, Ártemis Leucofriena; seguem a *Gerousía**, todos os outros sacerdotes, todos os magistrados, quer eles tenham sido designados por eleição, quer por sorteio, os efebos, os *néoi**, as crianças; os vencedores nas Leucofrienas celebradas em Magnésia, festa que visa o primeiro plano, e aqueles das outras competições* *stefanítai* fazem-se presentes. A procissão das Leucofrienas deveria ser ainda mais impressionante. Quando se consideram as relações do centro urbano e do território rural, distinguem-se dois tipos de procissão por ocasião das grandes festas. Naquelas que homenageiam divindades cujo santuário* está situado na cidade*, a população cívica vem de todo o território: em Atenas, a procissão das Panateneias, que, atrás dos sacerdotes e dos magistrados, agrupa todo o povo ateniense, parte da porta do Dipylon, atravessa a cidade passando pela via panatenaica que cruza a *agorá*, depois sobe rumo à Acrópole. Em contrapartida, quando o santuário está situado na *khôra*, como o santuário de Apolo Epicuro, situado a mais de 8 km da cidade de Figália, a população cívica reúne-se no santuário de Ártemis Sôteira, situado na cidade, e percorre, com as vítimas do sacrifício*, o longo caminho íngreme que sobe até o altar do deus. Procissões como essas, das quais a mais célebre é a dos Mistérios de Elêusis, na Ática, são um meio para o corpo cívico renovar a apropriação de seu território.

PROEDRIA

A proedria é um privilégio conferido por decreto* a título honorífico: a pessoa honrada tem um assento reservado nas primeiras fileiras de espectadores em todas as competições* organizadas pela cidade-Estado, sejam elas artísticas, gímnicas ou hípicas. Por outro lado, em cada competição, a proedria cabe, por direito, a certas pessoas (sacerdotes*, sacerdotisas e magistrados): nas competições de tragédias* em Atenas, o sacerdote de Dioniso* senta-se em uma poltrona decorada com esplendor.

PROEDRO

"Presidente." Em Atenas, a partir de uma data situada após 402/401, já não são os prítanes* que presidem a *Boulé** e a *ekklesía**, e sim os proedros: quando os prítanes convocam uma ou outra dessas assembleias, os proedros são sorteados entre os *bouleutaí* que não pertencem à tribo* prítane. O número de proedros é inferior em uma unidade em relação àquele das tribos: são nove até 307, onze em seguida. A fórmula probuleumática (ou probulêutica), que aparece nos decretos* de Atenas na época helenística, demonstra seu papel: "Que os proedros que serão sorteados para presidir o povo por ocasião da próxima assembleia coloquem essa questão na ordem do dia e apresentem ao povo a proposição do Conselho." O presidente dos proedros, o *epistátes**, "põe" o texto "em votação" (*epipsephízein*), e seu nome aparece no título dos decretos. Os proedros existem em muitas outras cidades-Estado; naquelas como Ios ou Magnésia do Meandro, sua função é semelhante à dos proedros atenienses; em Mitilene, ao contrário, os proedros são os principais magistrados da cidade-Estado. Algumas ligas fazem com que seu *synédrion** seja presidido por proedros. Na liga de Corinto, cinco proedros sorteados entre os *sýnedroi* têm por função reunir o *synédrion* e dirigir os debates; entretanto, durante a guerra contra Cassandro, o próprio Demétrio designou os proedros entre pessoas que não eram *sýnedroi*: Adeimantos de Lâmpsaco, em particular, era o representante pessoal dos reis e um personagem eminente na Grécia.

PROEISPHORÁ ➤ Eisphorá, Liturgia.

PROFETA

"Aquele que fala no lugar de." Confere-se esse título sacerdotal tanto ao adivinho* que exprime o pensamento de uma divindade quanto à pessoa que formula o oráculo*. O profeta de *Ptóion* e aquele de Didima transmitem o oráculo; o de Delfos formula as revelações da Pítia. Em Claros, o profeta é anual, enquanto o *thespioidós* ("aquele que canta o oráculo") é nomeado para um cargo vitalício. Não se sabe exatamente como se repartiam as funções.

PROMANTEÍA

Direito de consultar o oráculo* antes dos outros. Conhecemos muitos decretos* da cidade-Estado de Delfos que concede esse privilégio a particulares, a associações* como as Asclepíades de Cós, a cidades-Estado como Quios ou Sifnos. Os cidadãos de Delfos tinham prioridade em todos os casos.

PROPILEUS

Porta monumental. Em geral, trata-se de um pórtico com colunas na frente de uma porta. Alguns monumentos possuem um pórtico duplo, de um extremo a outro da entrada. São sobretudo os santuários* que possuem propileus. Os propileus mais célebres são os da Acrópole* de Atenas: Demóstenes os admirava em especial. Um vestíbulo com colunas, terminado por um pórtico*, elevava-se diante de um muro atravessado por cinco portas; um segundo pórtico erigia-se no interior da Acrópole; o corpo central era flanqueado por duas alas, uma das quais abrigava uma pinacoteca.

PROPRIEDADE FUNDIÁRIA E IMOBILIÁRIA

Os gregos distinguiam a propriedade fundiária e imobiliária da propriedade mobiliária: a menos que um estrangeiro tivesse recebido o direito de adquirir (*énktesis*) um lote de terra (*gê*) e casas*, apenas os membros da comunidade cívica, homens e mulheres, adultos e crianças, podiam ser proprietários de um terreno ou de um imóvel. Por conseguinte, na prática, o empréstimo por hipoteca* era reservado aos cidadãos e às cidadãs. Os santuários e as subdivisões cívicas possuíam terras, conhecidas graças aos contratos de arrendamento*. Em algumas cidades-Estado, a maioria da população masculina adulta possuía ao menos um terreno: era o caso em Atenas, onde, em 403, apenas 5.000 cidadãos não eram proprietários fundiários (podiam ser pobres ou ter bens mobiliários às vezes importantes). Em muitos casos, o cidadão era proprietário por herança*, mas o patrimônio fundiário e imobiliário era partilhado entre irmãos em partes iguais, o que tinha por consequência uma divisão dos lotes. Todavia, existia um mercado fundiário. Trata-se de uma lenda o fato de que a propriedade fundiária era inalienável na época arcaica. Temos muitos exemplos de compras e vendas de terrenos e casas na época clássica e helenística. Entretanto, nem todos os bens tinham o mesmo valor simbólico: um grego vendia mais facilmente uma aquisição recente do que a casa em que seus pais viveram e em que ele nasceu, e é bem provável que agisse da mesma forma quando dava à sua filha uma casa em dote*. A repartição da propriedade fundiária variava segundo as cidades-Estado e o regime político. Em muitas cidades-Estado da Grécia meridional e das ilhas do Egeu, embora existisse uma minoria de grandes proprietários, predominavam as propriedades fundiárias pequenas e médias, muitas vezes constituídas de vários lotes: essa era a base do equilíbrio social. Na Grécia setentrional, especialmente na Tessália, os domínios fundiários eram mais vastos. O tamanho das propriedades parece ter aumentado quase em toda parte ao longo da época helenística. A exploração do domínio agrícola pelo próprio proprietário parece majoritária, embora se tenha informação de locatários de terrenos privados. Em geral, um pequeno proprietário explorava, ele próprio, seu domínio, mas os proprietários ricos e até abastados podiam utilizar escravos*, dirigidos por um intendente escravo ou não. Do ponto de vista fiscal, distinguia-se a fortuna visível (*phanerá*) da invisível (*aphanés*), em espécie, que não podia ser declarada e que escapava do imposto*: além das propriedades fundiárias e imobiliárias, a fortuna visível comportava os escravos e o mobiliário*.

PRÓSTAGMA

Édito régio. ➤ Carta régia.

PROSTÁTES ➤ Prostátes ou Prostás.

PROSTÁTES ou PROSTÁS

1º Etimologicamente, *prostátes* significa "aquele que está no comando de". Existem colégios de *prostátai*, magistrados importantes que muitas vezes propõem projetos de decreto*, especialmente em Cós, Iasos e Cnido. Esses colégios também são encontrados na Arcádia (Tégea, Orcômeno, Estínfale). Existe um "colégio de *prostátai*" de demiurgos* em Messênia. 2º O *prostátes* (substantivo, "aquele que está no comando") do *dêmos* em Atenas é quem dirige a política em um sentido democrático. O mais célebre é Péricles. O termo é empregado por Tucídides, Xenofonte, Platão, embora os dois primeiros possam empregar o termo "demagogo", que tem um valor pejorativo (por exemplo, para Cléon, em Tucídides). Na época helenística, o homem que tem uma influência dominante na política costuma ser designado como *prostás* (verbo no particípio "aquele que está no comando"): em Cnido, fala-se daquele "que está no comando das questões comuns"; em Sardes, daquele "que está no comando da cidade-Estado (*pólis*)". 3º *Pros-*

tátes pode significar "fiador*". É seu sentido na Lócrida. O *prostátes* do meteco* é uma espécie de fiador, escolhido pelo interessado, que intervém a seu pedido. No século V, em Atenas, o *prostátes* intervém quando o meteco é inscrito em um demo* como residente e quando presta uma queixa na justiça; seu papel parece ter declinado a partir dos anos 350. Essa instituição também é verificada em Mégara, Cós e Rodes.

PRÓXENO

O título de próxeno é concedido por uma cidade-Estado a um cidadão de uma cidade-Estado estrangeira e passa a seus descendentes. A proxenia, surgida no século VI, é uma instituição derivada da amizade* ritual (*xenía*). Assim como um cidadão pode ter vários *xénoi** da mesma cidade-Estado, uma cidade-Estado pode ter vários próxenos em outra cidade-Estado. Em primeiro lugar, um próxeno é um benfeitor, um evergeta* da cidade-Estado: ele lhe prestou serviços e teve uma atitude favorável para com ela. E ela espera que ele continue a prestar-lhe serviços após ter recebido o título de próxeno. Esse título não acarreta obrigações definidas. O próxeno de uma cidade-Estado não é obrigado a residir em sua própria cidade-Estado: pode prestar serviços em sua pátria, na cidade-Estado que o fez próxeno ou em outra cidade-Estado estrangeira. Goza de privilégios quando reside na cidade-Estado da qual é próxeno: prioridade de acesso aos tribunais*, atelia*, *asylía**, direito de adquirir terras e casas. Ao longo da época helenística, o número de próxenos aumenta com a multiplicação das trocas. A instituição desaparece ao longo do século I a.C.

PSYKHÉ

Em Homero, a *psykhé* é simplesmente o sopro de vida; ela abandona o corpo na morte para ir ao Hades, onde é apenas uma sombra. Outro termo, *thymós*, designa as emoções e os sentimentos. A fusão desses dois elementos ocorre no século VI. A partir de então, a *psykhé* passa a ser, ao mesmo tempo, o sopro vital e a pessoa emocional, mental e moral: é a alma que anima o corpo (*sôma*).

PURIFICAÇÕES ➢ ABLUÇÕES, BANHO, MÁCULA.

Q

QUALIDADES

A qualidade de base é a *areté**. A *sophrosýne* é o controle de si, a reserva que permite evitar o excesso, a desmesura (*hýbris*); quando se trata de uma mulher, ela implica o pudor. O *aidós* é o sentido do respeito devido a outrem; a *eutaxía* consiste em permanecer no local determinado pelas regras estabelecidas; ser *kósmios* significa ter uma conduta decente, em harmonia com as mesmas regras. Essas são qualidades muito próximas umas das outras. Ser *semnós* significa ter dignidade, inspirar respeito. Um homem de bem se comporta com *eusébeia* (devoção) para com os deuses, com *storgé* (afeição, amor familiar) para com seus parentes, com *eúnoia* (dedicação) para com sua cidade-Estado, com *andreía* (coragem). Busca a honra (*timé*) e a glória (*dóxa*); a *filotimía* é o zelo provocado pelo amor das honras; a *kalokagathía* é a nobreza de alma (➤ KALOKA-GATHÓS); a *megaloméreia* é a munificência, e a *megaloprépeia*, a magnificência.

R

RAPSODO

Artista que declama poemas sem ser acompanhado por instrumento de cordas, à diferença do aedo*. Existem competições* para rapsodos: a prova das Panateneias de Atenas era reservada à recitação dos poemas homéricos. Todavia, rapsodos declamaram igualmente obras de Hesíodo, Arquíloco e outros autores.

REFEIÇÃO EM COMUM

1º O costume para os homens de realizar suas refeições em comum no seio de grupos organizados tem uma origem militar: foi verificado entre os cretenses e os espartanos. Para os espartanos, o dever de participar de um jantar comum em tempos de paz parece ter surgido no século V. Doravante, o *syssítion* é uma obrigação cívica, social e econômica, uma vez que cada conviva deve trazer sua contribuição, o que exclui os pobres. O grupo dos participantes do jantar constitui-se por cooptação: além dos adultos, jovens também participam. Embora a lenda tenha enfatizado a austeridade, a refeição comporta mingau de cevada, vinho em quantidade considerável, queijo, figos, aos quais se acrescenta carne sob forma tanto de sopa (à base de porco, sangue, vinagre e legumes) quanto de peças de caça, bem como pão de frumento trazido pelos mais ricos. O canto e a poesia têm lugar de importância. O *andreîon*, clube dos homens, também existe nas cidades cretenses. 2º Em todas as cidades-Estado, a lei* prevê que os magistrados de um mesmo colégio jantem juntos de maneira bastante regular. ➢ BANQUETE, PRÍTANE.

REI

A instituição régia teve vários aspectos ao longo da história grega. 1º Havia na Grécia, na época micênica, certo número de principados. O rei possuía um palácio* fortificado (conhecemos o de Pilos, o de Micenas, o de Tirinto, o de Tebas e, em Creta, o de Cnossos), onde sua família e seus bens permaneciam abrigados durante as expedições e as incursões que ele conduzia à frente de seu exército*. Provavelmente com base no modelo hitita, o rei conservava em seu palácio inúmeros carros*. Baseando-se no modelo oriental e minoico, utilizava a escrita e a contabilidade. Os funcionários, em número bastante grande, redigiam documentos administrativos, cuja quantidade anual não era considerável. As tabuletas, escritas em linear B (uma escrita silábica), mostram que o *wana-ka* era poderoso, com dignitários e funcionários sob sua dependência, mas que pessoas eminentes tinham bens próprios. O rei dispunha de uma mão de obra que lhe era subordinada, sobretudo mulheres que trabalhavam o linho ou a lã, o que fazia do palácio um verdadeiro centro de produção. O mais importante dos reis era certamente o de Micenas. 2º A instituição régia, evocada nos poemas homéricos, era coerente e, por certo, correspondia à realidade do século VIII. Nos poemas, o rei é chamado tanto de *ánax* (que corresponde a *wana-ka*) quanto de *basileús* (que, no plural, pode designar os aristocratas que formam o Conselho do rei). O rei tinha um *géras*, ou seja, privilégios ao mesmo tempo honoríficos e materiais. O cetro era sua insígnia. Gozava de um *témenos**, "domínio separado" pelo povo e dado ao rei em troca de sua proteção; geralmente, esse *témenos* era hereditário, uma vez que os reis se sucediam de pai a filho. O rei comandava seu exército e devia ser um guerreiro corajoso. Em assembleia ou em seu palácio, convocava os *laoí* (o povo) para a guerra e reunia o Conselho*: tomava suas decisões em público, conforme afirma P. Carlier. Fazia respeitar o calendário das festas* e presidia aos sacrifícios*. 3º A realeza dinástica era o regime banal das cidades-Estado gregas no século VIII. Ela se mantinha nas cidades-Estado bastante numerosas no século VII, especialmente em Mégara e em muitas cidades-Estado jônicas. Ainda existiu no século VI em cidades-Estado como Argos e Ialissos, na ilha de Rodes. Entre os lacedemônios, a realeza hereditária subsistiu até o final do século III, mas era original, com dois reis, sendo que um pertencia à família dos Ágidas, e outro, à dos Euripôntidas. Os reis dos lacedemônios (têm esse título, e não o de reis de Esparta) possuíam papel militar e religioso. A decisão de entrar em guerra cabia aos espartanos, que designavam o rei (*basileús*) que devia conduzir a campanha. A partir de 506, a lei* proibia aos dois reis conduzir juntos uma expedição. Uma vez saído do território lacedemônio, o rei tinha plenos poderes como chefe do exército; podia ser julgado ao retornar. O rei Agesilau foi um dos mais célebres generais gregos do século IV. Os reis ofereciam todos os sacrifícios públicos e eram os sacerdotes* por excelência da cidade-Estado. Na guerra, deviam cumprir inúmeros ritos para garantir ao exército a proteção dos deuses. Após sua morte, o corpo do rei devia repousar no solo lacedemônio. Ao exercerem sua função, ambos os reis eram membros da *Gerousía*. 4º Na época clássica e até mais tarde, em algumas cidades-Estado ainda existiu um rei, mas era um magistrado entre outros. Em Atenas, o rei, nomeado por um ano, perdeu o poder político em benefício do arconte*, e o poder militar em benefício do polemarco*. Como para o polemarco, os textos antigos nunca o chamam de "arconte-rei", mas sempre de "rei" (*basileús*). Ele cumpria uma magistratura de caráter religioso. Celebrava os sacrifícios* ancestrais e era responsável pela organização dos Mistérios de Elêusis e das Leneanas. Sua esposa (*basílinna*), que devia ser virgem ao se casar, celebrava ritos secretos em nome da cidade-Estado e era especialmente unida por matrimônio* (hierogamia) ao deus Dioniso. Todas as ações judiciárias que se referissem à religião da cidade-Estado (impiedade, sacrilégio, assassinato, reivindicação de sacerdócio) eram de competência do rei: de acordo com os tipos de delito, ele presidia tribunais*, tal como o Areópago* e o tribunal popular. Em Mégara e em suas colônias (Callatis, Quersoneso etc.), o *basileús* era o magistrado epônimo* e tinha funções religiosas. 5º Na época clássica, o rei por excelência era o rei da Pérsia: os gregos o designavam dizendo "o *basileús*", o Rei; não é necessária nenhuma especificação. 6º No final da época clássica, subsistiam monarquias hereditárias entre os povos gregos que viviam na parte setentrional da Grécia balcânica. Assim como Alketas foi rei dos molossos (um *éthnos** do *koinón* dos epirenses), Filipe II foi rei (*basileús*) dos macedônios. O rei devia respeitar o costume do *éthnos** macedônio, do qual era o chefe militar, religioso e político: Filipe, que era um diplomata refinado, um excelente estratego*, um grande general e um guerreiro corajoso, não tinha contas a prestar a ninguém, embora devesse respeitar a tradição em suas relações com os *Hetaîroi**, seus "companheiros". O rei devia realizar inúmeros ritos religiosos. 7º Foi com o filho de Filipe, Alexandre, o Grande, conquistador do reino persa e sucessor do

Rei, que, entre os greco-macedônios, o termo *basileús* assumiu um sentido novo. O rei helenístico já não era rei do povo, era rei. Tratava-se de um título: o rei tinha uma qualidade pessoal, a realeza. Quando uma pessoa como Átalo pretendia ter essa qualidade régia após uma vitória, assumia o nome de *Basileús Áttalos* e cunhava moedas* em seu nome e com seu tipo: *basileús* era usado sem artigo diante do nome pessoal do rei. Aos olhos dos gregos, o rei helenístico possuía uma *areté** excepcional: tinha todas as virtudes, devoção (*eusébeia*), generosidade, equidade (*dikaiosýne*), coragem e inteligência. Manifestava essas qualidades com as vitórias que obtinha com a ajuda de sua *týkhe* (sorte) pessoal. De fato, como Alexandre, o rei helenístico era um chefe de guerra que conduzia, ele próprio, seus exércitos ao combate: isso é verdade sobretudo no que se refere aos diádocos* e às dinastias antigônida e selêucida. Esse rei estava em constante movimento, como Antíoco III. A vestimenta* régia não era outra senão um uniforme macedônio de cor púrpura. O rei tomava cidades-Estado e territórios usando de violência. Em seguida, costumava dizer que "devolvia" à cidade-Estado suas leis e sua liberdade, e a cidade-Estado lhe agradecia, falando de "beneficência" e de preocupação com a paz (*eiréne*). Diversos reis selêucidas adotaram uma alcunha extraída de *niké*: Nicátor (Seleuco I), Nicéforo (Seleuco IV), Calínico (Seleuco II). Outros preferiram nomear-se Evergeta (benfeitor), como Ptolomeu III, e Sóter (Salvador), Ptolomeu I. O rei exercia poder absoluto. Possuía vários *Phíloi*: uns o cercavam e aconselhavam, outros cumpriam, longe dele, funções administrativas ou militares. Cartas* dele ou de sua chancelaria divulgavam suas vontades às cidades-Estado e aos múltiplos funcionários de seu reino. Ele era juiz supremo. Apesar do caráter pessoal da realeza, alguns soberanos, quando ainda vivos, associaram o próprio filho à realeza para garantir a continuidade da dinastia: Ptolomeu I deu o título de *basileús* a seu filho, o futuro Filadelfo. A ideia dinástica triunfava em todas as monarquias: a totalidade do império passava ao filho mais velho do rei, mas acontecia de a vontade deste impor-se em detrimento do direito de primogenitura. A rainha era uma personagem importante; trazia o título de *adelphé* (irmã do rei); o primeiro testemunho refere-se a Estratonica, esposa de Antíoco I, que não tinha nenhum vínculo de parentesco com seu marido. Algumas rainhas tinham uma personalidade muito forte, como Arsínoe II, que se casou com seu irmão Ptolomeu II, depois com Lisímaco e seu meio-irmão Keraunos; recebeu um culto como Afrodite Zefirias e, quando viva, como deusa Filadelfa.

RELIGIÃO ➤ Ábaton, Abluções, Abstrações personificadas, Ádito, Adivinho, Alforria, Altar, Amphithalés, Anfictionia, Areópago, Arkhegétes, Arkhithéoros, Assembleia federal, Associação, Bacantes, Banho, Banquete, Canéfora, Colônia, Competição, Córego, Coro, Coroa, Ctônio, Daduco, Daímon, Égide, Entusiasmo, Epifania, Epônimo, Estátua, Estefanéforo, Evergeta, Festa, Fratria, Herma, Herói, Hierodulo, Hierofante, Hieromnêmones, Hieropeus, Hino, Juramento, Koûros e Kóre, Libação, Mácula, Mistérios, Neócoro, Oráculo, Orgeónes, Orgias, Pelanós, Políade, Pritaneu, Procissão, Profeta, Promanteía, Rei, Sacerdote, Sacrifício, Santuário, Suplicante, Templo, Teoros e Tearós, Tesouro, Thámbos, Thíasos, Tripé, Troféu.

RÉTOR

A língua portuguesa distingue o orador* do rétor: o grego dispõe apenas do termo *rhétor*. O papel da eloquência na cidade-Estado democrática leva à criação das primeiras escolas de retórica na Sicília em meados do século V: Córax e Tísias são os primeiros a ensinar a arte (*tékhne*) de falar. Escreveram o mais antigo tratado de retórica e distinguiram as partes do discurso: o exórdio, a narração, a discussão e a peroração. Os sofistas* desenvolveram erística, ou seja, a arte de disputar: segundo Protágoras, pode-se sustentar, sobre qualquer tema, duas teses opostas, e a arte pode fazer triunfar uma ou outra, segundo as necessidades. O rétor Górgias preocupou-se com a expressão e inventou a maior parte dos procedimentos de estilo. Com Antífon, todos os meios da argumentação são definidos: as provas (*písteis*), as verossimilhanças (*eikóta*), os indícios (*tekméria*). No século IV, a retórica é atacada por Platão, mas nela Isócrates via a verdadeira filosofia e a educação* por excelência: com efeito, a retórica ensina a buscar e a desenvolver as ideias, ou seja, a pensar. O trabalho da forma dá ao espírito o sentido da beleza e da nobreza; a retórica forma o caráter do jovem e lhe permite tornar-se um homem completo. Na época helenística, a retórica desempenha papel essencial na formação intelectual da juventude. As inscrições nos permitem conhecer muitos rétores da época helenística e imperial. Eles dão cursos (*skholaí*) e conferências (*akróaseis*): expõem a técnica oratória e fazem demonstrações compondo discursos fictícios. Alguns ganham a vida participando das competições* *argyrítai* e tornando-se conhecidos por suas vitórias nas competições *stefanítai*. Outros têm direito ao título de *nomikós* (*iuris peritus*) e intervêm na justiça. Alguns acumulam os títulos de rétor e sofista. Muitos são pessoas eminentes, como Aelius Aristides.

RUAS

Nas cidades* antigas, como Atenas, as ruas, muito sinuosas, seguem o declive do terreno; as casas* não são alinhadas, e a largura das ruas varia constantemente, com pontos de estrangulamento, subidas e recantos. Em Delos, a rua (*hodós*) do Teatro tem uma largura que varia de 5 a 1,50 m. Nas cidades de planta jônica, como Mileto e Olinto, as ruas, retilíneas, são ladeadas por edifícios bem alinhados. Seja qual for o tipo de cidade, os declives muito íngremes são frequentes; uma declividade de 10 a 15% é normal, e algumas ruas de Priena têm ruas com 30% de declividade: para manter a planta ortogonal, foram transformadas em escadas algumas porções de rua. O solo natural é conservado em todas as partes onde isso é possível: nas cidades montanhosas como Tera, as ruas foram empedradas muito cedo, mas em Mileto elas nunca receberam pavimento, mesmo na época helenística. Às vezes, dá-se um revestimento a algumas ruas importantes: este pode ser de cascalho, como na rua das Panateneias, em Atenas, ou uma pavimentação de mármore, como em algumas ruas de Tasos. Muitas vezes, as ruas servem para o escoamento das águas: Atenas não ignora os esgotos*, mas algumas de suas ruas têm no meio uma canalização a céu aberto, que drena as águas das casas, bem como aquelas da chuva; muitas cidades helenísticas ainda têm canalizações ao ar livre. As ruas gregas não são muito largas: nas cidades com planta em estilo tabuleiro de damas, têm em média de 4 a 4,50 m. Em geral, não há eixo dominante. Às vezes, porém, uma avenida (*plateîa*) pode ser excepcionalmente larga: em Alexandria, onde as ruas costumam ser de 7 m, duas artérias, uma rua leste-oeste, chamada de "Via Canópica", e outra norte-sul possuem 14 m de largura. As ruas são monótonas; as fachadas, salvo algumas janelas e sacadas no primeiro andar, são cegas; todavia, acontece de uma casa possuir, no térreo, um ateliê ou uma loja* que dá para a rua. Na época helenística, os pórticos* dos grandes edifícios públicos atenuam um pouco essa severidade. As grandes avenidas com colunatas surgem na Ásia na época imperial.

S
s

SACERDOTE

Não há casta sacerdotal na Grécia. A presença de um sacerdote não é necessária para se realizar um ato cultual; o general recebe sacrifícios* em nome de seu exército; o magistrado, em nome de sua cidade-Estado. O sacerdote é o servidor de um deus honrado em um santuário*: sempre se é sacerdote de uma divindade determinada. O papel do sacerdote é presidir, em seu santuário, aos sacrifícios e aos banquetes* que os seguem: conforme indica seu nome de *hiereús*, ele é, antes de tudo, um sacrificador. Deve fazer com que os ritos sejam observados e a boa ordem (*eukosmía*) seja respeitada. Deve zelar para que o santuário seja limpo, os altares* sejam ornados, o templo, varrido e decorado, a estátua* cultual, conservada; muitas vezes, um neócoro* o assiste nessa tarefa. Deve administrar os bens do santuário, caso não existam hieropeus*, *neopoioí* ou tesoureiros* para desencarregá-lo desse cuidado. Para ser sacerdote, não é necessário ter vocação especial. Tampouco é necessário ser um "doutor": o sacerdote grego deve apenas conhecer os ritos a serem observados. No entanto, algumas condições são exigidas: cidadania, idade e sexo (geralmente, os deuses têm sacerdotes, e as deusas, sacerdotisas). Alguns sacerdócios (*hierosýne*) permanecem como propriedade de um *génos**, mesmo quando o culto do *génos* é o culto da cidade-Estado: o hierofante de Elêusis pertence ao *génos* dos Eumólpidas; em geral, os sacerdócios *katá génos* são vitalícios (*diá bíou*); as regras de transmissão são próprias do *génos*, e a cidade-Estado não intervém. Todavia, na maioria dos casos, o sacerdote da época clássica é, como o magistrado, eleito pelo corpo cívico ou designado por sorteio*: por volta de 450, todos os atenienses podem se apresentar ao sorteio, que deve designar a sacerdotisa de Atena Niceia; a duração do cargo varia muito segundo os santuários, mas, na maioria das vezes, o sacerdote designado pela cidade-Estado exerce seu ofício durante um ano. Materialmente, ele recebe parte dos bens das vítimas sacrificadas (peles, mercadorias de qualidade). Em alguns casos, a cidade-Estado chega a pagar-lhe uma indenização: a sacerdotisa de Atena Niceia recebe 50 dracmas por ano. Em algumas cidades-Estado, o epônimo* é o sacerdote da divindade principal, designado por um ano: o sacerdote de Apolo é epônimo em Cirene. Por fim, a partir da época clássica, também existe na Grécia asiática uma terceira maneira de designar os sacerdotes: a venda dos sacerdócios. Ela ocorre sobretudo em Mileto, Priena e Éritras, cidade-Estado em que, em meados do século III, os sacerdócios postos à venda são muito numerosos. Essa instituição traz receitas importantes aos santuários e privilégios materiais e honoríficos aos sacerdotes. Na alta época helenística, não se nota nenhuma mudança sensível, salvo o aparecimento de novos sacerdotes e novas sacerdotisas, que corresponde às importantes criações de cultos característicos da época. Na baixa época helenística, especialmente após a guerra de Mitrídates, os candidatos eleitos aos sacerdócios tornam-se raros; com efeito, sobretudo se os caixas dos santuários estão vazios, a função não apenas não traz benefícios, como ainda acarreta despesas. As cidades-Estado contratam voluntários e, muitas vezes, são obrigadas a aceitar que um ou uma evergeta* exerça como cargo vitalício um sacerdócio até então anual. Em geral, o sacerdote ou a sacerdotisa em cargo vitalício devem essa honra a um esforço financeiro: a cidade-Estado recompensa um ou uma evergeta. Na época imperial, é comum que novos sacerdócios vitalícios sejam monopólio de uma família: novas famílias sacerdotais acrescentam-se aos antigos sacerdócios *katá génos* subsistentes.

SACRIFÍCIO

O homem, a cidade-Estado, a subdivisão da cidade-Estado e a associação oferecem sacrifícios a fim de se conciliarem com a divindade, seja para dela obter favores, seja para demonstrar-lhe gratidão. Por intermédio do sacrifício, os fiéis separam parte daquilo que lhes pertence para doar a um ou vários deuses. O sacrifício é o elemento fundamental da festa*: a comunidade cultual celebra sacrifícios periódicos de acordo com o calendário* ritual. Um acontecimento pode igualmente levar ao sacrifício, que pode ser realizado antes da batalha, para pedir o sucesso, ou após a vitória, como agradecimento. O sacrifício pode ser um ato privado e individual: é realizado antes de uma viagem*, após o recebimento de uma boa notícia ou porque se quer prestar homenagem a uma divindade que se venera particularmente. Muitas vezes, o sacrifício não é sangrento: sacrifica-se por holocausto (queimando tudo) ou simplesmente depositando cereais*, um bolo, frutas, legumes ou lã sobre uma mesa de oferendas. No entanto, o sacrifício por excelência é o sangrento. Geralmente, imola-se um animal doméstico e comestível: galos, porcos, ovelhas, carneiros, cordeiros, cabras, bodes, vacas, touros. Regulamentos rituais, diferentes para cada divindade, cada santuário* e cada festa* especificam a espécie, o sexo, a idade e a cor: o sacerdote* zela pelo respeito às leis sagradas. O sacrifício comporta vários momentos. Depois que a procissão* conduz a vítima ornada e coroada até o altar, o oficiante (que não é necessariamente um sacerdote*) realiza os ritos de purificação (asperge o altar e a vítima com água e joga alguns grãos de cevada no altar), pronuncia a oração e consagra o animal cortando alguns pelos de sua fronte e jogando-os na pira elevada sobre o altar. Em seguida, a vítima é degolada, seu pescoço, virado para o céu, e a faca, dissimulada sob os grãos de cevada na cesta (*kanoûn*) trazida pela canéfora*; em geral, uma vítima grande é espancada antecipadamente, a menos que seja alçada viva pelos efebos* por cima do altar; a degola é feita tanto pelo sacerdote quando pelo *mágeiros* (sacrificador-cozinheiro). O sangue é recolhido. O *mágeiros* esfola o animal e, em seguida, procede ao corte ritual. Retira as vísceras (*splánkhna*), que são assadas sobre o altar na ponta de espetos; são consumidas pelos sacerdotes e pelos fiéis. Sobre o altar é queimada a parte reservada ao deus (os fêmures são recobertos com gordura). Geralmente a pele é a parte de honra (*géras*) do sacerdote, que, além dela, costuma receber uma coxa. A carne destinada ao banquete* é cozida em caldeirões. É repartida entre os fiéis de maneira igualitária ou não, dependendo da regra própria à festa. Quase todos os sacrifícios destinados aos deuses e a maioria daqueles que honram os heróis* são desse tipo. Nos outros casos, pratica-se o *enagismós*, no qual o animal, depois de imolado, é totalmente destruído, geralmente por holocausto (destruição total pelo fogo). Utiliza-se então um *bóthros*, ou seja, um buraco, uma fossa, que recebe o sangue da vítima consagrada a divindades ligadas ao reino dos mortos ou a heróis; perto do *bóthros* encontra-se um montículo feito das cinzas dos animais.

SANTUÁRIO

Lugar consagrado a uma ou várias divindades: um santuário (*hierón*) é sempre de alguém, deus ou herói*. Os santuários são muito numerosos. Toda cidade-Estado possui vários, alguns frequentados apenas pelos camponeses dos arredores, e outros conhecidos de toda a cidade-Estado. Os santuários que atraem os fiéis que vêm da totalidade do mundo grego são raros. Os elementos constitutivos de um santuário são o *témenos* e o altar*; o *témenos* é a "parte separada", reservada à divindade; ela é cercada, às vezes fechada. Muito raramente o santuário comporta um templo*, que abriga a estátua* de culto (*ágalma*) e a caixa sagrada. As doações dos fiéis, placas votivas e ex-votos diversos, se acumulam. A cidade-Estado coloca as estelas em que são gravados os textos oficiais no santuário de sua divindade principal, enquanto o demo* e a associação*, em seu santuário particular: o demo ático de Ramnonte expõe seus decretos no santuário de Nêmesis, assim como a Confederação dos epirenses coloca os seus no santuário de Dodona. Os santuários (Delfos e Olímpia, por exemplo) são ornados de ex-votos e tesouros*: cada cidade-Estado tenta erigir os monumentos mais belos, tanto por uma questão de prestígio quanto por devoção. É bastante frequente encontrar em um santuário um *témenos*, às vezes até um templo, consagrado a outra divindade: no interior do santuário de Apolo, em Delfos, encontra-se um *témenos* da Terra e das Musas e um santuário de Dioniso com um templo. Muitas vezes, o caráter sagrado do local remonta a uma época bem remota, evocada por um mito: o deus tomou posse do lugar (Apolo em Delfos), nele se manifestou (epifania* de Deméter em Elêusis), nele o herói* tem seu túmulo (Cécrope na Acrópole* de Atenas) etc. Alguns locais são como que habitados por uma presença divina (➤ Thámbos). A santidade do local proíbe qualquer pessoa suja de penetrá-lo (➤ Abluções, Mácula). Todo santuário, como propriedade da divindade, é inviolável por essência: os exércitos* devem respeitá-lo. O santuário é o local onde ocorrem as cerimônias sagradas (➢ FESTA, SACRIFÍCIO); cada um tem um calendário* ritual e seu(s) sacerdote(s)*. Alguns são a sede de um oráculo*, e há certo número de santuários consagrados a heróis milagreiros. Na ausência de um dogma válido em toda a Grécia, o santuário é uma fonte de verdade: cada um possui sua tradição, e os santuá-

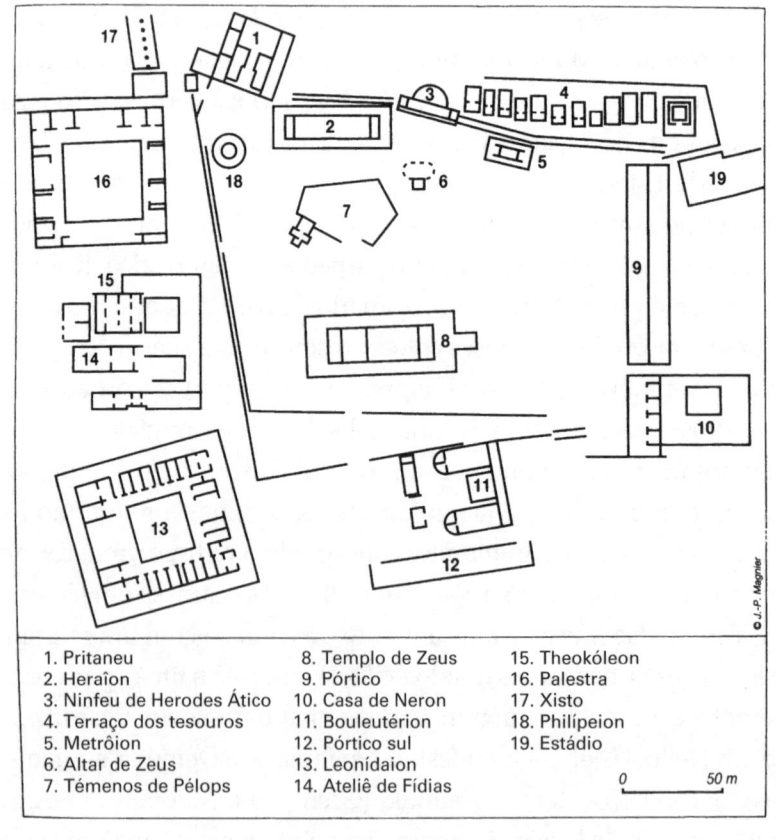

1. Pritaneu
2. Heraîon
3. Ninfeu de Herodes Ático
4. Terraço dos tesouros
5. Metrôion
6. Altar de Zeus
7. Témenos de Pélops
8. Templo de Zeus
9. Pórtico
10. Casa de Neron
11. Bouleutérion
12. Pórtico sul
13. Leonídaion
14. Ateliê de Fídias
15. Theokóleon
16. Palestra
17. Xisto
18. Philípeion
19. Estádio

Fig. 15. – Planta do santuário de Olímpia.

P. Cabanes. *Petit atlas historique de l'Antiquité grecque*. Armand Colin, 2007, p. 97.

rios de uma mesma divindade não ensinam, necessariamente, os mesmos mitos. Alguns exortam a seguir um ideal: de moderação e purificação em Delfos, de salvação em Elêusis etc. O santuário é um local que reúne: a união e a solidariedade dos gregos se manifesta em Olímpia, como as dos argianos no santuário de Hera. Por fim, o santuário tem função agonística e cultural (➢ COMPETIÇÕES, CORO, GINECÔNOMO, HINO, TRAGÉDIA). Fig. 15.

SAPATOS

Frequentemente, os gregos andavam descalços. Em geral, os viajantes, os caçadores e os soldados usavam botinas com reverso, como o *embás*, ou sem reverso, como no *endromís*. Os homens também usavam sandálias: a sola de cortiça, madeira ou couro era presa ao pé por correias, às vezes muito decorativas, que passavam ao redor dos polegares dos pés e dos tornozelos. As mulheres gostavam de cores vivas: amarelo-canário, verde-papagaio, escarlate, vermelho-lagostim. Seus sapatos eram bem mais variados do que os dos homens: alpargatas, chinelos, sandálias, sapatos abertos ou fechados. Muitas vezes, os sapatos eram feitos sob medida.

SARISSA ➢ ARMAMENTO, FALANGE.

SATRAPIA

O reino persa era dividido em satrapias. Cada uma delas era confiada a um sátrapa. Esse sistema foi preservado por Alexandre e por Filipe III. Foi Antígono, o Caolho, que, mesmo conservando o nome de satrapia, confiou as principais unidades administrativas do território que ele governava a estrategos*. Os selêucidas conservaram os estrategos nas satrapias da Ásia Menor, mas os sátrapas governavam as satrapias orientais.

SECRETÁRIO

Todo corpo político, toda assembleia, todo Conselho* e todo colégio de magistrados tem um ou vários secretários. Pessoas cuja posição é muito diferente recebem o nome de *grammateús*. Uns são servidores (*hyperetaí*), empregados subalternos e remunerados: esses escrivães, esses pequenos escribas consideram seu trabalho uma profissão e são recrutados entre os cidadãos mais pobres, os alforriados, os escravos* públicos; seu papel, por mais humilde que seja, é indispensável; assim, Atenas, que em princípio institui a rotação dos cargos, mantém os mesmos *grammateís* a seu serviço durante toda a carreira destes, contanto que exerçam sua profissão junto a magistrados diferentes. Outros *grammateís* são magistrados, cujo papel às vezes é considerável. Alguns são até epônimos* de sua cidade-Estado: é o caso do secretário dos teoros* em Naupacto e de um *grammatistás* em uma cidade-Estado dórica não identificada. Em Delos, o secretário da cidade-Estado, igualmente chamado de secretário do Conselho, é mais importante do que muitos magistrados: políticos reputados, sobretudo oradores* que fizeram com que seus projetos de decreto* fossem votados pela assembleia, exerceram esse cargo político de primeiro plano. Em Atenas, vários *grammateís* têm função importante. Assim, o cargo de secretário dos tesmótetas* foi criado após a reforma de Clístenes para permitir a cada uma das dez tribos ser representada no colégio dos arcontes*. O secretário do Conselho* tem a guarda dos decretos que lhe são entregues pelo Conselho e pela assembleia do povo*: ele faz uma cópia e a deposita nos arquivos*; manda gravar o decreto em pedra, se o povo assim decidiu. No século V, o secretário do Conselho* é um conselheiro eleito por uma pritania*; cada um dos dez secretários que se sucedem pertence a uma tribo* diferente; o secretário não pode ser escolhido entre os prítanes* em exercício. A partir de 368/367, o secretário é sorteado para o exercício anual; aparentemente, ele não pode ser um membro da *Boulé** em exercício; os políticos importantes não buscam essa função, que se tornou técnica.

SELO ANFÓRICO ➤ Ânfora.

SICOFANTA

A origem da palavra não é certa: aquele que denuncia um tráfico de figos (*sykon*)? Em Atenas, chama-se de sicofanta um indivíduo cuja "profissão" consiste em intentar processos contra cidadãos ricos, na esperança de receber uma parte dos bens do condenado. Às vezes, a chantagem substituía a delação: o sicofanta se contentava em ameaçar sua vítima com uma ação* na justiça. Esses indivíduos eram temidos e desprezados. A lei* previa vários processos contra os sicofantas: *graphé** perante os tesmótetas, *eisangelía** perante o Conselho* e *probolé* perante a assembleia do povo*.

SIMÓRIA

Grupo de contribuintes. ➤ Eisphorá, Trierarquia.

SINECISMO

"Coabitação." O sinecismo consiste em unir em uma única cidade-Estado (*pólis*) várias localidades (*kómai*) ou várias cidades-

-Estado (*póleis*). O sinecismo dá origem a uma nova comunidade política, abolindo as antigas: doravante, existe apenas um corpo cívico, um pritaneu* e um regime. As instituições políticas são uma coisa só: assembleia do povo*, Conselhos, magistrados, tribunais*. A nova cidade-Estado reconhece uma única divindade políade*. Em primeiro lugar, uma população dispersa em *kómai**, em aldeias, pode ser reagrupada em uma cidade-Estado dotada de uma cidade*: foi o que se produziu quando se criou a cidade-Estado de Mantineia, por volta de 478-473. Em segundo lugar, a nova cidade-Estado absorve *póleis*, cidades-Estado preexistentes: assim, na época arcaica, Plateias absorveu as cidades-Estado de Skolos, Éritras e Skaphai. Às vezes, várias cidade-Estado decidiam reunir-se em uma única, fundando um novo centro urbano: o sinecismo que criou uma única cidade-Estado na ilha de Rodes, em 408, realizou-se com a criação de uma nova cidade ao norte da ilha, fazendo com que as três cidades-Estado preexistentes (Ialisos, Camiros e Lindos) se tornassem tribos da nova cidade-Estado. De todo modo, o sinecismo provoca uma transferência de população e dos cultos cívicos para o centro urbano escolhido. Por ocasião do sinecismo de Olinto, em 432, os calcidenses das pequenas cidades-Estado da costa tiveram de instalar-se na cidade de Olinto, que acabou por tornar-se um grande centro. No sinecismo de Megalópolis após Leuctras, transferem-se para a cidade recentemente criada a estátua* de Apolo de Figália, a de Pã, que se encontrava na colina de Skoleitas, as *xóana* de Hera, de Apolo e das Musas, que pertenciam a Trapezonte etc. Chega-se a fundar um santuário* para Zeus Licaio, à imagem daquele do monte Liceu. Nem todas essas transferências agradam necessariamente à população: em 361, habitantes de Megalópolis quiseram voltar para suas antigas pátrias; foi necessária uma intervenção armada de Tebas para impedir o diecismo (dispersão dos habitantes). No início da época helenística, alguns diádocos* quiseram criar cidades-Estado enormes, dotadas de uma cidade e de um território igualmente enormes, na Macedônia e na Trácia, de um lado, e na costa setentrional da Ásia Menor, da Tróade até a Jônia, de outro. Por exemplo, em 310, Antígono, o Caolho, criou na Tróade uma cidade-Estado enorme, que englobava a maior parte da Tróade (sete cidades-Estado foram anexadas), com a fundação de uma megalópole na costa, e nomeou-a Antigoneia; era quase um Estado territorial. Posteriormente, Lisímaco voltou a dar vida a Skepsis, uma cidade-Estado anexada, e rebatizou a grande cidade-Estado de Alexandria de Tróada (essa mudança de nome chama-se metonomásia*). Em 294, o mesmo rei* tentou desenvolver a cidade-Estado de Éfeso, na Jônia, rebatizando-a de Arsinoeia (nome derivado daquele de sua mulher, Arsínoe II), englobando em seu território Lebedos e Colofonte; os colofonenses, que queriam conservar sua própria cidade-Estado, resistiram e combateram o exército* do rei.

SINÉDRIO ➤ Synédrion.

SITOFÍLACES

Etimologicamente, aquele que tem a guarda dos cereais* (*sîtos*). Trata-se de magistrados atenienses. Controlam as vendas de grãos, tanto aquelas dos importadores aos atacadistas no mercado de grãos do *empórion** quanto as que ocorrem nas duas *agoraí* de Atenas e do Pireu: no século IV, eles são vinte na cidade de Atenas e 15 no Pireu. Seu trabalho consiste essencialmente em controlar o preço correto dos grãos, da farinha de cevada e dos pães. Possuem registros sobre as quantidades de cereais que chegam ao *empórion* e cuidam para que o preço do trigo vendido por um *émporos** a cada atacadista (nenhum deles pode comprar mais de 50 cargas de burro) seja, ao mesmo tempo, idêntico e justo. Também devem fazer com que os preços na revenda na *agorá** sejam justos, sem benefícios indevidos para os revendedores e para os transformadores (os padeiros, por exemplo).

SITONIA

Compra de grãos pela cidade-Estado. ➤ ABASTECIMENTO.

SOFISTA

"Aquele que sabe." Na segunda metade do século V, esse termo designa professores de *sophía*, "aqueles que vendem, em troca de dinheiro, a sabedoria ao primeiro que aparecer", conforme diz Xenofonte com desdém. De fato, os sofistas, homens insignes, foram os primeiros a pensar em dar aos futuros políticos a formação necessária. Como o político era, antes de tudo, um orador* (*rhétor*), os sofistas lhe ensinavam a eloquência. Porém, à diferença dos rétores* propriamente ditos, pretendiam desenvolver a inteligência e todas as faculdades de seus alunos. Uns davam um ensinamento enciclopédico, outros tentavam formar seus discípulos graças à prática da retórica e da dialética e, mais tradicionalmente, graças ao estudo dos poetas, nos quais buscavam lições de política e moral. A cultura intelectual surgiu com os sofistas do século V. O mais célebre foi Protágoras de Abdera. Não eram filósofos, e Sócrates e Platão os combateram; seus ataques foram tais que o termo "sofista" assumiu um sentido nitidamente pejorativo no século IV. Mas eles não desapareceram. Eram numerosos na época helenística e, sobretudo, na imperial. A "segunda sofística" desenvolveu-se a partir do século II de nossa era. O sofista se apresentava então como um homem culto que conhecia a arte oratória, mas tratava de questões gerais; discorria sobre os mesmos assuntos que os filósofos, mas sem vocabulário técnico nem demonstrações fastidiosas. Dava *akróaseis* (conferências). No século II, Arístocles de Pérgamo tornou-se sofista após ter estudado a filosofia peripatética (cujo fundador foi Aristóteles), e uma inscrição de Olímpia confere-lhe o título de rétor*. Existiam na época cargos de sofistas, uns municipais e outros imperiais. Alguns sofistas foram grandes personagens.

SOFRONISTA

Magistrado ateniense que assiste o *kosmetés**: zela pela boa conduta (*sophrosýne*) dos efebos* de sua tribo, ocupa-se de suas refeições e, por esse trabalho, recebe quatro óbolos por efebo e por dia. Além disso, recebe uma remuneração de uma dracma por dia no século IV. Há um sofronista por tribo: são dez antes de 307 e doze em seguida. Deixam de existir no século III para reaparecerem sob Adriano.

SOPHÍA e SOPHÓS

Noções amplas. *Sophía* designa, ao mesmo tempo, a habilidade prática, a habilidade na vida política, o domínio da poética, o saber nas ciências, como a matemática e a astronomia, e, de modo mais amplo, a cultura científica, o conhecimento dos valores morais, a sabedoria. O *sophós* é, ao mesmo tempo, o erudito e o sábio. Mas a *philosophía* (as palavras dessa família aparecem pela primeira vez em Heródoto, em nossa documentação) significa o amor e o gosto pela sabedoria, o que, segundo Platão, implica que o filósofo aspire à sabedoria sem possuí-la. ➤ Ciência, Escola, Sofista.

SORTEIO

Na Grécia, o sorteio (*klérosis*) é, ao mesmo tempo, um meio de conhecer a vontade dos deuses e uma instituição política de caráter democrático. Os gregos praticaram, em particular em Delfos, a cleromancia, ou seja, a adivinhação pelas sortes. Mesmo no domínio político, às vezes a decisão é deixada a cargo dos deuses: na época arcaica, um sorteio efetuado pela Pítia designa o rei na Tessália. Todos os pretendentes pertencem à família dos Aleuadas: nos regimes monárquicos e aristocráticos, o sorteio permite evitar as disputas entre privilegiados e, portanto, deve-se menos à devoção do que às necessidades políticas. De todo modo, é raro que os titulares dos cargos políticos sejam designados por sorteio nos regimes aristocráticos. Os teóricos do século IV veem nesse procedimento uma instituição da democracia extrema. A eleição (*haíresis*) visa conferir as responsabilidades aos "melhores" (*áristoi*) ou, pelo menos, às pessoas conhecidas. O sorteio confere as responsabilidades aos primeiros cidadãos que se apresentam. Praticar esse sistema é proclamar que todos os cidadãos, sejam quais forem sua fortuna e sua educação, são igualmente capazes de governar a cidade-Estado; a igualdade é o princípio fundamental de um regime que recorre sistematicamente ao sorteio. No entanto, nenhuma cidade-Estado designou todos os seus magistrados dessa maneira: em Atenas, a eleição subsiste para os magistrados militares (estrategos*, taxiarcos*, hiparcas* e filarcos) e alguns magistrados financeiros (tesoureiro* dos fundos militares, funcionários no *theorikón**). Os magistrados mais importantes da cidade-Estado nunca são designados por sorteio: em 487/486, quando se instituiu esse procedimento em Atenas para a designação dos arcontes*, eles perderam o essencial de seus poderes em benefício dos estrategos*. O sorteio é feito de maneira muito variada. Distingue-se o sorteio puro e simples daquele após uma seleção prévia (*prókrisis*): este último sistema foi utilizado no início do século V para os membros da *Boulé** e para os arcontes*. Em seguida, para os arcontes, recorreu-se a dois sorteios sucessivos. A primeira etapa fornecia dez candidatos entre cada uma das dez tribos*. Utilizaram-se diversos meios para o sorteio. No século V, o dos conselheiros era feito "pela fava" (*kýamos*), com o emprego de favas pretas e brancas. Essa prática pode ter perdurado no século IV. Também se utilizaram fichas de terracota para diversos magistrados, especialmente os *poletaí**. Máquinas de sorteio, as *klerotéria*, foram utilizadas para diversos sorteios pouco depois de 388, ou até depois que a Guerra do Peloponeso já estava em curso. São muito conhecidas no que se refere à constituição cotidiana dos diferentes tribunais* assumidos entre os heliastas*. Cada tribo tem duas dessas máquinas. Cada uma é uma estela estriada, com ranhuras dispostas em cinco colunas verticais, numeradas para o primeiro *klerotérion* de *álfa* a *épsilon* e, para o segundo, de *dzêta* a *kápa*: sorteia-se a partir de uma caixa de *pínakes* (*pínax*: tabuleta) de bronze, com o nome de um juiz e seu demótico; as tabuletas são colocadas nas estrias de cima a baixo e à medida que são sorteadas. Perto da margem esquerda da estela há um tubo de bronze vertical, mais estreito embaixo do que em cima, no qual se jogam cubos brancos e pretos misturados: dependendo da cor do cubo que sai do tubo, os heliastas cujas tabuletas se encontram na mesma linha horizontal são admitidos ou não para formar o tribunal.

STÁSIS

A palavra *stásis* designa, ao mesmo tempo, a facção, a discórdia, a sedição e a revolução. Exceto o Velho Oligarca, todos os pensadores políticos gregos acham que a existência das facções é um mal. Com efeito, a cidade-Estado deve aspirar ao bem comum; a facção representa interesses particulares. A cidade-Estado é indivisível e repousa na concórdia (*homónoia*) daqueles que a compõem; a facção é uma marca de desunião e pode criar a sedição. De fato, a facção pode transformar-se em força revolucionária: se por um lado a revolução foi condenada por quase todos os pensadores gregos, por outro as revoluções e as guerras civis foram numerosas na Grécia. O fenômeno da *stásis* tornou-se importante a partir da Guerra do Peloponeso: as revoluções democráticas defendem os interesses dos pobres e sustentam o grupo ateniense, enquanto as revoluções aristocráticas são suscitadas pelas grandes famílias favoráveis a Esparta. No século IV, as crises econômicas e sociais provocam muitas *stáseis*. As revoluções mais conhecidas são as duas revoluções oligárquicas de 411 e 404 em Atenas. Várias *stáseis* foram marcadas por terríveis massacres: ocorrências em Córcira, em 427, matanças em Argos, pouco após Leuctras etc. Na primeira metade do século II, *stáseis* violentas sacudiram a Grécia continental, a Tessália e, sobretudo, a Etólia e Esparta: os conflitos baseavam-se principalmente na repartição da propriedade* fundiária e no problema das dívidas, mas as dissensões se referiam a todos os domínios, econômico, social e político. ➤ BANIDO.

SUBSCRIÇÃO PÚBLICA

Algumas vezes, as subscrições públicas respondem a uma situação de urgência ou de crise, mas geralmente se devem a projetos de maior ou menor envergadura, que a cidade-Estado realiza em um contexto favorável. A decisão sempre é tomada pela assembleia do povo*, que lança um apelo aos subscritores, especificando as categorias a que pertencem: no século II, Crânon limita o apelo a seus cidadãos. Entre 205 e 201, Cós o estende "aos cidadãos, às cidadãs, aos bastardos (*nóthoi*), aos estrangeiros residentes (*pároikoi*) e aos estrangeiros simples". A assembleia pode especificar um montante máximo e outro mínimo. Os subscritores fazem uma promessa pública de doação nos prazos previstos pelo decreto e devem, em seguida, pagar a soma prometida. Quem descumpre sua promessa pode ver seu nome afixado no quadro da infâmia; os subscritores têm seu nome e o montante da doação gravados em uma estela, o que lhes garante uma honra durável. Menos de um quarto de todas as subscrições deve-se à necessidade de impedir um perigo iminente financiando operações militares ou reparando muralhas* em um contexto de guerra. Algumas subscrições têm por objetivo o fornecimento de cereais*; a maioria diz respeito a construções ou reformas de edifícios civis e religiosos (templo*, ginásio*, banho*, pórtico*), às vezes a construção de um bairro inteiro da cidade, como em Colofonte. A subscrição pública responde a uma necessidade pontual que as finanças* públicas não permitem satisfazer, não porque a cidade-Estado seja pobre, mas porque a gestão da tesouraria não prevê as reservas nem os imprevistos. ➤ Empréstimo público.

SUPLICANTE

Na Antiguidade grega, o suplicante (*hikétes*) é inviolável. A súplica exige certo número de gestos rituais, em particular o porte da *hiketéria*, o ramo do suplicante, um galho de oliveira ornado de faixas. O suplicante senta-se sobre o altar* de um deus com a *hiketéria* na dobra entre o braço e o antebraço esquerdo; ele deposita o ramo sobre o altar ou aos pés da estátua* do deus. Na época histórica, a súplica geralmente é feita em um santuário*. No final do século VI, os plateus pedem ajuda a Atenas contra Tebas, indo sentar-se junto ao altar dos Doze Deuses, na *agorá*, enquanto ali os atenienses celebram um sacrifício*. Ao fazerem isso, segundo a expressão de Heródoto, eles "se dão" a Atenas. Nenhuma recusa é possível: em *As suplicantes*, de Ésquilo, Argos é conduzida à guerra contra a própria vontade, pois não pode deixar que levem as filhas de Dânao para longe dos altares sombreados pela *hiketéria*. Assim, seus habitantes pedem ajuda e proteção a seus piores inimigos: o chefe sículo Duketios, que fora derrotado e temia a traição dos seus, entrega-se ao adversário, em Siracusa, e senta-se sobre um altar. O povo trata o suplicante com indulgência e o envia a Corinto. Na época homérica, veem-se estrangeiros pedir ajuda e hospitalidade em uma casa* particular: essa situação torna-se rara na época clássica, e a lei de Cirene só admite a súplica em uma casa particular para as pessoas recomendadas por um terceiro, que as envia a um endereço preciso. Entretanto, Temístocles pediu proteção a seu inimigo, o rei Admeto. Segundo o rito epirense, tomou em seus braços o filho de Admeto, ajoelhando-se diante da lareira do palácio.

SYMMAKHÍA ➤ Aliança, Hegemonia.

SYMPOLITEÍA

União de duas cidades-Estado*. 1º Em muitos casos, a *sympoliteía* é apenas a absorção de uma pequena cidade-Estado por outra vizinha mais poderosa: foi assim que, no início do século II, Mileto absorveu Pidasa. Os cidadãos de Pidasa, suas mulheres gregas e suas crianças receberam o direito de cidadania* em Mileto; os pidasianos tinham o direito de participar dos cultos de Mileto e de nela exercer as magistraturas; conservaram suas propriedades e foram isentados da maioria dos impostos* durante os cinco primeiros anos após o ato de *sympoliteía*. Foram fornecidos alojamentos para 390 pessoas em Mileto, que enviou uma guarnição* e um frurarco. Essas absorções eram frequentes na época helenística: nas listas dos tributos áticos do século V, são encontrados os nomes das cidades-Estado que desapareceram ao longo dos séculos seguintes. Às vezes, no lugar do termo *sympoliteía*, emprega-se o termo *homopoliteía*: é o caso, por exemplo, da absorção de Kalymnos por Cós no final do século III. Kalymnos tornou-se um demo* de Cós. 2º Com frequência, a *sympoliteía* também unia cidades-Estados com direitos iguais. É o caso da *sympoliteía* da Antiga Colofonte e da Nova Colofonte: cada cidade-Estado tem uma assembleia* do povo e promulga descretos (decretos)*, mas todo decreto votado por uma deve ser submetido ao voto (*diapséphisis*) da outra. 3º Em outros lugares ainda, a *sympoliteía* agrupa em torno de uma cidade-Estado várias cidades-Estado vizinhas: as quatro cidades--Estado da Lícia do Sul, unidas por *sympoliteía* em torno de uma delas, Aperlai, formam uma *tetrápolis* em que cada cidadão traz o gentílico comum (*Aperleités*), especificado por aquele da cidade--Estado da qual é originário.

SYNÉDRION

Conselho*. Os membros de um *synédrion* chamam-se *sýnedroi*. 1º Nas cidades-Estado, o Conselho às vezes traz esse título. O *synédrion* podia ter amplos poderes: em Messênia, todas as decisões são tomadas pelos *sýnedroi*, e seu secretário (*grammateús*) é um personagem importante. 2º Muitas Confederações* possuem um Conselho federal*, frequentemente chamado de *synédrion*. O mesmo ocorre com as alianças* dirigidas por um *hegemón* permanente. Assim, na segunda liga* ateniense, todas as cidades-Estado membros, salvo Atenas, são representadas no *synédrion*; nele, cada uma delas tem voz. Toda decisão da liga supõe um voto* do *syné-*

drion (*dógma*) e um voto da *ekklesía** ateniense (*pséphisma*). ➤
CONSELHO DA CIDADE-ESTADO, CONSELHO FEDERAL.

SYNÉGOROS

Em Atenas, pessoa que auxilia um pleiteante perante o tribunal*. Não se trata de um advogado nem de um logógrafo*. Essa pessoa intervém gratuitamente, pelo menos em teoria, e só pode falar em segundo lugar, após o advogado de seu cliente ou amigo. Deve obter a autorização do tribunal para tomar a palavra. Entretanto, às vezes desempenha papel muito importante: por ocasião do processo movido por Ésquines contra Ctesifonte, o acusado disse apenas algumas palavras, e Demóstenes, como *synégoros*, pronunciou um longo discurso, o célebre *Sobre a coroa*. De resto, Demóstenes defendia seus próprios interesses: o decreto de Ctesifonte, que Ésquines taxava de ilegal, conferia-lhe uma coroa* honorífica.

SYNGÉNEIA

"Parentesco." 1º Segundo os gregos, a solidariedade entre concidadãos depende inicialmente da *syngéneia*, o parentesco de sangue, depois da *kedestía*, a aliança matrimonial, que tece vínculos entre famílias diferentes da mesma cidade-Estado e faz com que se tenha parentes pelo sangue em comum, e, por fim, da *hetaireía*, os vínculos de camaradagem (criados pela escola, pela guerra e pela participação nas mesmas festas*). 2º Comunidade de caráter às vezes local e gentílico. Na Cária, a *syngéneia* é a base da sociedade: na época clássica, em Milasa, as *syngéneiai* são subdivisões da tribo*. Suas atividades cultuais são bem conhecidas. Uma *syngéneia*, por exemplo, possui perto de Milasa um santuário* consagrado ao deus Sinuri. Realiza reuniões no santuário, sobretudo uma grande reunião anual com um sacrifício* de bovinos e um banquete*, do qual participam todos os *syngeneís*. Essa *syngéneia* compra terras para seu deus e dela obtém rendimentos. Possui magistrados, em particular um colégio de sete tesoureiros*. Às vezes, designa comissários, que encarrega de uma missão: aquisição de terras, adjudicação*, trabalhos no santuário etc. Vota decretos, manda gravar seu texto em pedra e o expõe no santuário. Possuímos decretos originários de outras *syngéneiai*. 3º Parentesco de cidades-Estado. Algumas cidades-Estado gregas eram ligadas a outras pela *syngéneia* (parentesco de sangue). Esse parentesco vinha de uma origem comum, de um fundador e de cultos comuns: uma colônia* é unida por *syngéneia* à sua metrópole e a todas as colônias fundadas por esta. Os cidadãos de Lâmpsaco e os de Marselha são irmãos, pois ambas as cidades-Estado são colônias da Foceia; do mesmo modo, uma *syngéneia* une Cós e Camarina, pois a primeira cidade-Estado participou da fundação da segunda. Muitas *syngéneiai* baseiam-se em tradições mitológicas: em 196, Lâmpsaco diz-se parente de Roma por ter feito parte da Tróade e por Roma ter sido fundada pelo troiano Eneias. Na época imperial, as *syngéneiai* artificiais se multiplicam. Cidades-Estado da Ásia inventam lendas para criar vínculos com a antiga Grécia: foi assim que, no século III de nossa era, Aigeai da Cilícia alega uma lenda de Perseu, "encontrada" por um sofista, para estabelecer seu parentesco com a grande cidade-Estado de Argos. As *syngéneiai* desempenharam papel importante na vida internacional. Muitas cidades-Estado pediram ajuda e socorro a outra, invocando a *syngéneia* que as unia: em geral, a resposta era favorável. Quando Iasos faz um apelo a Rodes, esta vai em seu auxílio em razão de seu "parentesco" e de sua amizade.

T

TAGÓS

"Chefe." O *tagós* é um magistrado tessálio. 1º A partir do século VI, porém de maneira descontínua, o *koinón** tessálio teve em seu comando um magistrado eleito de forma vitalícia, o *tagós*. Os textos literários chamam-no ora de *basileús* (rei*), ora de *hegemón* (comandante). Antes de tudo, o *tagós* é o chefe supremo do exército tessálio: mobiliza as tropas e as comanda. Em tempos de paz, seu papel é bastante reduzido. O *tagós* mais célebre é Jasão de Feras, que almejava uma hegemonia sobre a Grécia inteira quando foi assassinado em 370. Em todas as cidades-Estado tessálias, o primeiro colégio de magistrados é o dos *tagoí*; ele é epônimo*.

TALENTO ➤ Moeda (estalões e unidades de), Peso.

TAXAS ➤ Impostos.

TAXIARCOS

Chefes de batalhão (*táxis*). Em Atenas, são dez, um por tribo*. São subordinados aos estrategos*, comandam os hoplitas* de sua tribo e nomeiam oficiais que lhes são subordinados, os locagos.

TEARÓS ➢ Teoros.

TEATRO

Na época helenística, uma cidade* grega digna desse nome possuía um teatro. Era mais raro na época clássica. O teatro surgiu com o *koîlon*, o auditório, formado de lanços de degraus escavados ou entalhados em uma colina: foi o auditório que deu ao edifício inteiro seu nome de *théatron* (etimologicamente, o lugar para onde se olha). Na época mais antiga, o *koîlon* tinha a forma (como em Atenas, no século V) de um *pi* com ramos divergentes, ou (como em Queroneia, na Beócia) de fileiras de simples degraus retilíneos. Mais tarde, o auditório assumiu a forma de um semicírculo: o exemplo mais perfeito é o do teatro de Epidauro, cuja construção data do último terço do século IV, e essa forma, com variantes, tornou-se a norma. As extremidades do hemiciclo são sustentadas por muros de arrimo. O auditório é dividido em setores (*kerkídes*) por escadarias e em zonas superpostas por um corredor horizontal (*diázoma*), às vezes dois ou três. Na primeira fileira do *koîlon* encontram-se os lugares de honra para os sacerdotes*, os magistrados e as pessoas que têm o privilégio da proedria*: geralmente, esses lugares são em mármore, decorados, muito mais bonitos do que aqueles dos outros espectadores. O segundo elemento constitutivo do teatro é a *orkhéstra*, uma área de terra batida. Na época clássica, ela era de forma trapezoidal ou alongada. A do teatro de Epidauro é um círculo perfeito, mas a maioria das orquestras contemporâneas ou helenísticas é de arcos em ferradura, como em Delos, ou um conjunto formado por um retângulo ou um semicírculo, como a do teatro construído em Atenas na segunda metade do século IV. Penetra-se na *orkhéstra* por duas amplas entradas laterais, situadas ao pé dos muros de sustentação do *koîlon*, os *pároidoi*, às vezes providos, como em Epidauro, de portas monumentais. Nenhuma *orkhéstra* conta com altar*. Nela atuam o coro* e os músicos, e os atores* desempenham a parte essencial de seu papel. O terceiro elemento constitutivo do teatro é a *skené*, uma construção de palco retangular. A do teatro de Atenas, no século V, era simples e feita de madeira. Na época helenística, a *skené* costumava ser de pedra, em dois andares, com uma fachada monumental que representava a do palácio ou do templo da tragédia. Nessa época, na frente da construção retangular da *skené* encontrava-se o *proskénion*, um pórtico* com dois a três metros de profundidade e de 2,50 a 3,50 metros de altura, que correspondia à elevação do primeiro andar da *skené*; o teto em terraço do pórtico, acessível por escadarias laterais, permitia sua utilização como espaço cênico complementar. O auditório podia acolher inúmeros espectadores: o da pequena cidade-Estado de Delos tem 6.500 lugares; o de Atenas, no século IV, 17.000; o de Megalópolis, construído a partir de 360-320, 20.000. Às vezes, as exigências do local, como em Mileto, levavam o teatro a instalar-se na periferia da cidade. Todavia, sempre que possível, ele se situava no centro da cidade. Com efeito, não se trata apenas de um edifício de espetáculo, que servia às competições* musicais e dramáticas, às quais se acrescentaram, na época imperial, os combates de gladiadores. Ele também tinha funções políticas: os decretos honoríficos eram proclamados no teatro por ocasião das competições de coros ou tragédias* e, em

Atenas, no século V, por ocasião das Grandes Dionísias, ao teatro era levado o tributo* pago pelos aliados, o que era uma manifestação de poder, e nele se apresentavam os filhos dos soldados mortos na guerra. A partir do final do século IV, em inúmeras cidades, era no teatro que a assembleia do povo* costumava realizar suas sessões; as assembleias das Confederações puderam reunir-se no teatro de uma cidade-Estado membro. ➤ Agonóteta, Corego, Tekhnítes dionisíacos. Fig. 16.

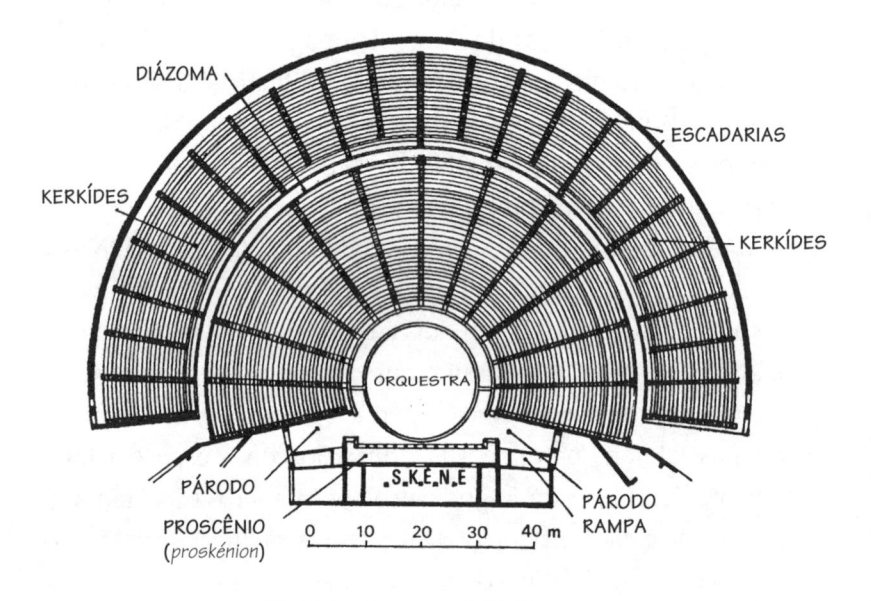

Fig. 16. – O teatro de Epidauro.
Segundo W. Dörpfeld. *Das griechische Theater*. Atenas, Barth, 1896.

TECELAGEM

As mulheres tecem em pé, diante de um tear vertical, que elas mantêm esticado, suspendendo-o com pesos. Em seguida, nele inserem os fios da trama com uma naveta, que é uma haste simples de madeira, munida de fios de várias espessuras. Não é preciso cortar nem costurar a peça de tecido retangular assim obtida para transformá-la em túnica. ➤ VESTIMENTAS.

TECIDOS ➤ DOTE, TECELAGEM, VESTIMENTAS.

TEKHNÍTES DIONISÍACOS

O termo *tekhnítes* significa "aquele que possui uma *tékhne*, uma habilidade, uma profissão". Muitas vezes é utilizado por Aristóteles para designar o artesão. Os *tekhnítes* dionisíacos são artistas que se colocam sob a proteção de Dioniso, o deus do teatro. Associações* de *tekhnítes* dionisíacos foram criadas no início do século III e agrupavam profissionais do espetáculo: poetas, atores* e todos os artistas que participavam das competições* musicais ou dramáticas, rapsodos, auletas*, citaristas*, citarodos*, mestres de coro*, coreutas (membros de um coro*), figurinistas, cenógrafos. Existem quatro importantes confrarias de *tekhnítes* dionisíacos: aquela que tem por sede Atenas, a do Istmo e de Nemeia, a da Jônia e do Helesponto (cuja sede é em Teos), e a do Egito e de Chipre. Algumas têm filiais: a associação (*koinón**) dos *tekhnítes* do Istmo e de Nemeia tinha uma em Tebas, Téspias, Oponto, Cálcis e Argos. Associações de *tekhnítes* existiam na Magna Grécia e na Sicília. Todos os membros de uma associação são oriundos de uma cidade-Estado grega. Toda associação, constituída com leis* e regulamentos, redige a lista de seus membros e realiza assembleias que votam decretos* e têm a capacidade de agir na vida internacional, enviando embaixadores: assemelham-se a pequenas cidades-Estado*. Possuem bens e renda. Cada uma é comandada por um sacerdote* de Dioniso, escolhido entre seus membros, e designa diversos magistrados que variam de uma para outra, tesoureiro*, agonóteta* e *epimeletaí**. As associações permitiram aos artistas obter privilégios necessários ao exercício sem risco de uma profissão que implicava a participação em festas em locais diferentes e afastados. Esses privilégios são a *asylía** e a *aspháleia* (que proíbe a prisão), a dispensa do serviço militar, dos impostos* e das liturgias*. A contraparte é a obrigação, para as associações, de fazer com que artistas se apresentem nas múltiplas competições dramáticas e musicais e, para seus membros, sob pena de multa, que participem da celebração de uma festa, para a qual foram designados pela associação da qual fazem parte. A intensa vida cultural do mundo grego e helenizado na época helenística foi permitida, em parte, por essas confrarias. ➤ Artesanato.

TÉMENOS ➤ Hieropeu, Rei, Santuário.

TEMPLO

O templo (*naós*) é a morada do deus. Não é um lugar de culto onde se reúnem os fiéis: o *Telestérion* de Elêusis, a Sala da Iniciação aos Mistérios, é uma exceção. À diferença do altar*, o templo não é um elemento indispensável em um santuário*. Ele tem por função abrigar a estátua* cultual e o tesouro* do deus. Segundo o regulamento em vigor no santuário, o acesso ao templo é permitido ao público ou reservado aos sacerdotes. O regulamento também estabelece os dias de abertura; alguns templos são abertos apenas uma vez por ano. Existem templos a partir do século VIII, mas eles só passam a ter um caráter fundamental no século VII: o templo de Posêidon, no Istmo de Corinto, construído no período 690-650, tem 39 metros de comprimento e 14 de largura; muito

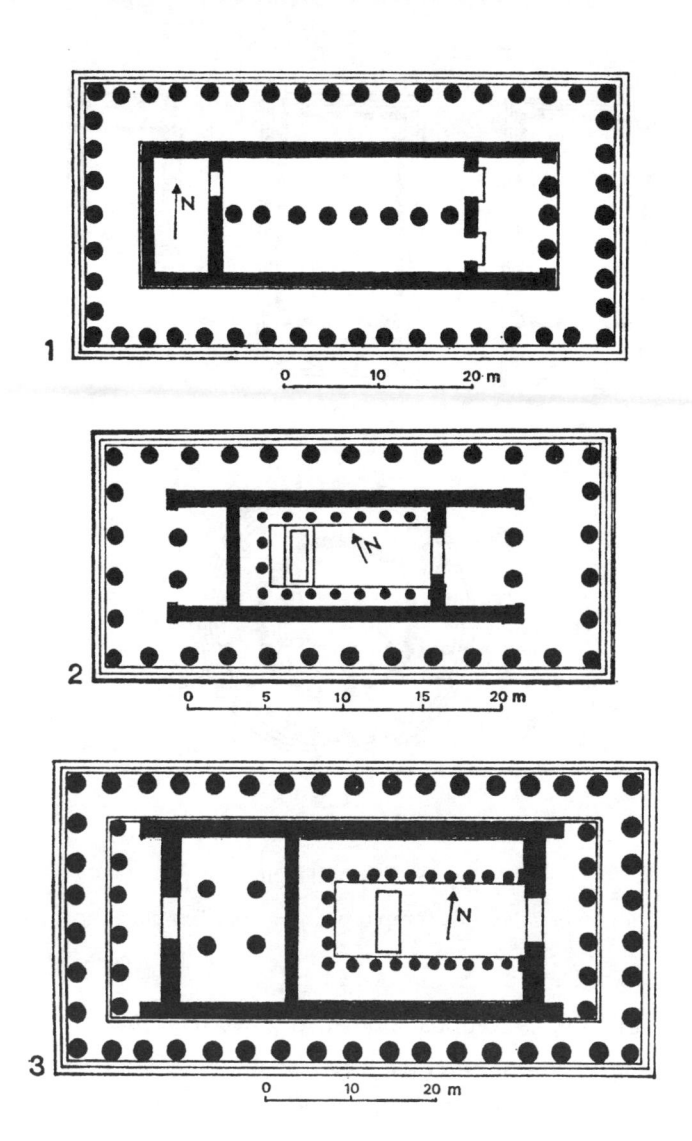

Fig. 17. – Três templos perípteros.

1. Templo de Hera, conhecido como Basílica (Posidônia). – 2. Templo de Hefesto e de Atena Heféstea, conhecido como *Theseîon* (Atenas). – 3. Pártenon (Atenas).

Segundo H. Berve e G. Gruben. *Griechische Tempel und Heiligtümer*. Munique, Hirmer, 1961, pp. 200, 171 e 187.

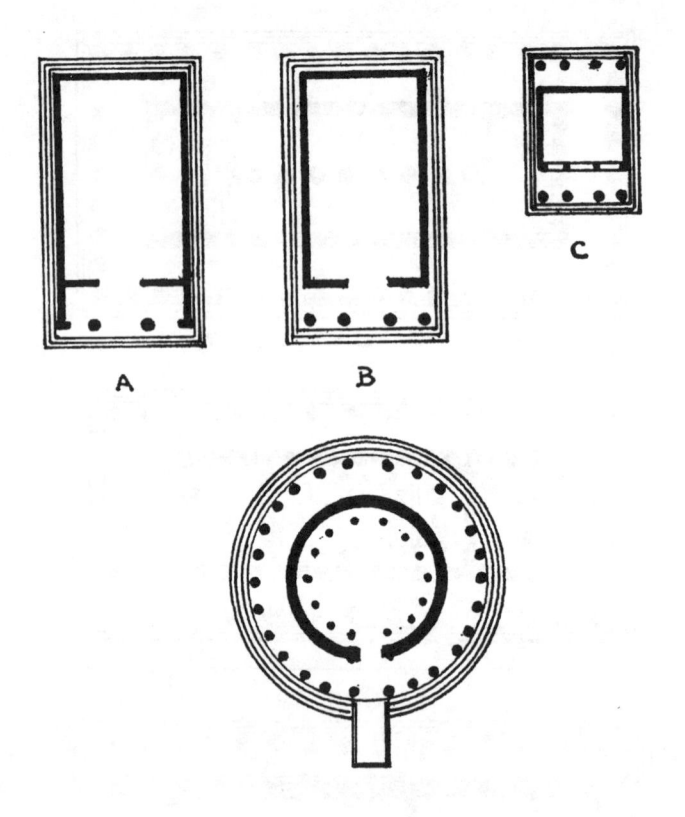

Fig. 18. – Tipos de templos.
A. Templo *in antis*. – B. Templo prostilo. – C. Templo anfiprostilo. – D. *Thólos*.

provavelmente, as colunas* que sustentavam o teto eram de madeira, assim como o entablamento. Os templos dotados de colunas* de pedra aparecem no século VI, e as ordens dórica e jônica surgem por volta de meados do século. Todo templo grego tem sua entrada a leste. Habitualmente, um grande templo comporta três espaços. A sala central, onde se erige a estátua do deus, é o *naós* propriamente dito. O *naós* é precedido, a leste, por um vestíbulo, o *prónaos* ("sala na frente do *naós*"). O terceiro espaço geralmente é um opistódomo ("o espaço do fundo"), simétrico ao *prónaos* e separado do *naós* por um muro inteiriço. Em vários templos encontra-se uma sala suplementar: no Pártenon, é o Pártenon propriamente dito, situado atrás do opistódomo com o qual ele se comunica. Nos santuários oraculares, muitas vezes é um ádito*. O ádito nunca se comunica com o opistódomo. Às vezes, chega a substituí-lo: o *Heraîon* de Posidônia, por exemplo, tem três espaços, um *prónaos*, um *naós* e um ádito. Todos os grandes templos são perípteros, ou seja, possuem um pórtico* contínuo em cada lado: os templos menos importantes são *in antis* (têm na fachada duas colunas entres as antas, ou seja, os prolongamentos dos muros), prostilos (com uma colunata na fachada principal), anfiprostilos (com uma colunata nas fachadas menores). Chegou a haver templos dípteros (peristilos, porém dotados de uma dupla colunata em cada lado): o mais antigo é o de Hera em Samos, que foi o primeiro de uma série de templos gigantescos na Jônia, sendo que o maior templo grego é o de Apolo, em Didima, com 109 metros de comprimento e 51 de largura. Como o *Hefaisteîon* de Atenas, a maioria dos grandes templos é hexastilo, ou seja, com seis colunas na fachada (um templo distilo tem duas colunas na fachada, e um templo tetrastilo, quatro): o Pártenon, com suas oito colunas (octostilo), o *Heraîon*, com nove (eneastilo), e o templo de Didima, com dez (decastilo), são exceções. Por não ser um lugar de culto, geralmente o templo não possui altar interno. A presença de um altar implica particularidades arquitetônicas: enquanto a maior parte dos templos tem um telhado de duas águas, o templo com altar é hipetro (a céu aberto), pois o altar conta com uma pira, e é preciso que a fumaça possa sair. Figs. 17 e 18.

TEORÓDOKOS e TEARODÓKOS

Personagem encarregado de receber em sua casa os teoros* (embaixadores religiosos). Seu título de *teoródokos* lhe era dado ora por sua cidade-Estado, ora por aquela que enviava os teoros. Foram encontradas listas de *tearodókoi* em Epidauro: era importante para o teoro saber quem o acolheria, e era uma grande honra para o *teoródokos* ter seu nome gravado em uma estela exposta no santuário*. Outras listas foram encontradas em Delfos e Argos.

TEOROS e TEARÓS

1º Embaixadores religiosos. Toda teoria é uma embaixada*. Algumas cidades-Estado que celebram uma festa* internacionalmente reconhecida enviam teoros para anunciar às outras cidades-Estado o próximo início das cerimônias e competições*: teoros proclamam a abertura das *Asklepíeia* de Epidauro ou das Pitíadas de Delfos. Em alguns casos, fala-se não de teoros, mas de espondóforos*. Do mesmo modo, Magnésia do Meandro enviou teoros a todo o mundo grego para pedir aos reis* e às cidades-Estado que reconhecessem como *stephanítes* (para a coroa*) e "isopítica" (igual às Pitíadas de Delfos) sua competição das Licofrienas e como asilos sua cidade e seu território. Por outro lado, as cidades-Estado que quisessem honrar uma festa de uma cidade-Estado estrangeira enviavam delegações oficiais: no século V, as cidades-Estado aliadas mandaram teorias a Atenas para as Panateneias e as Dionísias. Quando Cós enviou teoros às Licofrienas de Magnésia, ela lhes deu uma indenização de viagem* e dinheiro para o sacrifício*; em Atenas, ao contrário, a *arkhitheoría* era uma liturgia*. Os teoros eram recebidos por *teoródokoi** nas cidades-Estado que visitavam. 2º Magistrados civis. Harpocration os define como os guardiões das coisas divinas. Em Paros, os teoros teriam apenas funções religiosas. Todavia, em outros lugares, não apareciam como magistrados unicamente religiosos. Em Tasos, os três teoros costumavam pertencer às boas famílias da cidade-Estado; aparentemente, tinham por função zelar pelo respeito das leis*. Sabemos da existência de teoros na maioria das cidades-Estado árcades, mas pouco conhecemos a respeito de suas competências; entretanto, sabemos que, em Tégea, eram magistrados políticos e que seu colégio era o primeiro da cidade-Estado. ➢ Arquitetura, Asylía, Espondóforos.

TESMÓTETA

"Aquele que estabelece a lei*." O título de tesmóteta era conhecido em Atenas antes de Drácon (por volta de 620). Com efeito, a partir da alta época arcaica, seis magistrados eleitos por um ano têm esse título. Com o rei*, o arconte* e o polemarco*, formam os nove arcontes*. Desde a origem, suas competências são unicamente judiciárias: na época aristocrática, interpretam a lei e proferem sentenças. Sua importância e seu papel sofreram uma evolução paralela àquela do regime e da justiça. A partir de 487/486, como os outros arcontes, eles são designados por sorteio*. Sob o regime democrático, recebem o encargo de organizar a justiça: estabelecem os dias em que os tribunais* devem realizar sessões e atribuem os tribunais aos magistrados que os presidem. Como todos os magistrados judiciários, no entanto, perderam o direito de proferir sentenças: instruem e introduzem os casos. Sua competência estende-se, sobretudo, aos casos políticos: *eisangelía** diante da *ekklesía*, *graphé pará nómon* (ação contra o autor de um decreto* ilegal), *dokimasía** de todos os magistrados, prestação de contas* dos estrategos*, ação por usurpação do direito de cidadania* etc. Também introduzem outros casos, em particular os *díkai* que dizem respeito ao comércio e às minas*. Para o secretário dos tesmótetas, ➢ Secretário.

TESOUREIRO

Magistrado encarregado de administrar uma ou mais caixas. O *támias* ou *oikónomos* administra os fundos: anota todas as entradas e todas as saídas, mantendo uma contabilidade distinta para cada caixa; ao final de seu mandato, presta suas contas* e as publica. Toda cidade-Estado tem seu ou seus tesoureiros. As cidades-Estado da Beócia, por exemplo, possuem um colégio de três tesoureiros que exercem a presidência alternadamente, cada um durante quatro meses: fazem todos os pagamentos e recebem todos os impostos* devidos à cidade-Estado. Em Atenas, onde as caixas são múltiplas, há inúmeros tesoureiros: o tesoureiro do povo, que administra os fundos atribuídos ao povo para as despesas com os decretos*; o tesoureiro dos enfermos, que paga dois óbolos por dia aos enfermos pobres e inaptos ao trabalho; o tesoureiro dos fundos militares (*stratiotiká*), magistrado eleito e personagem importante, ao menos a partir de 373 etc. Os tesouros* sagrados também têm seus tesoureiros, quando não são administrados por hieropeus* ou *neopoioí**: os tesoureiros dos fundos sagrados mais conhecidos são os de Atenas. Os dez tesoureiros de Atena são sorteados entre os pentacosiomedimnos*: administram os bens da deusa, recebem dos *hellenotamíai* a sexagésima parte do tributo* dos aliados, pagam os trabalhos públicos da Acrópole (propileus*, estátua* do Pártenon etc.), concedem empréstimos à cidade-Estado por ocasião das expedições militares, como a guerra de Samos, em 440. Entre 433 e 426, a cidade-Estado recebeu de empréstimo de sua deusa mais de quatro mil talentos. A partir de 435/434, outros deuses que não Atena tiveram seu tesouro administrado por um colégio de dez "tesoureiros dos outros deuses": estes mantiveram uma contabilidade separada para cada um dos tesouros e redigiram o inventário das oferendas. Muitas associações* tiveram seu tesoureiro, a menos que um *epimeletés** se encarregasse de todas as questões materiais. ➤ Finanças, Theorikón.

TESOURO

1º *Thesaurós*. Entreposto, depósito onde se guardam as provisões e os objetos de valor. O termo designa o celeiro, mas também o edifício que uma cidade-Estado constrói em um santuário* frequentado por todos os gregos para nele abrigar suas oferendas e as de seus cidadãos. O tesouro é construído com base no modelo do templo*: compõe-se de um espaço fechado, que corresponde ao *naós*, e de um vestíbulo, que corresponde ao *prónaos*. Distingue-se do templo por suas dimensões reduzidas e suas funções: não é a morada de um deus, mas um abrigo para consagrações (vasos, joias, armas etc.). Toda cidade-Estado tenta construir o tesouro mais belo possível em um lugar bastante visível: muitas vezes, a preocupação com o prestígio predomina sobre a devoção. Ao mesmo tempo, como o tesouro não era a casa do deus, ele permitia certa audácia: o apuro arquitetônico deve muito a esses pequenos edifícios. Vale mencionar o tesouro de Gela, em Olímpia, com suas esplêndidas terracotas arquiteturais; o tesouro jônico de Sifnos, em Delfos, com suas *Kórai*, que substituem as colunas, e seu belo friso* arcaico; o tesouro dórico elevado por Atenas. 2º Caixa.
➢ Banco, Contas, Finanças, Tesoureiro.

TESTAMENTO ➢ Herança.

TESTEMUNHAS

Apesar dos contratos escritos, o papel das testemunhas (*mártyres*) permanece capital. É na presença de testemunhas que se dá a filha em matrimônio* por *engýe*, que se entrega o dote* prometido, que se redige um testamento, uma doação, uma alforria*, um contrato, que se paga em dinheiro a quem o emprestou, que se pagam os juros, que se reembolsa um credor, que se faz uma venda imobiliária etc. Na justiça, a prova testemunhal predomina sobre os indícios materiais e, salvo exceção, sobre os documentos escritos. Para estabelecer a verdade sobre um acontecimento, as partes recorrem aos testemunhos (*martyría*) de pessoas que a ele assistiram, bem como ao de vizinhos a quem, segundo Lísias, é impossível esconder qualquer coisa que seja. Os parentes, os amigos, os membros da fratria* e do *dêmos** vão testemunhar sobre a situação familiar, jurídica etc. do pleiteante. Para testemunhar, é necessário ser um homem maior de idade e de condição livre; as declarações dos escravos* só têm valor se obtidas pela questão judiciária. ➢ Processo judiciário.

THÁMBOS

Grande espanto do homem diante do divino. Os gregos tinham, em grau máximo, o sentimento do sagrado. O homem sente um misto de admiração, respeito e temor quando o sagrado se manifesta a ele: percebe-se uma presença divina em um santuário*. Metanira é fixada no local por ocasião da epifania* de Deméter. Os poetas trágicos descreveram o assombro dos homens diante das intervenções do destino.

THEORIKÓN

Caixa de espetáculos. É uma instituição ateniense: a tradição literária tardia atribui sua criação a Péricles, mas os documentos só nos levam a conhecer sua existência no século IV. De todo modo, o *theorikón* não tem nenhuma relação com a *diobelía* que Cleofonte instituiu em 410: tratava-se então, naqueles anos difíceis, de socorrer os mais pobres com um abono de dois óbolos. O *theorikón* foi criado para reembolsar os cidadãos do preço dos lugares no teatro*: originariamente, só se recebia o abono por ocasião das raras festas* que comportavam um espetáculo. Em seguida, ele passou a ser pago mesmo por ocasião das festas sem espetáculos. A instituição só assumiu toda a sua importância com a lei* de Êubulo, segundo a qual toda a renda da cidade-Estado não repartida pela *diátaxis*, o regulamento da repartição financeira, devia ser depositada na caixa do *theorikón*. Os funcionários do *theorikón* tornaram-se, então, os principais magistrados financeiros da cidade-Estado: eram dez, designados por eleição. Durante vários anos, Êubulo dirigiu a política ateniense como presidente dos funcionários do *theorikón* ou como tesoureiro único do *theorikón*, não se sabe. O fundo dos espetáculos, combatido ardentemente por Demóstenes, perdeu muito de sua importância em 340, mas ainda existia no tempo de Licurgo. Desapareceu na época helenística. ➤ FINANÇAS.

THESMOPHÝLAX ou TETHMOFÝLAX

Como o *nomophýlax**, o *thesmophýlax* é, etimologicamente, o "guardião das leis*". Um colégio de *thesmophýlakes* foi verificado na Beócia. Mas o nome não corresponde necessariamente à função. Encontram-se *thesmophýlakes* em Alexandria, onde são competentes, sobretudo, em direito comercial. Em Iulis de Ceos, são magistrados importantes, encarregados de controlar outros magistrados. ➤ CONTAS (PRESTAÇÃO DE).

THÊTES

Hesíquio acredita, talvez sem razão, que os *thêtes* são escravos*. Pólux os define com mais exatidão como trabalhadores assalariados; aparentemente, os *thêtes* de Homero são lavradores assalariados. Em Atenas, Sólon deu o nome de *thêtes* aos cidadãos da quarta classe censitária*: todo ateniense que não colha ao menos duzentos medimnos de cereais* (ou duzentos metretas de azeite* ou de vinho*) é um *thêta*: não se trata do não proprietário que trabalha para um patrão, e sim do pobre, seja qual for sua atividade. Já não se trata de uma classe social, e sim de uma classe econômica e política. A partir de Sólon, o *thêta* ateniense tem direito de participar da *ekklesía**, mas não pode exercer nenhuma magistratura. Se o *thêta* não pode ser hoplita* porque não tem recursos para se equipar, pode remar nas trieres*; a vitória naval de Salamina e o papel da frota na liga de Delos colocam em primeiro plano a classe que fornece os remadores (➤ MARINHA). A *misthoforía** permite aos *thêtes* desempenhar um papel político ativo: são a maioria na *Heliaía**, e muitas magistraturas inferiores (escrivães etc.) são ocupadas por eles. Nunca foram submetidos à *eisphorá**. No século V, muitos partem como clerucos*, atingindo, assim, o censo do zeugita*. No século IV, essa classe vê seu número aumentar consideravelmente em relação ao conjunto da população. Os *thêtes* perdem todo poder político com Demétrio de Falera. ➤ CLASSES CENSITÁRIAS, MISTHÓS.

THÍASOS

Em sua origem, o *thíasos* é um grupo de fiéis que se reúnem ocasionalmente para celebrar um culto em honra a Dioniso. Em seguida, o *thíasos* tornou-se uma associação* permanente. Existem inúmeros *thíasoi* báquicos, mas essas confrarias honram muitas outras divindades, como Afrodite Síria ou Zeus Labraundos. Os membros de um *thíasos* são *thiasótai*. Em alguns *thíasoi*, os membros têm um nome mais particular, como o de *boúkoloi** (vaqueiros) nos *thíasoi* báquicos. Na época helenística e romana, o *thíasos* reúne cidadãos e estrangeiros, homens livres e escravos*, homens e mulheres.

THÓLOS

Rotunda. Esses edifícios circulares não são difundidos. A mais célebre e mais bonita é a de Delfos, no santuário* de Atena Pronaia: sua função é discutida, mas pode ser um templo*. Outra existe em Delfos, próximo ao tesouro* dos siciônios; ignora-se sua função. Filipe II mandou construir, em Olímpia, uma *thólos* para nela erigir sua estátua* e as dos membros de sua família. Por fim, na *agorá** de Atenas encontra-se uma *thólos*: não se trata, como se afirmou por muito tempo, do pritaneu* de Atenas, e sim de uma construção pública que é a sede dos prítanes* e que forma, com o *bouleutérion**, um conjunto que é o coração da Atenas democrática; serve de sala para as refeições dos prítanes* e, durante a noite, abriga os que estão em serviço. ➤ Túmulo.

TIMUCO

"Aquele que é estimado, honrado." 1º Os timucos são os principais magistrados de Teos e Lebedos. Em Priena, como em Teos, são eles que propõem os decretos* à assembleia do povo*. Em Priena, seu papel financeiro é importante, e em Abdera, colônia de Teos, são vistos pagando a teoros* a soma necessária para a viagem* destes. Esses magistrados são encontrados em muitas cidades--Estado da Jônia, mas não é uma instituição exclusiva da região, uma vez que existem na Messênia e em cidades-Estado eólicas. 2º Em Marselha, nome dos conselheiros. Trata-se de uma instituição oligárquica: os timucos, nomeados vitaliciamente entre os pais de três filhos cidadãos a partir de três gerações, representam a cidade-Estado legal, pois não existe segunda assembleia. Seu papel é múltiplo: dirigem a política externa, transformam-se em corte de justiça etc. São liderados por um comitê dos Quinze, presididos pelos Três.

TIRANO

Em sua origem, a palavra *týrannos* não tem nenhum valor pejorativo. Às vezes, até é sinônimo de *basileús* (rei); no entanto, geralmente chama-se de tirano um homem que exerce um poder pessoal sem dele ser herdeiro legítimo, como é o caso de um rei. O ódio dos aristocratas e o comportamento de alguns tiranos, como Faláris de Acragas, explicam por que na época clássica os teóricos políticos condenavam duramente a tirania. O tirano é então definido como um déspota cruel, que faz reinar o terror e humilha o cidadão: Platão o considera o mais vil dos seres humanos. No entanto, os tiranos foram, de modo geral, homens notáveis. Isso vale sobretudo para a época arcaica. A tirania existiu nos séculos VII e VI em inúmeras cidades-Estado. O desejo de mudança dos camponeses afetados pela crise agrária e, de maneira mais geral, de todos aqueles que não pertencem à aristocracia encarna-se em um homem que abole o regime aristocrático e toma o poder para si. Uma vez senhor da cidade-Estado, o tirano não poupa os aristocratas (exílios, confiscos etc.) e protege os camponeses. Sobretudo, o tirano faz progredir a cidade-Estado* como realidade cívica. Favorece o culto das divindades cívicas. Todos os tiranos têm uma política de prestígio. Foram os primeiros a se preocupar com o urbanismo: muitas fontes* se devem a eles, e os trabalhos de adução* de água que Polícrates fez em Samos são notáveis. Eles souberam ornar sua cidade-Estado com monumentos grandiosos: a

Acrópole* de Atenas recebeu seu primeiro adorno com os pisistrátidas. Os tiranos tiveram uma política externa ativa. Mas o filho de um tirano não possuía nenhum direito ao poder, e as dinastias foram rapidamente derrubadas pelos aristocratas que, salvo exceção, recobriram sua força. Houve tiranos na época clássica e helenística, mas sempre se tratou de um fenômeno localizado. Todavia, é preciso citar Dênis, o Antigo, que se tornou senhor de Siracusa em 406 graças à ameaça cartaginense; Demétrio de Falera, que governou Atenas no final do século IV como *prostátes**, *epistátes** e *epimeletés**; e Nabis, tirano em Esparta de 206 a 192.

TOALETE

1º ➤ PENTEADO, SAPATOS, VESTIMENTAS. 2º ➤ BANHO. Antes do banho, o atleta* tira a maior parte da sujeira com o estrígil: trata-se de um raspador feito de um cabo e de uma lâmina recurvada. Não se conhece o sabão e se utilizam argila, carbonato de soda e até uma solução de potássio. Após o banho, procede-se às unções de azeite*. Muitas vezes, trata-se de azeite perfumado. Os gregos adoram perfume, e nem todos os homens pensam, como Sócrates, que ele só convém às mulheres. Estas se depilam, se maquilam, clareiam a pele com alvaiade, aplicam ruge de orcaneta etc. Possuem muitos objetos de toalete: vasos para perfumes, como o alabastro e o aríbalo, caixa de maquiagem, estojos de joias, espelhos. O espelho grego é um disco de metal polido, cujo cabo muitas vezes é uma estatueta; também existem espelhos de chão.

TRAGÉDIA

Etimologicamente, *tragoidía* significa "canto do bode": todas as explicações dadas a esse nome são hipotéticas. As origens desse gênero dramático são igualmente pouco conhecidas. Segundo os atenienses, no século VI, um deles, Téspis, inventou a tragédia criando um respondente ao coro*. A tragédia comporta episódios falados e partes cantadas tanto pelo coro* quanto pelos atores*. As representações trágicas sempre se davam no âmbito de uma festa* religiosa ou por ocasião de uma competição*. Segundo a tradição, a primeira competição de tragédias, em Atenas, ocorreu em 534, por ocasião das Grandes Dionísias. A partir de cerca de 442, criou--se em Atenas, a cada ano, uma segunda competição, a das Leneanas (em grego, *Lénaia*). Em Atenas, no século V, as competições trágicas ocupavam toda a cidade-Estado. O primeiro arconte* presidia as Grandes Dionísias, e o Rei, as Leneanas. A coregia fazia recair sobre os cidadãos ricos as despesas e a organização do coro trágico (bem como do coro cômico e daquele de ditirambo). Para os atenienses, o poeta trágico era menos um artista do que um guia, um mestre escolar (*didáskalos*), segundo Aristófanes. No século V, a tragédia ática era essencialmente nacional e religiosa. As únicas tragédias conservadas são as atenienses do século V. Cada poeta apresentava apenas três tragédias nas Leneanas, mas que eram seguidas, nas Grandes Dionísias, de um drama satírico (que mostrava heróis* trágicos perante um coro formado por sátiros cômicos); isso formava uma tetralogia. Originariamente, o poeta devia apresentar uma trilogia trágica, e suas três tragédias deviam tratar de três fases de um mesmo tema mitológico. A única trilogia preservada é *Oresteia*, de Ésquilo, apresentada nas Grandes Dionísias, em 458. Contudo, a maior parte dos poetas apresentava três tragédias independentes. No século V, três poetas nas Grandes Dionísias e dois ou três nas Leneanas apresentaram suas obras; as três ou quatro peças eram representadas no mesmo dia, o que implicava longas horas de espetáculo. No século V, o público ateniense praticamente assiste apenas a peças novas: só se repetem as tragédias já representadas em alguns demos áticos por ocasião das Dionísias rurais. A partir de 341, instituiu-se uma competição de tragédias antigas nas Grandes Dionísias: ela permitia dar um prêmio aos grandes atores e divulgar as obras-primas do passado. As tragédias do repertório que mais foram representadas não apenas em Atenas, mas também nos múltiplos teatros* do mundo grego e helenizado na época helenística são as peças de Sófocles e, sobretudo, de Eurípides. Ainda que as tragédias novas dessas épocas não tenham sido preservadas, as obras dos grandes dramaturgos clássicos faziam parte da cultura do conjunto dos gregos. ➤ Tekhnítes dionisíacos.

TRATADO

Por ocasião do tratado (na maioria das vezes designado como *synthéke*), duas potências se comprometem, uma com a outra, tomando os deuses como testemunhas. O tratado é, antes de tudo, um ato oral. É sempre jurado, não assinado. Para os representantes de cada parte, consiste em prestar juramento* (*hórkos*) pronunciando, na primeira pessoa, a fórmula de comprometimento: o acordo só passa a valer depois que se presta o juramento*. No entanto, muito cedo (no terceiro quarto do século VI) se gravaram, em bronze ou pedra, as cláusulas do tratado, seguidas do enunciado dos juramentos. Cada parte expunha o texto no santuário* de sua divindade principal: muitas vezes acontecia de um exemplar ser exposto em um santuário frequentado por gregos de toda parte, sobretudo em Olímpia, onde foram encontrados inúmeros documentos internacionais. Os tratados são muito variados: tratados de paz, de aliança*, acordos de *isopoliteía**, de *sympoliteía**.

TRÉGUA

1º ➤ Guerra, Libação. 2º Trégua sagrada. As festas* da *períodos** e aquelas que são internacionalmente reconhecidas comportam uma trégua sagrada: enquanto durarem, o território da cidade-Estado que as celebram e os peregrinos que a ele se dirigem são invioláveis. A trégua sagrada de Olímpia foi violada três vezes durante toda a história grega. ➤ COMPETIÇÕES, ESPONDÓFORO.

TRIBO

Na maioria das cidades-Estado gregas, o corpo cívico é repartido em tribos. Muitas vezes, a tribo (*phylê*) da época clássica e helenística ainda representa a repartição primitiva do *éthnos**. Nas cidades-Estado dóricas, quase em toda parte se encontram três tribos, as Hylleis, as Dymanes e as Pamphyloi: a persistência das três tribos tradicionais mostra a coesão dos dórios nos tempos antigos. Algumas cidades-Estado dóricas, porém, acrescentaram uma ou mais tribos suplementares para a população não dórica: Argos tem uma quarta tribo, a dos Hyrnathioi. Em contrapartida, em sua origem, as cidades-Estado jônicas não tinham o mesmo número de tribos. Foceia e Lâmpsaco tinham três tribos (em Foceia, as tribos Theutadeis, Abarneis e Perikleidai, nomes originais); Delos e Atenas tinham quatro (em Atenas, antes de Clístenes, existiam as tribos Geleontes, Argadeis, Aigikoreis e Hopletes); colônias de Mileto tinham seis (as Boreis e as Oinopes se acrescentavam aos nomes verificados em Atenas). Em certo número de cidades-Estado, algumas reformas, geralmente de tendência democrática, modificaram a repartição do corpo cívico. Foi assim que Tenos, por volta da metade do século IV, repartiu seu corpo cívico em dez tribos, de natureza territorial (como toda subdivisão de cidade-Estado, o pertencimento a uma tribo ocorre pela sequência hereditária em linha masculina). O exemplo mais conhecido é o de Atenas. Em 508/507, Clístenes substitui as quatro tribos existentes por outras dez novas. São construções artificiais que têm por função permitir uma repartição equitativa dos direitos e dos deveres na comunidade cívica: cada tribo envia cinquenta de seus membros à *Boulé** e, em seguida, a maioria dos diversos colégios de magistrados passa a contar com dez membros, um por tribo. As dez tribos também formam regimentos (*phylê*): os homens de uma mesma tribo combatem lado a lado no campo de batalha* sob o comando do taxiarco*. Do mesmo modo, o esquadrão de cavalaria se chama *phylê*; é comandado por um filarco. Na ordem oficial, as dez tribos de Clístenes são: Erechtheis, Aigeis, Pandionis, Leontis, Akamantis, Oineis, Kekropis, Hippothontis, Aiantis e Antiochis. Cada tribo deve seu nome a um herói* epônimo, Erecteu, Egeu etc.; um pedestal com as estátuas de bronze dos dez heróis foi erigido na *agorá*, o que prova a importância do sistema tribal na consciência cívica. Uma tribo ateniense é constituída de demos. Sobre a complexidade da constituição das tribos de Clístenes, ➤ DÊMOS. Após Clístenes, as fratrias* não são uma subdivisão da tribo. Em outras cidades-Estado, como Samos, a tribo* (*phylê*) é subdividida em agrupamentos de mil homens (*khiliastýs*), de cem (*hekatostýs*), de cinquenta (*pentekostýs*); as cinco tribos efésias também são divididas em *khiliastýes*. Na época helenística, muitas vezes se dão às tribos nomes de soberanos ou de membros da família real. O número das tribos de Atenas passou a doze em 307, com a criação das tribos Antigonis e Demetrias, em honra a seus libertadores de então, Antígono, o Caolho, e Demétrio Poliorcetes; isso implicou um remanejamento da repartição dos demos nas tribos. Em 224/223, criou-se uma décima terceira tribo, a Ptolemais, em honra ao rei Ptolomeu III. Em 200 aboliram-se as tribos Antigonis e Demetrias e criou-se a tribo Attalis, em honra ao rei Átalo I: os atenienses foram novamente repartidos em 12 tribos. Atenas não é exceção nas cidades-Estado antigas: criou-se uma tribo Seleukis em Magnésia do Meandro. Nas cidades-Estado fundadas pelos reis, o fato é corrente: tribo Prúsias, em Prúsias do Hípio; tribo Ptolemais, em Alexandria etc. Em muitas fundações selêucidas, encontra-se uma tribo Apollonis: Apolo é o ancestral da família real. Em todas as cidades-Estado gregas, um cidadão naturalizado deve ser inscrito em uma tribo para exercer seus direitos e deveres cívicos.

TRIBUNAIS

Existem em Atenas dois tipos de tribunais: os de sangue, de origem antiga, e os populares, de origem recente. No tempo de Demóstenes, os cinco tribunais de sangue têm as seguintes competências: o Areópago* conhece certos delitos religiosos, o incêndio e o assassinato voluntário contra a pessoa de um cidadão; o *Palládion*, o assassinato involuntário contra a pessoa de um cidadão e o assassinato voluntário ou não contra a de um meteco* ou de um escravo*; o *Delphínion*, os homicídios ditos legítimos; o Pritaneu julga o animal ou o objeto que causou a morte de um homem; o tribunal de *Phreattó*, o exilado por assassinato, acusado de novo homicídio. Todos esses casos são introduzidos pelo Rei. O primeiro e mais antigo tribunal popular é o *Heliaía**. Após a reforma de Efialtes, os tribunais populares se multiplicaram. Conhecemos certo número de nomes de tribunais: o *Parábyston*, o tribunal do Odeão, o tribunal próximo dos Muros e o Novo Tribunal são verificados em relação ao final do século V; o Primeiro Tribunal Novo e o Tribunal Novo do Centro, em relação ao final do século IV; o *Trígonon* (o Tribunal Triangular) e o tribunal com sede no *Poikilé*, no final do século IV; também existia o *Batrakhioûn* (o Tribunal Verde) e o *Phoinikioûn* (o Tribunal Vermelho). ➤ Ação na justiça, Heliastas, Penas judiciárias, Processo judiciário, Sorteio, Tesmóteta.

TRIBUTO

O nome *phóros* (que corresponde ao verbo *phéro*, pagar) designa o tributo que uma comunidade política, geralmente uma cidade-Estado, paga a uma potência dominante. É o termo pelo qual os gregos designam o tributo pago pelas cidades-Estado ao rei da Pérsia. No século V, por ocasião da criação da Aliança* marítima, os atenienses escolhem as cidades-Estado aliadas que devem fornecer navios e aquelas que devem pagar em dinheiro: o primeiro tributo monta a 460 talentos, incluindo o valor dos navios, mas em geral se chamam de *phóros* apenas as somas em dinheiro pagas por aliados que foram rapidamente subjugados. O tesouro* assim constituído é administrado pelos *hellenotamíai**. A existência de uma reserva financeira aumenta o descontentamento dos aliados, dos quais alguns se revoltam. No século IV, quando fundam sua segunda liga, os atenienses comprometem-se a não mais receber nenhum *phóros*. Eis a razão para o emprego do termo *sýntaxis*, "contribuição", sem a conotação negativa, para os aportes financeiros votados pelo Conselho dos aliados e recebidos pelos estrategos* atenienses. Na época helenística, as cidades-Estado subjugadas pagam um *phóros* ao rei* selêucida, arrecadado anualmente sobre todos os seus rendimentos, ao qual se acrescentava uma série de taxas. ➢ Arkhé, Hegemonia.

TRIERARQUIA

Etimologicamente, a trierarquia é o comando de uma triere*. Em inúmeras cidades-Estado, trata-se de uma liturgia* que consiste em comandar o navio e assumir parte das despesas. A trierarquia foi instituída em Atenas após a criação da frota de guerra por Temístocles. Os trierarcas são, necessariamente, cidadãos adultos, uma vez que são oficiais. São designados entre os mais ricos. A cidade-Estado fornece os cascos e os aprestos e paga o soldo da tripulação. O trierarca deve designar a tripulação, instalar os aprestos e armar a triere, lançá-la ao mar, eventualmente dar abonos aos remadores, pagar os reparos correntes, substituir os aprestos danificados e, no retorno da expedição, apresentar a triere em perfeito estado. A despesa varia entre 4.000 e 6.000 dracmas. No século V, o trierarca assume o comando do navio sob as ordens do estratego*. Seu cargo dura um ano. Ao longo da Guerra do Peloponeso, o ônus dos impostos* e das liturgias* torna-se tão pesado para os ricos que é necessário autorizar a *syntrierarkhía* após a expedição da Sicília: dois cidadãos dividem as despesas. No século IV, a fortuna que torna um ateniense elegível para a trierarquia é de quatro talentos. Em 357, a lei* de Periandros transformou completamente o sistema segundo o modelo da *eisphorá**: ele criou 20 simórias* de 60 membros, o que aumentava o número de pagantes, que passaram a ser 1.200, e cada simória devia fornecer certo número de navios. Essa reforma ampliava a base e dissociava a carga financeira do comando efetivo da embarcação de guerra. A lei foi mudada em 340, por iniciativa de Demóstenes: o ônus recaía sobre os 300 cidadãos mais ricos, os "Trezentos", e o comando e as despesas voltavam a um único cidadão. Alguns patriotas podiam assumir voluntariamente as despesas suplementares, doando uma triere, utilizando aprestos que lhes pertencessem, pagando o soldo da tripulação, doando abonos importantes, assumindo espontaneamente a trierarquia. Na época helenística, inúmeras cidades-Estado conheceram a instituição da trierarquia, como Priena. Mesmo no século I, a trierarquia se manteve ao mesmo tempo em cidades-Estado livres, como Rodes, que conservou uma bela marinha*, e em cidades-Estado submetidas a Roma, como Mileto, que sofreram requisições.

TRIERE

Surgida em meados do século VI, a partir da época das Guerras Médicas e durante toda a época clássica, ela é o navio por excelência das marinhas de guerra. A partir dos anos 330, foi aos poucos substituída por unidades mais pesadas, sem jamais desaparecer. Suas dimensões são conhecidas por aquelas das calas secas, onde os navios eram ancorados nos períodos em que não navegavam: as do Pireu têm mais de 37 m de comprimento por 6 m de largura, e as de Apolônia, porto de Cirene, 40 m de comprimento por 6 m de largura. A triere deve ter cerca de 37 m de comprimento por 5,5 m de largura e, portanto, é bem adelgaçada. Sua altura é baixa, bem como seu calado. Tem na proa um esporão de bronze, sobre o qual se encontram saliências de madeira, os *epotídes*, que atenuam os choques. A ponte é reduzida a uma passarela estreita que une os castelos de proa e popa. Possui em seu centro um grande mastro, munido de duas vergas, com uma grande vela de linho de 22 m por 8 m. Esse mastro era facilmente retirado; era o que sempre se fazia por ocasião de uma batalha*. Os textos mencionam um segundo mastro, o *akáteios*, que traz uma vela secundária. Sua localização é discutível. Na popa encontra-se o leme, que é formado por um par de grandes remos fixados ao casco. Seu manejo por um único homem, o timoneiro, é fácil. A embarcação é de pinho, e a quilha é feita de carvalho. Atenas, que não tem madeiras de construção, deve importá-las, sobretudo da Macedônia. A impermeabilidade é produzida pelo pez. A embarcação é pintada, geralmente de ocre vermelho. Por volta de 355, Atenas tentou apoderar-se do ocre de Ceos. A triere comporta 170 remadores, dispostos em três fileiras sobrepostas: na fileira superior, 62 *tranítai*, 31 em cada bordo; na fileira do meio, 54 *zygítai*, 27 em cada bordo; na fileira inferior, 54 *thalamítai*, 27 em cada bordo. Cada remador aciona apenas um remo de 4,18 m (os dos *zygítai* são um pouco mais compridos). Os remos das duas fileiras inferiores passam por aberturas. Em cada bordo há um aparelho de remada que avança para fora, a *parexeiresía*, destinada aos *tranítai*; seus remos passam por uma abertura situada na base. Cada uma das duas fileiras superiores tem um desnível em relação à inferior. Um auleta* dá a cadência aos remadores, que recebem suas ordens do *keleustés*, chefe dos remadores, que faz parte do Estado-maior. Este último é dirigido pelo trierarca*, que comanda o navio; ele deixa a manobra ao piloto, o *kybernétes*, auxiliado pelo *proirátes*, oficial de proa. Há um oficial de bombordo e outro de estibordo. A manobra é garantida por dez gajeiros. A triere leva dez hoplitas a bordo, que entram em ação quando há abordagens. Trata-se de uma embarcação muito rápida e facilmente manobrável por uma tripulação treinada. Em contrapartida, devido à falta de espaço, nela é impossível dormir e carregar muitas provisões em seu porão. Portanto, todas as noites deve-se aportar em uma praia. Uma frota de trieres precisa de locais seguros e próximos para fazer escala. Isso se deu no período de aliança* marítima criada por Atenas, no século V.

TRÍGLIFOS

Etimologicamente, painel ornado de três glifos, ou seja, três caneluras. Na realidade, o painel comporta duas caneluras simétricas no centro e uma semicanelura em cada uma das duas extremidades. O friso* dórico é formado por uma alternância de tríglifos e métopas.

TRIGO ➤ Cereais.

TRIPÉ

Suporte com três pés que sustenta uma cuba (*lébes*, o caldeirão). Dependendo do tipo, a cuba é móvel ou não. A maioria dos tripés é de metal, sobretudo de bronze. O tripé é um objeto de uso corrente, um elemento banal do mobiliário*. Com efeito, permite esquentar o conteúdo do caldeirão. Após o sacrifício*, esquenta-se em caldeirões a carne que será partilhada no banquete*, e, eventualmente, nele se pode conservar durante algumas horas um líquido (vinho* no banquete etc.). Alguns tripés têm uma função muito diferente. A partir da época homérica, o prêmio que recompensa o vencedor de uma competição pode ser um tripé. Erigir um tripé pode ter uma função comemorativa. Em Atenas, os coregos* de ditirambo comemoram sua vitória com um monumento que traz um tripé. A rua dos Tripés era margeada por essas construções mais ou menos importantes. Em alguns santuários*, consagram-se tripés como oferenda a Apolo, Dioniso, Héracles, ao herói* *Ptóios*. Em vários casos, o santuário que recebe tripés votivos é um santuário oracular: em Delfos, o tripé é, ao mesmo tempo, um instrumento e um símbolo. Com frequência, o tripé votivo é colocado no alto de uma coluna*: o tripé consagrado a Apolo para comemorar a vitória de Plateias é um tripé de ouro sobre uma coluna serpentina. No *Ptóion*, encontrou-se no santuário do herói *Ptóios* uma via dos tripés: sobre uma base quadrangular é fixado um tripé elevado (1,50 m a 2,50 m), sustentado por uma coluneta central; todos esses tripés foram consagrados pela cidade-Estado de Acraifia. A partir do final do século IV, o santuário de Apolo *Ptóios* recebe tripés consagrados pela Confederação* beócia. Por outro lado, o tripé serve para a mântica: sentada sobre o tripé, a Pítia de Delfos apresenta o oráculo*. Não se sabe como o tripé pote ter adquirido essa função.

TRITTÝS

Terço da tribo*, bastante conhecida em Delos e igualmente existente em Ceos e Atenas. ➢ Dêmos.

TROFÉU

Erigir um troféu (*trópaion*) no campo de batalha* é um ato tradicional que torna a proeza e a vitória manifestas. Ele é feito de um tronco de árvore com um braço em cruz, no qual são suspensas as armas despojadas dos cadáveres dos vencidos; não pode ser consertado pelo vencedor nem destruído pelo vencido; geralmente é consagrado a Zeus. É preciso distinguir desse tipo de troféu os monumentos comemorativos destinados a durar, em geral elevados em um santuário*.

TÚMULO

As escavações micênicas descobriram túmulos de fossa (cavidade escavada na rocha e fechada por uma placa de pedra), túmulos de câmara (escavados na rocha, mas com um *drómos*, um corredor de acesso) e *thóloi*, escavados em uma colina, porém com muros que formam as paredes da câmara e do *drómos*: seu plano circular e sua cúpula explicam o nome de *thólos** dado pelos arqueólogos a esse tipo de túmulo monumental. Na época arcaica e clássica, os túmulos, reunidos em necrópoles próximas às portas das cidades, costumam ser de fossa ou de cista (cofre de pedra). Os trabalhos da escola de Cambridge mostraram que, no mundo grego, nem todos os indivíduos tinham direito a uma sepultura visível, com variações muito sensíveis dependendo dos períodos em uma mesma cidade-Estado: o recenseamento dos túmulos informa não sobre as evoluções demográficas, e sim sobre a integração no corpo sociopolítico de pessoas mais ou menos numerosas. Os valores reconhecidos por determinada sociedade se manifestam no luxo ou na ausência dele, quer se trate da monumentalização do túmulo, quer da riqueza das oferendas. Por exemplo, em Atenas, os túmulos da elite recebem estátuas* e estelas funerárias no período de 575-500; depois, esses monumentos desaparecem até cerca de 425. A partir dessa data, a elite marca sua existência com magníficas estelas funerárias, ornadas de relevos, como as de Anfarete (que carrega um bebê) e de Hegeso (pegando uma joia de um cofre segurado por seu escravo*); a lei* suntuária de Demétrio de Falera faz desaparecer esses monumentos esculpidos no final do século IV. As estelas funerárias nos permitem conhecer múltiplos nomes e textos, alguns em versos: existe uma poesia funerária. O poder se mostra através de túmulos excepcionais, como o Mausoléu de Halicarnasso (meados do século IV) ou os túmulos régios da Macedônia. ➤ FUNERAL, MAGIA.

V

VESTIMENTAS

A nudez é praticada em público pelos homens não apenas quando fazem esporte na palestra*, no ginásio* ou no estádio*, mas também em circunstâncias diversas: é um comportamento que não surpreende. As vestimentas gregas são conhecidas pelas pinturas de vasos, pelas esculturas e pelos textos literários. São peças de tecido retangulares, presas por fíbulas (fivelas que se fecham como alfinetes), muito raramente costuradas; são folgadas e não ajustadas. Os tecidos mais utilizados são a lã e o linho (produzido na Grécia, em especial na Élida e na Ásia Menor, mas sobretudo importado do Egito, já tecido); a seda selvagem é muito rara e fabricada em Cós, a partir do século IV. A tecelagem* se faz em um tear vertical de madeira; foram encontrados inúmeros pesos que servem para esticar os fios. A clientela mais exigente quer tecidos tingidos, especialmente com o açafrão da flor de croco e a púrpura extraída do múrex, molusco explorado em muitas regiões; o tingimento é feito em ateliês* especializados, situados fora das zonas residenciais devido aos danos. O tecido pode ser liso ou não: estampas, geralmente geométricas, podem ser introduzidas durante a tecelagem. A vestimenta de base é a túnica, usada diretamente sobre a pele pelos homens e pelas mulheres, o *khitón*. Há inúmeras variantes. Os homens, sobretudo os jovens, usam-na mais curta do que as mulheres e geralmente com um cinto. O *khitón* feminino é fechado à direita por uma série de pequenas fíbulas, o que pode criar falsas mangas, bastante curtas; é feito de tecido leve, de linho ou lã fina, e sua beleza vem de um drapeado com pregas finas, que se molda estreitamente às linhas do corpo; os escultores souberam realizar magníficos "drapeados molhados". Quando saíam, os gregos vestiam sobre o *khitón* um manto de lã, o *himátion*. Trata-se de uma peça de tecido retangular e muito alongada. As mulheres a usam drapeada, seja prendendo-a sobre um ombro, o que cria uma veste dissimétrica, seja prendendo-a dos dois lados para cobrir o busto; às vezes, o manto é bastante comprido, deixando entrever apenas algumas pregas justas do *khitón*; a mulher também pode usar o *himátion* sobre o *péplos* ou com ela cobrir a cabeça, mas muitas nada usam sobre a cabeça. O uso do véu (*kályptra*), de lã, que cai em pregas delicadas concerne, sobretudo, às mulheres casadas. Alguns homens não têm *khitón*; geralmente usam um *himátion* longo, que dispõem de modo bastante variado. Boa parte deles deixa um ombro nu; quando está sentado, seu *himátion* pode cobrir apenas a parte do corpo situada acima da cintura; estudantes são cobertos por seu *himátion* do pescoço até os pés. Os homens podem usar outras vestimentas, adaptadas à sua ocupação. Assim, o efebo*, o cavaleiro e o viajante usam a clâmide*, que é um tipo de manto; no trabalho, os homens do povo usam o *exomís*, túnica que deixa um ombro descoberto; os pastores* se protegem com longas romeiras. Em vez do *khitón*, as mulheres podem usar um vestido de lã, o *péplos*, com pregas pesadas e retas. É um vestido aberto à direita e preso por uma fíbula sobre cada ombro; é ajustado na cintura por um cinto (*zóne*), que deixa bufante o tecido acima dela. Na frente do vestido, a parte de cima do tecido tem pregas de comprimento variável; quando é muito longo, a prega é ajustada à cintura por um segundo cinto, bastante visível. Na maioria das vezes, tanto as vestimentas quanto as roupas de cama, mesa e banho são feitas em casa pelas mulheres, que fiam e tecem, mas costuram muito pouco: os atributos das mulheres, além dos objetos de toalete, são os acessórios de fiar, a roca, o fuso e a cesta para a lã. Entretanto, também era possível comprar vestimentas prontas no mercado; nele, o excedente dos produtos de artesanato doméstico, fabricados pela dona da casa e pelas escravas que a cercam, pode ser vendido. Além disso, escravas* trabalham em pequenos ateliês*; as artesãs especializadas geralmente são operárias na Grécia continental e egeia, bem como tecelãs no Egito ptolemaico e em algumas regiões da Ásia Menor. Na época helenística, as fabricações em massa de tecidos de luxo em Cós, na Jônia e na Lídia dão lugar à exportação, às vezes para lugares distantes, de produtos acabados. ➤ Penteado, Sapatos.

VIAGENS

A maioria dos gregos ligados à agricultura ou ao artesanato só vai ao exterior quando participa de uma expedição militar ou cumpre um dever religioso ou pararreligioso: Sócrates só deixou a Ática para cumprir seu dever cívico de soldado e, em outra ocasião, para ir assistir às competições* no Istmo. Em contrapartida, os comerciantes, em particular os *naúkleroi**, singram os mares; os médicos* vão de cidade em cidade; os sofistas*, os rétores* e os conferencistas estão sempre se deslocando. Na época helenística, os mercenários* costumam servir em regiões distantes. Xenofonte publicou a *Anábase*, que narra a marcha dos Dez Mil de Cunaxa sobre o

Eufrates até Trapezonte, no mar Negro (os mercenários subiram o Tigre e passaram pela Armênia). Motivos políticos também estão na origem de muitas partidas: algumas vezes, os embaixadores fazem longas viagens para cumprir sua missão, e muitos banidos* são refugiados políticos, e não criminosos punidos com o exílio. A partir do século V, Heródoto fez viagens de estudo. Estas se desenvolveram em seguida, sobretudo sob o Império. ➤ PERIEGESE.

VINHO

Os gregos costumam beber água. Mas também bebem vinho misturado à água (fazem a mistura em uma cratera antes de servi-la em uma jarra). Bebem vinho por ocasião do *sympósion* (reunião de apreciadores da bebida que segue ao banquete* propriamente dito). Trata-se de um fenômeno de sociabilidade. Mas o vinho também é um elemento estrutural da alimentação*, necessário aos esforços dos trabalhadores e dos soldados. Bloqueados em Esfactéria, os hoplitas* lacedemônios têm direito a mais de meio litro de vinho por dia nas rações de sobrevivência previstas pelo acordo com Atenas. Produz-se vinho, mesmo o comum, em quase toda parte para o consumo local. Em contrapartida, quando se dispõe de recursos, para as festas* e as reuniões entre amigos, prefere-se o vinho de qualidade, que é importado. Os gregos fazem a vinificação de uvas brancas, com a prensagem antes da fermentação. Produzem, sobretudo, vinho branco, embora também haja vinho tinto. Os grandes vinhos apreciados muito cedo (os de Quios, Lesbos e Tasos) provêm de bagos de uva postos para secar ao sol durante vários dias, o que gera vinhos doces. Na época helenística, desenvolvem-se vinhos aos quais se adiciona água do mar durante a fermentação (os de Cós, Rodes e Cnido). Em Tasos, onde o vinho é muito bom, a fabricação ocorre nas fazendas. Sabe-se de um ateniense, proprietário de dois vinhedos em Tasos no final do século V, dos quais um possui uma adega com 93 grandes jarros (*píthoi*) enterrados, contendo 930 hl de vinho. Os ateliês de fabricação de ânforas*, que muitas vezes pertencem a um proprietário de vinhedos, abastecem vários domínios vinícolas próximos com recipientes destinados ao transporte do vinho para a exportação. O vinho traz rendimentos aos proprietários dos vinhedos e receitas fiscais à comunidade cívica. As cidades-Estado têm orgulho da riqueza que é o bom vinho, conforme demonstram seus tipos monetários: moedas* de Menda, na Calcídica, trazem um cepo de videira com quatro cachos.

VOTO

Na *ekklesía* ateniense, o voto com a mão levantada (*kheirotonía*) é regra tanto para as eleições dos magistrados quanto para os decretos. O mesmo ocorre na maioria das outras cidades-Estado. Em Esparta, as eleições são feitas por aclamações. Todavia, as assembleias procedem a um voto secreto em certos casos: em Atenas, o povo decide por voto secreto quando um *quorum* de seis mil votantes é necessário para decisões que afetam um indivíduo, conforme ordena uma lei citada por Andócides. Isso se refere especialmente à concessão do direito de cidadania, em que se utilizam fichas de voto (*psêphos*), e ao ostracismo*, em que se escreve em fragmentos de louça. Os membros do demo* votam com fichas o estatuto de cada um por ocasião da revisão geral de sua lista. Nos tribunais*, ao contrário, o voto secreto é normal. Em Atenas, os juízes se servem de fichas de voto em bronze, dotadas de uma pequena haste no centro; eles depositam em uma ânfora de bronze uma ficha com a haste perfurada se querem condenar o acusado, e uma ficha com haste inteira para absolvê-lo.

X

XÉNOS

Possui vários sentidos. 1º Estrangeiro. Pode-se ser *xénos* em relação a qualquer coletividade, uma família, por exemplo, mas o termo costuma ser empregado para aquele que é estrangeiro em relação a uma cidade-Estado. 2º Por conseguinte, os gregos chamam de *xénos* o mercenário*, que muitas vezes é estrangeiro na cidade-Estado ou para o povo que utiliza seus serviços. 3º Significa aquele que recebe e aquele que é recebido e, de modo geral, a pessoa ligada a outra por amizade ritual (*xenía*).

XISTO

1º Pista de corrida (➤ GINÁSIO). 2º Associação* de atletas*. É comandada pelo xistarca. Na época imperial, o *xystós* existe em toda cidade-Estado que realiza competições*. Em alguns casos, ele abrange toda uma região. Sob o Império, o *xystós* tem sua sede em Roma, e o imperador é seu presidente.

ZEUGITA

"Aquele que possui uma junta de bois." Sólon chamou de zeugita os membros da terceira classe censitária* em Atenas: o nome é ilustrativo, mas para ser zeugita não é necessário ter bois. É necessário e suficiente colher em sua propriedade pelo menos duzentas medidas de produtos secos ou líquidos. Originariamente, os zeugitas só podem exercer magistraturas inferiores: o acesso ao arcontado lhes é aberto em 457/456. Servem no exército* como hoplitas*. São submetidos à *eisphorá**.

Repertório Geográfico

∎

Cidades-Estado, cidades e santuários mencionados no vocabulário.

ABDERA: cidade-Estado da Trácia, às margens do mar Egeu, perto da foz do Nestos (Mesta), diante da ilha de Tasos.

ABIDOS: cidade-Estado da Tróade, à margem asiática do estreito de Dardanelos.

ACRAGAS: cidade-Estado da costa sul da Sicília; seu nome romano é Agrigentum (Agrigento).

ACRAIFIA: cidade-Estado da Beócia central, entre o lago Copais e o monte Ptôos.

AIGIALE: uma das três cidades-Estado da ilha de Amorgos (Cíclade a sudeste de Naxos).

ALEA: cidade-Estado a nordeste da Arcádia, na fronteira com a Argólida.

ALEXANDRIA: cidade-Estado da costa egípcia, a oeste do delta do Nilo, entre o lago Mareotis e o mar.

ANTIOQUIA SOBRE O ORONTE: cidade-Estado da Síria setentrional, próxima a Iskanderun (Alexandreta) na Turquia, junto ao curso inferior do Oronte, não distante do mar.

APOLÔNIA DO RÍNDACO: cidade-Estado da Frígia, à margem setentrional do lago Apolyont, atravessado pelo Ríndaco (rio que se lança no mar de Mármara).

ARGOS: cidade-Estado do leste da Argólida, a alguns quilômetros ao norte do golfo de Náuplia, à margem direita do Ínaco.

ASPENDO: cidade-Estado da Panfília (região sul da Turquia, a leste da Lícia e a oeste da Cilícia, ao longo do golfo de Antalya), às margens do Eurimedonte.
ATENAS: cidade-Estado situada a leste da Grécia central.
BIZÂNCIO: cidade-Estado da Trácia, à margem europeia do Bósforo; tornou-se Constantinopla; hoje é Istambul.
CALÁURIA: cidade-Estado e ilha do golfo Sarônico, diante da costa sudeste da Argólida; hoje é Poros.
CALCEDÔNIA: cidade-Estado da margem asiática do Bósforo, diante de Bizâncio.
CALLATIS: cidade-Estado da margem setentrional do mar Negro; hoje na Romênia.
CAMARINA: cidade-Estado da Sicília, situada na costa meridional, na ponta sudeste da ilha.
CARISTOS: cidade-Estado do sul da ilha Eubeia, ao fundo de um golfo, a 130 km de Cálcis.
CIRENE: cidade-Estado da África, a leste da Líbia (Cirenaica), no planalto de Barka, não distante do Mediterrâneo; 300 km a separam da ilha de Creta.
CÍZICO: cidade-Estado da Mísia, na margem meridional do mar de Mármara (Propôntide), no istmo da península de Kapidagi.
CNIDO: cidade-Estado da Cária, na extremidade de uma longa península a sudeste da ilha de Cós.
COLOFONTE: cidade-Estado da Jônia, a cerca de 35 km ao sul de Esmirna; seu porto, situado a 13 km ao sul da cidade, foi chamado de Notion, depois de Nova Colofonte.
CÓRCIRA: ilha do mar Jônio; atualmente Corfu.
CORINTO: cidade-Estado do Peloponeso, no istmo de mesmo nome.
CORONEIA: cidade-Estado da Beócia ocidental, a sudoeste do lago Copais.
CÓS: cidade-Estado e ilha do mar Egeu oriental, não distante da costa da Cária, entre a península de Bodrum e a de Cnido.
CRÂNON: cidade-Estado da Tessália, em Pelasgiótida, nas colinas entre a planície de Larissa e a de Farsália; a cerca de 15 km de Larissa.
CREUSIS: porto do golfo de Corinto, pertencente a Téspias.
CRISA: cidade da Fócida, situada entre Delfos e o mar.
CROTONA: cidade-Estado da Itália meridional, junto ao mar Jônio, entre Tarento e Reggio.
DELOS: cidade-Estado e ilha do mar Egeu, no centro do arquipélago das Cíclades, a sudoeste de Míkonos.

DELFOS: cidade-Estado da Fócida, no sopé do monte Parnasso, a cerca de 15 km da margem setentrional do golfo de Corinto.

DÍDIMA: santuário de Apolo pertencente a Mileto; encontra-se a cerca de 15 km dessa cidade.

DODONA: Santuário de Zeus situado no Épiro (Tesprócia), a cerca de 20 km ao sul da atual Janina.

DOURA-EUROPOS: cidade-Estado da Síria, situada às margens do rio Eufrates; atualmente, não distante da fronteira com o Iraque.

DREROS: cidade-Estado da Creta oriental, a pouco mais de 10 km a leste de Olus.

ÉFESO: cidade-Estado da Jônia, junto à foz do Caistro, no mar Egeu, a 70 km ao sul de Esmirna, a nordeste de Samos.

EGINA: cidade-Estado e ilha do golfo Sarônico, ao sul do Pireu.

ELATEIA: cidade-Estado da Fócida, a alguns quilômetros a leste do Cefiso; comanda a entrada da Grécia central.

ELÊUSIS: demo ático (santuário de Deméter e Coré), a 20 km a oeste de Atenas, às margens do golfo Sarônico, diante da ilha de Salamina.

ÉLIS: cidade-Estado da Élida (noroeste do Peloponeso), às margens do Peneu, a cerca de 15 km do mar Jônio.

EPIDAURO: cidade-Estado da Argólida, na costa oeste do golfo Sarônico, diante de Egina.

ERÉTRIA: cidade-Estado da costa oeste da ilha Eubeia, diante de Oropos, a cerca de 20 km a sudeste de Cálcis.

ÉRITRAS: cidade-Estado da Jônia, em uma península diante de Quios.

ESMIRNA: cidade da Jônia, a 70 km ao norte de Éfeso, ao fundo de um golfo ao norte da península de Éritras; atualmente Izmir.

ESPARTA: cidade-Estado da Lacônia, situada às margens do Eurotas, no sopé do monte Taígeto.

ESTRATONICEIA DO CAÍCO: cidade-Estado da Mísia, situada no alto vale do Caíco.

FARSÁLIA: cidade-Estado da Tessália, situada na rica planície da Ftiótida.

FASÉLIS: cidade-Estado da Lícia, situada na costa oeste do golfo de Antalya.

FERAS: cidade-Estado da Tessália, situada a sudoeste da planície de Pelasgiótida.

FOCEIA: cidade-Estado da Jônia, situada na costa setentrional do golfo de Esmirna, à margem direita do Hermos.

GELA: cidade-Estado da Sicília, na costa sul da ilha, a cerca de 50 km de Acragas.

GORTINA: cidade-Estado ao sul de Creta, no interior, no sopé do monte Ida.

GORTYS: cidade-Estado da Arcádia, situada perto do confluente dos rios Alfeu e Gortynios, a cerca de 30 km a noroeste de Megalópolis.

HALICARNASSO: cidade-Estado da Cária, na península de Bodrum, diante da ilha de Cós.

HISTIEU: cidade-Estado da ilha Eubeia, situada na ponta norte da ilha, junto ao estreito entre a Eubeia e a Tessália.

IASOS: cidade-Estado da Cária, no golfo de Gulluk, a cerca de 35 km a sudeste de Mileto.

ÍLION: nome da cidade-Estado grega fundada não longe da antiga Troia, na Ásia, ao sul da entrada meridional de Dardanelos.

IMBROS: ilha do mar Egeu setentrional, a sudoeste da ilha de Lemnos.

ÍOS: cidade-Estado e ilha do mar Egeu, pertencente ao arquipélago das Cíclades; encontra-se ao sul de Naxos e ao norte de Tera.

ISTROS: cidade-Estado da costa oeste do mar Negro, ao sul da foz do Danúbio; atualmente na Romênia.

IULIS: uma das cidades-Estado da ilha de Keos (Cíclade, situada a sudeste da Ática).

KALYMNOS: cidade-Estado e ilha do mar Egeu oriental, não distante da costa da Cária, ao norte de Cós.

KIRRHA: cidade-Estado da Fócida, na costa norte do golfo de Corinto, não distante da atual Itea; serviu de porto a Delfos.

LÂMPSACO: cidade-Estado da Tróade, na margem asiática do estreito de Dardanelos.

LAODICEIA DO LICO: cidade-Estado da Frígia, situada às margens do Lico, afluente à esquerda do Meandro.

LÁRISSA: cidade-Estado da Tessália, ao norte da planíce de Pelasgiótida, à margem direita do Peneu.

LEBADEIA: cidade-Estado da Beócia ocidental, situada em uma região montanhosa a sudoeste do lago Copais.

LEBEDOS: cidade-Estado da Jônia, situada a mais de 20 km a sudeste de Teos.

LEMNOS: ilha do mar Egeu setentrional, entre o monte Athos e a costa da Tróade.

LEPREON: cidade-Estado de Trifilia (região do Peloponeso ocidental, ao sul da Élida), a cerca de 25 km ao sul de Olímpia.

LESBOS: ilha do mar Egeu oriental, diante da Mísia. Possui várias cidades--Estado, entre as quais Mitilene.

LICOSURA: cidade-Estado da Arcádia meridional, a cerca de 15 km a sudoeste de Megalópolis.

MAGNÉSIA DO MEANDRO: cidade-Estado da Jônia, a alguns quilômetros ao norte do baixo Meandro, a 18 km a sudeste de Éfeso.

Mantineia: cidade-Estado da Arcádia, em uma alta planície ao sul do monte Artemísio e a leste do monte Menale.

Mégara: cidade-Estado da Grécia central, à margem setentrional do golfo Sarônico, entre Atenas e Corinto.

Menda: cidade-Estado da Calcídica, na península de Palené, no golfo Termaico.

Mesêmbria: cidade-Estado da Trácia, na costa oeste do mar Negro, atualmente na Bulgária.

Messênia: cidade-Estado no sudoeste do Peloponeso, a 17 km de Kalamata, no sopé do monte Itome.

Metaponte: cidade-Estado da Itália, no golfo de Tarento.

Micenas: palácio e cidade da Argólida, a cerca de 10 km a nordeste de Argos.

Milasa: cidade-Estado da Cária ocidental, a cerca de 20 km a leste do golfo de Gulluk.

Mileto: cidade-Estado da Jônia, a 15 km ao sul de Priena.

Mindos: cidade-Estado da Cária, situada à margem do mar Egeu, na península de Bodrum, a 20 km a oeste de Halicarnasso.

Mitelene: cidade-Estado situada na costa leste da ilha de Lesbos.

Naupacto: cidade-Estado da Lócrida ocidental, à margem norte do golfo do Corinto.

Naxos: cidade-Estado e ilha do mar Egeu, pertencente ao arquipélago das Cíclades; é a maior ilha do arquipélago.

Nemeia: santuário de Zeus, pertencente a Kleonai, depois a Argos; fica a um pouco mais de 20 km a noroeste dessa cidade, em um vale no norte da Argólida.

Olímpia: santuário administrado por Élis; encontra-se um pouco mais de 30 km a sudeste dessa cidade, no confluente do Alfeu e do Cladeo.

Olinto: cidade-Estado da Calcídica, a alguns quilômetros a leste da península de Cassandra.

Olus: cidade-Estado do nordeste de Creta, no golfo de Mirabello.

Oponte: cidade-Estado da Grécia central, situada a leste da Lócrida, no estreito da ilha Eubeia, ao fundo de uma baía.

Orcômeno: cidade-Estado da Beócia ocidental, à margem noroeste do lago Copais; o Cefiso se lança no lago em seu território.

Oropos: território situado na fronteira da Ática e da Beócia e reivindicado pelas duas regiões; há portos no Euripo. No período beócio, Oropos era uma cidade-Estado.

Palmira: cidade-Estado situada em um oásis do deserto sírio.

Paros: cidade-Estado e ilha do mar Egeu, pertencente ao arquipélago das Cíclades; encontra-se a oeste de Naxos.

PÉRGAMO: cidade-Estado da Mísia, situada em um pico à direita do rio Caíco, a cerca de 30 km do mar.
PERGE: cidade-Estado da Panfília, situada no golfo de Antalya, a mais de 30 km a oeste de Aspendo.
PETRA: cidade situada entre o mar Morto e o golfo de Akaba; atualmente na Jordânia.
PILOS: cidade e palácio de Messênia, situada junto à baía de Navarino (mar Jônio).
PLATEIAS: cidade-Estado da Beócia meridional, limítrofe da Ática, da qual é separada pelo monte Citéron.
PRIENA: cidade-Estado da Jônia, no sopé do monte Micale, diante da costa sul da ilha de Samos.
PTOLEMAIS DO EGITO: cidade de Tebaida às margens do Nilo.
QUERONEIA: cidade-Estado da Beócia ocidental, na fronteira com a Fócida; seu território é banhado pelo rio Cefiso.
QUIOS: cidade-Estado e ilha do mar Egeu oriental, ao sul de Lesbos, a alguns quilômetros da costa da Jônia (península de Éritras).
RODES: cidade-Estado e ilha a sudeste do mar Egeu, não distante da costa da Cária.
SAMOS: cidade-Estado do mar Egeu oriental, próxima da costa da Jônia; encontra-se diante do monte Micale.
SAMOTRÁCIA: cidade-Estado e ilha da Trácia, a oeste da península de Galípoli (Quersoneso da Trácia).
SELINUNTE: cidade-Estado no sudoeste da Sicília, à margem do Mediterrâneo.
SÍBARIS: cidade-Estado da Itália, não distante do golfo de Tarento, a cerca de 100 km a noroeste de Crotona.
SICYONE: cidade-Estado do Peloponeso, situada ao sul do golfo de Corinto, perto da costa, a cerca de 30 km a oeste de Corinto.
SIFNOS: cidade-Estado e ilha do mar Egeu, pertencente ao arquipélago das Cíclades, a nordeste de Melos.
SIRACUSA: cidade-Estado situada na costa leste da Sicília, na parte meridional da ilha.
SIRIS: cidade-Estado da Itália, na Lucânia, no golfo de Tarento.
SKIATHOS: cidade-Estado e ilha do mar Egeu, pertencente ao arquipélago das Espórades do Norte; encontra-se a nordeste da ilha Eubeia.
SKYROS: cidade-Estado e ilha do mar Egeu, pertencente ao arquipélago das Espórades do Norte; encontra-se a leste da ilha Eubeia.
TÂNAGRA: cidade-Estado da Beócia oriental, às margens do rio Asopo.
TASOS: cidade-Estado e ilha do mar Egeu setentrional, não distante da costa da Trácia.

Tebas: cidade-Estado da Beócia oriental, a 70 km a noroeste de Atenas.

Tégea: cidade-Estado a leste da Arcádia, situada na mesma planície de Mantineia.

Tenos: cidade-Estado e ilha do mar Egeu, pertencente ao arquipélago das Cíclades, situada entre Andros e Míkonos.

Teos: cidade-Estado da Jônia, situada na costa, ao sul da península de Éritras.

Tera: cidade-Estado e ilha do mar Egeu, pertencente ao arquipélago das Cíclades; encontra-se a cerca de 100 km ao norte de Creta; atualmente, Santorini.

Téspias: cidade-Estado da Beócia meridional, no sopé do monte Citéron, a 22 km a oeste de Tebas.

Trezena: cidade-Estado no sudeste da Argólida, na costa ocidental do golfo Sarônico, diante da ilha de Caláuria.

Bibliografia

∎

Esta bibliografia propõe uma seleção de livros temáticos, essencialmente escritos em francês. Não consideramos os manuais comuns de história grega, os estudos de história factual, as biografias nem as monografias regionais (salvo exceções).

AMOURETTI, M.-Cl. *Le pain et l'huile dans la Grèce antique*. Ann. Litt. de l'Univ. de Besançon, 328, Paris, 1986.
ANDREAU, J. e DESCAT, R. *L'esclavage en Grèce et à Rome*. Paris, Hachette, 2006.
BÉLIS, A. *Les musiciens dans l'Antiquité*. Paris, Hachette, 1999.
BIELMAN, A. *Retour à la liberte. Libération et sauvetage des prisonniers en Grèce ancienne*. Paris, EFA, 1994.
BOGAERT, R. *Banques et banquiers dans les cités grecques*. Leyde, Sijthoff, 1968.
BRESSON, A. *La cité marchande*. Bordéus, Ausonius, 2000.
BRESSON, A. *L'économie de la Grèce des cités*, t. I, *Les structures et la production*, t. 2, *Les espaces de l'échange*. Paris, Armand Colin, 2007-2008.
BRESSON, A. e ROUILLARD, P. (ed.). *L'emporion*. Paris, de Boccard, 1993.
BRUN, P. *Les archipels égéens dans l'Antiquité grecque*. Besançon, Annales Litt. de l'Univ. de Franche-Comté 616, 1996.
BRUNSCHWIG, J. e LLOYD, G. *Le savoir grec*. Paris, Flammarion,1996.
BRUIT ZAIDMAN, L. *Les Grecs et leurs dieux*. Paris, Armand Colin, 2005.

BRULÉ, P. ; OULHEN, J. e PROST, Fr. (ed.). *Économie et société en Grèce antique*. Presses Univ. de Rennes, 2007.

CAMP, J. M. *The Athenien Agora*. Londres, Thames and Hudson, 1986.

CARBONNIÈRES (de), Ph. *Olympie. La victoire pour les dieux*. Paris, CNRS Éditions, 1995.

CARLIER, P. *La royauté en Grèce avant Alexandre*. Estrasburgo, ACER, 1984.

CHANDEZON, Chr. *L'élevage en Grèce (fin V^e – fin I^e s. a. C.)*. Bordéus, Ausonius, 2003.

CORVISIER, J.-N. *Les Grecs et la mer*. Paris, Belles Lettres, 2008.

CORVISIER, J.-N. e SUDER, W. *La population de l'Antiquité classique*. Paris, PUF, « Que sais-je ? » 3516, 2000.

ÉTIENNE, R. ; MÜLLER, Chr. e PROST, F. *Archéologie historique de la Grèce antique*. Paris, Ellipses, 2000.

FEYEL, Chr. *Les artisans dans les sanctuaires grecs aux époques classique et hellénistique*. Paris, BEFAR 318, 2006.

FRÖLICH, P. *Les cités grecques et le contrôle des magistrats*. Genebra, Droz, 2004.

FRÖLICH, P. e MÜLLER, Chr. (ed.). *Citoyenneté et participation à la basse époque hellénistique*. Genebra, Droz, 2005.

GAUTHIER, Ph. *La cité grecque et ses bienfaiteurs. Contribution à l'histoire des Institutions, Bulletin de Correspondance Hellénique*, Supplément XII, 1985.

HADOT, P. *Qu'est ce que la philosophie antique?* Paris, Gallimard, Folio, 1995.

HANSON, V. *Le modèle occidental de faire la guerre: la bataille d'infanterie dans la Grèce classique*. Paris, Les Belles Lettres, 1990.

HELLMANN, M.-Chr. *L'architecture grecque*, t. II, *Architecture religieuse et funéraire*. Paris, Picard, 2006.

INSTITUT FERNAND-COURBY. *Nouveau Choix d'inscriptions grecques*. Paris, Les Belles Lettres, 2005.

JOST, M. *Aspects de la vie religieuse en Grèce*. Paris, SEDES, 1992.

LE GUEN, B. *Les associations de technites dionysiaques à l'époque hellénistique*, t. I et II. Nancy, Études d'archéologie classique, 2001.

LONIS, R. (ed.). *L'étranger dans le monde grec*, t. I et II. Presses Univ. de Nancy, 1987-1992.

MARTIN, R. *L'urbanisme dans la Grèce antique*. Paris, Picard, 2ª ed., 1974.

MIGEOTTE, L. *L'emprunt public dans les cités grecques*. Paris-Quebec, Les éditions du Sphinx e Les Belles Lettres, 1984.

MIGEOTTE, L. *Les souscriptions publiques dans les cités grecques*. Genebra, Droz, 1992.

Moretti, J.-Ch. *Théâtre et société dans la Grèce antique*. Paris, Le Livre de poche, 2001.
Mossé, Cl. *Le citoyen dans la Grèce antique*. Paris, Nathan, 1993.
Nicolet-Pierre, H. *Numismatique grecque*. Paris, Armand Colin, 2002.
Pouilloux, J. (dir.). *Choix d'inscriptions grecques*. Paris, Les Belles Lettres, 2003.
Prost, Fr. (ed.). *Armée et sociétés de la Grèce classique*. Paris, Errance, 1999.
——. *L'Orient méditerranéen*. Presses Univ. de Rennes, 2003.
Rhodes, P. J. *A Commentary on the Aristotelian Athenian Politeía*. Oxford, Clarendon Press, 1993.
Robert, L. *Documents d'Asie Mineure*. Paris, BEFAR 239 *bis*, 1987.
——. *Choix d'écrits* (D. Rousset ed.). Paris, Les Belles Lettres, 2007.
Rolley, Cl. *La sculpture grecque*, t. 1 et 2. Paris, Picard, 1994 e 1999.
Saïd, S. ; Trédé, M. e Le Boulluec, A. *Histoire de la littérature grecque*. Paris, PUF, 1997.
Samama, É. *Les médecins dans le monde grec*. Paris-Genebra, Droz, 2003.
Verbanck-Piérard, A. (ed.). *Au temps d'Hippocrate. Médecine et société en Grèce antique*. Musée royal de Mariémont, 1998.
Vérilhac, A.-M. e Vial, Cl. *Le mariage grec du VIe siècle à l'époque d'Auguste, Bulletin de Correspondance Hellénique*, Supplément XXXII, 1998.

Impressão e acabamento:

Orgrafic
Gráfica e Editora
tel.: 25226368